基金支持：
国家自然科学基金地区科学基金项目（719620
教育部人文社会科学研究青年基金项目（19YJ(
江西省自然科学基金一般项目（2018BAA208001）

企业信息交互能力对价值共创及竞争优势的影响研究

孙　璐◎著

THE EFFECT OF INFORMATION INTERACTION CAPABILITIES ON
VALUE CO-CREATION AND
COMPETITIVE ADVANTAGE OF FIRMS

经济管理出版社
ECONOMY & MANAGEMENT PUBLISHING HOUSE

图书在版编目（CIP）数据

企业信息交互能力对价值共创及竞争优势的影响研究/孙璐著. —北京：经济管理出版社，2019.6

ISBN 978-7-5096-6937-2

Ⅰ.①企… Ⅱ.①孙… Ⅲ.①企业管理—管理信息系统—研究 Ⅳ.①F272.7

中国版本图书馆 CIP 数据核字（2019）第 278750 号

组稿编辑：丁慧敏
责任编辑：丁慧敏　乔倩颖
责任印制：黄章平
责任校对：陈　颖

出版发行：经济管理出版社
　　　　　（北京市海淀区北蜂窝 8 号中雅大厦 A 座 11 层　100038）
网　　址：www. E-mp. com. cn
电　　话：（010）51915602
印　　刷：三河市延风印装有限公司
经　　销：新华书店
开　　本：720mm×1000mm /16
印　　张：13.5
字　　数：229 千字
版　　次：2020 年 1 月第 1 版　2020 年 1 月第 1 次印刷
书　　号：ISBN 978-7-5096-6937-2
定　　价：58.00 元

前　言

　　进入 21 世纪，新一轮科技革命与产业变革正在孕育兴起，以移动互联网、物联网、云计算、大数据等为代表的新一代信息技术正在颠覆性地改变着企业的核心能力、价值创造方式和竞争优势来源。在此背景下，本书以新一代信息技术环境下的信息交互能力为核心，围绕信息交互能力是什么和信息交互能力为什么两个基本问题展开研究。

　　首先，本书探索了信息交互能力是什么。结合新一代信息技术环境，从企业实践中的新现象出发，通过理论推导、归纳演绎，提出信息交互能力的概念，探析信息交互能力的内涵、构成要素、目标和特征等；运用规范逻辑推理方法，以资源基础理论、价值共创理论和信息交互理论为研究视角，深刻揭示信息交互能力对竞争优势影响的理论内涵，初步构建出基于信息交互能力的竞争优势理论分析框架；采用探索性案例研究方法，以新兴互联网企业的典型代表小米公司为研究对象，通过深入探寻小米竞争优势背后的原因，探索性分析和初步检验信息交互能力的概念及理论分析框架；从价值链与多主体两方面，深入分析信息交互能力分类，构建信息交互能力分类体系，结合中国企业实情，通过调研访谈，归纳提炼出四种类型信息交互能力，剖析各种信息交互能力的内涵；采用规范的量表开发流程，运用探索性因子分析与信度分析，对信息交互能力测度量表进行修正，获得包含 23 个题项的量表结构，运用结构方程建模，对探索性因子分析形成的信息交互能力量表进行验证性因子分析与效度分析。结果表明，本书提出的信息交互能力量表拟合效果非常好，具有合理性与有效性。

　　其次，本书探析了信息交互能力为什么。围绕信息交互能力能为企业带来什么、信息交互能力的战略意义和价值是什么、企业为什么需要构建信息交互能力，以及企业如何构建信息交互能力等问题进行深入解析。通过理论推演，构建信息交互能力对价值共创与竞争优势影响的理论模型，分别分析信息交互能力影响价值共创的作用机制、信息交互能力影响竞争优势的作用机制、价值共创影响竞争优势的作用机制以及价值共创在信息交互能力对竞争优势作用关系中的中介作用机制，并提出研究假设；通过大规模问卷调查获取的样本数据进行实证研究，综合采用探索性因子分析法、验证性因子分析法、描述性统计分析法、相关分析、阶层回归分析和结构方程建模等方法，利用 SPSS 22.0 和 Amos 20.0 统计分析软件，验证信息交互能力对价值共创及竞争优势影响机制的理论模型，并根据结果展开分析与讨论。

最后，研究发现，信息交互能力是基于新一代信息技术环境，企业通过配置、应用和整合三种信息交互资源，实现以用户为核心，企业、用户和合作伙伴等价值网络成员相互之间的价值共创，从而获取竞争优势的核心能力。信息交互能力对价值共创有显著的促进作用，是实现价值共创的重要手段；价值共创是构建信息交互能力的出发点和衡量信息交互能力成效质量的标准，贯穿于信息交互能力构建应用的全过程，两者相辅相成，具有内在的一致性。信息交互能力是企业竞争优势的新来源，信息交互能力具有价值性、稀缺性、难以模仿性和组织利用性，是一种具有全局性、战略性意义的企业核心能力。结果表明，信息交互能力对竞争优势有直接的正向效应，对价值共创有正向影响；价值共创对竞争优势有正向影响，并在信息交互能力与竞争优势的关系中起到部分中介作用。

新兴互联网企业之所以能迅速崛起，正是因为对信息交互能力的深入理解：基于新一代信息技术环境，构筑强大的企业信息交互能力，从而获得显著的竞争优势。因此信息交互能力及其研究框架的提出，无论在理论上抑或在实践中都具有重要意义。理论上，关于企业信息交互能力的研究还十分鲜见，本书从管理视角提出信息交互能力概念并开发其量表，构建信息交互能力对价值共创及竞争优势影响的理论模型，不仅是对企业资源基础理论的继承和发展，也丰富了价值共创的能力基础，更拓宽了信息交互的研究范围，为在中国背景下研究本土企业管理提供了新尝试和新思路。实践中，大部分企业，特别是传统制造业企业，还没有理解信息交互能力的战略价值，更没有组织企业资源去构筑这种全局性、战略性的企业能力，仅仅把信息交互能力看成一种新的、普通的技术能力。因此，信息交互能力及其对价值共创与竞争优势影响机制的研究，可以为中国企业，尤其是传统企业的转型升级提供新启示。

目　录

1 绪　论

1.1　研究背景及问题提出

1.1.1　研究背景

1.1.1.1　新一代信息技术给信息交互带来巨大影响

2015 年 2 月，中国互联网络信息中心（CNNIC）发布了《第 35 次中国互联网络发展状况统计报告》。报告显示，截至 2014 年 12 月，中国的网民规模已经达到 6.49 亿人，手机网民规模达 5.57 亿人，手机上网使用率为 85.8%，网民使用手机端即时通信的比例高达 90%，这表明移动互联网技术已经开始在中国普及，中国的移动互联时代全面到来。以移动互联网为代表的新一代信息技术与工业化时代的传统信息技术（Information Technology，IT）相比，最根本的不同就在于信息交互，新一代信息技术成为全新意义上的信息交互媒介。通常认为，新一代信息技术具体包括：移动互联网、物联网、Web3.0、云计算、大数据等。新一代信息技术及其各种融合正在以前所未有的速度改变着个人生活方式、企业商业模式以及社会生产方式。深入分析就会发现，上述新一代信息技术在带来社会经济发展甚至文化进步的背后，是对人与人、人与物、物与物之间信息交互的深刻改变。下面分别说明上述新一代信息技术给信息交互带来的改变。

移动互联网深刻影响了信息与通信技术（Information and Communications Technology，ICT）产业的核心技术平台和体系的变迁，即从个人电脑主导的计算平台向移动智能终端技术体系的迁移。以智能手机为例，其具备的各种传感器，可以捕获到声音与图像之外更丰富多样的信号，这给从根本上改变传统信息交互方式提供了工具手段。但更重要的是移动互联网颠覆了互联网以网页为核心的应用形态，即产生了以应用程序客户端（Application，APP）为主导的移动互联网应用服务形态，例如以微信①为代表的APP 模式，充分体现了移动互联网环境中特有的信息交互方式：人与人之间随时、随地、随身的信息交互，完全打破了互联网环境中信息交互在时间、地点、空间等方面受到的限制。总之，移动互联网的迅猛发展深刻地改变了信息交互的手段、方式、效率等。

本质上，物联网是人与其所在物质世界的一种新的信息交互方式或形态。物联网能够推进物与物之间的信息连接，通过物体自身发出的信息，准确了解物体各方面状态，实现与世间万物的直接信息互动。另外，物联网推进了人与物之间信息交互，通过智能感应设备把与人类相关的所有物体连接在信息网络之上，实现人与世间万物全程信息互动的传播结构。例如，Nest② 是一款具有可自行组装、适应性学习等功能的物联网应用产品，主要用于欧美市场家庭温度智能调节的无线监控节温器，通过智能手机应用软件客户端或电脑 Web 平台能够远程控制家里的温度并回顾暖气供应历史，充分体现了物联网技术带来的物与物信息交互的新特点。

Web3.0 通常被认为不仅是网络技术的创新，更是思想和观念的创新，体现了个性化、信息与应用的聚合、智能化、深度交流和深度互动等特征。从应用来看，Web3.0 通过语义网、智能搜索、智能网络和虚拟现实技术等技术的聚合运用，实现了信息与信息的交互，改变了互联网的应用模式，典型的应用包括 Facebook 等。可以看出，Web3.0 的各种应用充分体现了人与人、人与物、物与物信息交互的方式、内容、频次和效率等方面的深刻变化。

云计算完全改变了企业传统的信息技术基础架构，实现了人与人之间全新的交互方式。事实上，云计算以及下面要讲到的大数据都为高效的信息交互提供了重要支撑。例如，在互联网零售商京东推出的一系列云计算解决方案中，云汇平台是一个专为电商云所有参与者提供的一个社区互动交流平台，为开发者提供代码托管、交流讨论、问题解答、案例和软件Demo 展示等服务，完成对开发者从"学习"—"生产"—"销售"全流程的信息交互服务。

---

① 微信（英文名：WeChat）是腾讯公司于 2011 年 1 月 21 日推出的一个为智能终端提供即时通信服务的免费应用程序。据腾讯公司 2015 年第四季度财报显示，微信及 WeChat 的合并月活跃账户于 2015 年底达 6.97 亿。
② Nest 是由 iPod 之父 Tony Fadell 设计的一款智能恒温器，于 2014 年 4 月被 Google 公司以32 亿美元并购。

大数据是工业传感器、互联网、移动数码等固定和移动设备产生的结构化数据、半结构化数据与非结构化数据的总和（俞立平，2013）；通常认为大数据具有"3V"（来自 IBM 的观点）或者"4V"① 特征。应该说，上文提到的移动互联网、云计算、物联网、Web3.0 等信息技术应用，几乎无不与大数据相结合。以时下国内非常流行的移动互联网应用微信为例，这是一个典型的具有大数据能力的云计算承载，其实时通信、朋友圈、公众号等功能正在深深地影响着朋友之间、企业与用户之间沟通和信息交互方式。

总之，随着信息技术的发展，信息交互的媒介手段一直在不断革新，特别是移动互联网、物联网、大数据、云计算等新一代信息技术的出现和广泛应用，不仅使人与人、人与物、物与物之间的信息交互变得越来越便利，同时企业也获得了前所未有的信息交互能力。

1.1.1.2 新一代信息技术给企业价值创造方式带来深刻改变

长久以来，传统价值创造系统基于一系列假设，如图 1-1 所示。进入 21 世纪，随着移动互联网、物联网、大数据、可穿戴技术、Web3.0 等为代表的新一代信息技术迅猛发展，企业的价值创造方式发生了颠覆性的改变，主要表现为：①传统交易市场的信息不对称性逐渐转变为企业与用户共同拥有信息，企业不再是市场上的信息寡头；②由企业单独创造价值转变为企业与用户共同创造价值；③用户被动选择产品和服务转变为用户参与，并与企业共同创造体验（Experience Co-Creation）；④以企业为中心、关注价值链和内部流程质量的价值创造方式正在转变为由企业与用户共同创造价值、关注企业与用户信息互动质量的价值创造方式。这是对传统价值创造系统从"基本假设"到"企业实践中表现"的完全改变。

Prahalad 和 Ramaswamy（2004）基于战略管理视角提出了价值共创理论，两位学者有关价值共创的核心观点可以概括为三点：①交互创造价值，企业与用户的交互质量直接影响企业能否为用户提供独特的体验环境；②对话、获取、风险管理和透明度（DART）是构成价值共创的四项基本要素，而个性化、高质量的用户体验是价值共创的核心；③为了实现价值共创，企业需要塑造新的战略资本并构筑新的核心能力。但是，对于新的核心能力是什么，企业又如何构筑新的核心能力，现有文献很少提

---

① "3V" 即规模性（Volume）、多样性（Variety）和高速性（Velocity），"4V"即在"3V"基础上增加价值性（Value）。

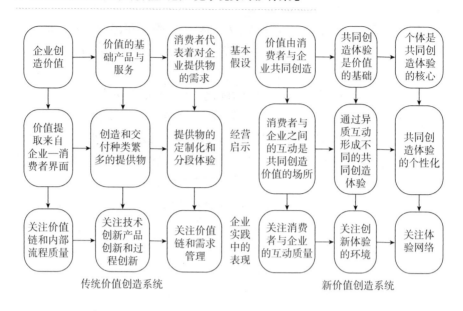

图 1-1　价值创造系统比较

及。另外，Ramaswamy（2005）提出信息技术是专为提高交互质量和共同创造体验而生的战略性能力。为了实现价值共创，应该尽快将传统 IT 转变为以交互和共同创造体验为导向的 IT，即 IT 是构建系统、业务流程改造、提升管理效率、促进用户与企业信息沟通的工具，转变为 IT 是能够实现以用户为核心，企业与价值网络成员相互之间共同创造体验环境的战略性组织能力。实际上，Ramaswamy 的观点间接说明，为了实现价值共创，企业就要把传统 IT 能力转变为能够共同创造用户体验的交互能力，这种交互能力对企业来说，是一种新的战略能力。

新一代信息技术给信息交互带来巨大影响，使消费者能够在任何时间和任何地点以更加方便快捷的方式获取任何信息，消费者面临更多的选择，拥有更大的权利。随着用户逐渐成为信息交互的中心，为了构建以个体为中心，能够与企业的产品、流程和员工进行全方位信息交互的体验环境（Experience Environment），企业必须重新设计基础设施和技术平台，支持以信息交互为核心的体验环境。对企业而言，信息交互已经不仅是一个纯粹的技术性问题，而是用来提高与用户之间互动和设计高效共同创造体验、实现共同创造价值的一项核心能力。

1.1.1.3　新一代信息技术给竞争优势来源带来重要影响

进入 21 世纪，新一轮科技革命与产业变革正在孕育兴起，以移动互联网、物联网、云计算、大数据为代表的新一代信息技术正在颠覆性地改变着企业的核心能力、价值创造方式和竞争优势来源。科技是第一生产力,生产力决定生产关系。新一代信息技术的兴起,让一些先知先觉的企业看到了商机。从实践中可以看到,有部分企业已经顺应了新趋势,抓住了商业机遇,创造了之前不敢想象、现在还不太明白的商业价值。

表 1-1 列举了国内外具有代表性的部分新兴互联网企业,它们的共同的特点是:都是新兴的"互联网企业",都在较短的时间内,利用较少的自有资源,创造了巨大的商业财富,获得了显著的竞争优势。例如,成立于 2010 年的北京小米科技有限公司,其 2011 年推出第一款智能手机产品,仅用 3 年时间,销售额从 5 亿元增长到 743 亿元,翻了 148 倍;成立于 2009 年 5 月的美国 WhatsApp 公司,运营一款手机聊天软件,在 2014 年 2 月估值 190 亿美元被 Facebook 收购,当时只有 50 名员工,成立不到 5 年;成立于 2010 年 10 月的美国 Instagram 公司,运营一款手机拍照应用软件,2011 年 3 月公司市值 2500 万美元,在 2012 年 9 月估值 10 亿美元被 Facebook 收购,当时只有 13 名员工,2014 年 12 月公司市值 350 亿美元,不到 4 年时间市值翻了 1400 倍。

表 1-1　部分新兴互联网企业

名称(简称)	成立时间(年)	主营业务	市值
Instagram	2010	以传递图片视频为主的社交网络	350 亿美元
Uber	2009	打车软件	428 亿美元
WhatsApp	2009	即时通信服务应用	190 亿美元
2tor	2008	在线教育(累计融资额 9700 万美元)	—
Pinterest	2010	提供数字剪贴簿服务为主的社交网络	110 亿美元
Airbnb	2008	为游客和家有空房出租房主服务的平台	100 亿美元
Square	2009	移动支付	60 亿美元
Cloudera	2008	存储和处理着大量商业数据	41 亿美元
滴滴出行	2014	打车软件	165 亿美元
小米	2010	高端智能手机的生产销售	450 亿美元

现实的变化意味着传统工业化时代以价值链为基础的竞争模式,逐渐转变为数字化时代以企业与用户之间的信息交互为基础的竞争模式,而且这种信息交互越来越倾向于以用户为中心而不是企业。对企业来说,这些转变意味着新能力。正如《线车宣言》一书中所言"市场即对话",这意

味任何企业在当今社会的关键技能不再是市场营销，而是对话交流，即交互。新一代信息技术的飞速发展和快速应用为企业构建这种"新能力"，实现以用户体验为基础的价值共创提供了物质基础。例如，以全球市值最高的 Apple Inc.[①] 为例，苹果的成功在于对"源于企业与用户之间交互"的用户体验的充分理解，在于充分利用多种新一代信息技术（用户体验设计、iTunes 服务、Apple Stores 等）为用户构建了包括流程、产品、人员在内的宜人的体验环境，把用户体验做到了极致。

因此，新一代信息技术给企业的竞争优势的来源带来了巨大变革，目前，企业所面临的最重要挑战和机遇是需要构建一种新能力——以用户需求和共同创造用户体验为导向，能够实现企业与用户、与合作伙伴之间的信息交互的能力。

1.1.1.4 新一代信息技术给资源基础理论带来发展契机

资源基础理论（Resource-Based Theory，RBT）一直是战略管理研究的热点，其中资源/能力和竞争优势是两大核心问题。"企业是一系列资源的集合，企业内部异质性资源就是企业竞争优势的来源"——这是 RBT 对资源和竞争优势最初的观点。发展至今，资源基础理论的核心观点也发生了巨大变化：从最初关注内部异质性资源和核心能力，到利用供应商和外部网络资源获取竞争优势，再到关注企业内、外部环境，通过持续重构资源组合和常规程序来构建动态能力体系，从而在动态的市场环境中获取持续性竞争优势，无不在回答以资源和能力为基础的竞争优势来源究竟是什么，如何才能获取竞争优势并长期地保持下去。特别是面对快速变化的市场环境，动态能力的构建过程具有很强的适用性，即根据外部环境的变化以及动态的配置、整合和重构内外部能力，国内外众多学者的研究表明，动态能力能较有说服力地解释现实中的竞争优势持续问题。

然而，进入 21 世纪后，企业的外部环境可谓是时刻发生着天翻地覆的变化。以移动互联网为代表的新一代信息技术已经成为一种战略要素，正在颠覆性地改变着企业的内外环境、管理模式、客户沟通方式以及业务流程，尤其是对价值创造系统和用户交互方式的改变。随着价值创造系统的变化、新一代信息技术的发展，用户在市场中的角色和地位发生了根本性改变，同时，能够给企业带来竞争优势的资源不再仅局限于企业内部或外部以及对外部环境的适应性，更重要的是，企业需要通过与用户或用户

---

① 截至 2015 年 2 月，苹果市值为 7800 亿美元，是全球市值排名第一的公司。

社区、合作伙伴及其相互之间的信息交互，提高用户参与度、用户满意度和用户忠诚度，实现企业、用户与合作伙伴互利共生、合作共赢，从而获取竞争优势。上述变化是以企业内部资源和能力为核心的资源基础理论所没有预见到的。应该说，现有的资源基础理论在解释上述新兴互联网企业是如何获取竞争优势时，似乎有些捉襟见肘。因此，新一代信息技术的迅猛发展给资源基础理论带来了新的发展契机。

综上所述，目前企业所面临的挑战是构建一种以共同创造用户体验为目标，能够实现用户与用户社区之间的交互以及整个价值网络成员之间的交互，从而实现共同创造价值的新型信息交互能力。本书所构建的信息交互能力是在新一代信息技术环境下最能够给企业带来长期竞争优势的一种全局性、战略性核心能力，是传统企业实施"互联网+"① 行动计划所必须具备的核心能力。信息交互能力及其理论框架的研究对推动移动互联网、云计算、大数据、物联网等新一代信息技术与现代制造业结合具有重要的实践启示。

1.1.2　问题提出

上文所列举的商业案例中，不难发现这些企业都是新兴互联网企业，都是在较短的时间内，利用较少资源，创造了巨大的商业价值，取得了显著的竞争优势。面对这些令人惊叹的商业事实，让人不禁要问：这些企业为什么具有这么显著的竞争优势？它们如何能在较短的时间，利用较少的企业资源，创造如此巨大的商业价值？这背后到底蕴藏了什么样的企业能力？

根据上述问题，本书基于资源基础理论、价值共创理论和信息交互理论，探究信息交互能力对价值共创与竞争优势的影响机理。具体而言，本书从全新视角，将企业能力观点扩展到信息交互中，提出信息交互能力及其理论框架，围绕"信息交互能力影响价值共创与竞争优势的作用机理"这一基本理论问题展开研究。"信息交互能力是什么"和"信息交互能力为什么"是本书尝试研究的两大基本问题。

1.1.2.1　基本问题一：信息交互能力是什么

该基本问题又可以细分为以下子问题：信息交互能力的由来，信息交互能力的概念、内涵、目标以及分类等。

---

① 2015 年 3 月 5 日十二届全国人大三次会议上，李克强总理在政府工作报告中首次提出"互联网+" 行动计划。

子问题一：信息交互能力的由来。本书将从理论和实践两个方面，通过文献回顾和实践案例分析，追根溯源，多方位诠释信息交互能力的来源。企业信息交互能力是一个全新的研究命题。国内外文献鲜有描述，笔者将围绕有关能力、交互和信息交互的研究，阐述其理论渊源。

子问题二：信息交互能力的概念、内涵、要素以及目标和特征等。信息交互一直以来都被视为一个普通的技术能力，与战略无关。本书认为，在新一代信息技术环境下，信息交互是一项全局性的战略能力，一项具有系统性的核心能力，对企业竞争优势具有重要意义。因此，本书首先从实践中和理论上导出信息交互能力的概念，深入解析其内涵、构成要素、目标和特征等；基于资源基础理论、价值共创理论和信息交互理论，深刻解析信息交互能力与竞争优势关系，构建基于信息交互能力的竞争优势理论分析框架，初步提出研究假设。

子问题三：探索性案例分析。以新兴互联网企业典型代表小米公司为案例样本，运用探索性案例研究方法，通过深入探寻小米竞争优势背后的原因，检验信息交互能力的概念及其理论分析框架。

子问题四：信息交互能力的分类体系及量表开发。多个视角探讨信息交互能力的分类，构建信息交互能力的分类体系，然后按照严格的量表开发程序开发信息交互能力量表，希望更深入地研究信息交互能力是什么的问题。

1.1.2.2　基本问题二：信息交互能力为什么

该基本问题又可以细分为以下子问题：为什么提出信息交互能力、信息交互能力为什么重要及其价值与意义是什么。

子问题一：信息交互能力对价值共创及竞争优势影响机制理论模型。各种信息交互能力对价值共创和竞争优势的影响是有区别的。接下来的研究就需要针对信息交互能力、价值共创和竞争优势三个变量之间关系，基于已有相关理论研究，对通过案例研究所提出的研究假设进行深入讨论和细化，探析各种类型信息交互能力对价值共创以及竞争优势的影响机制，并提出相应的研究假设。

子问题二：信息交互能力对价值共创及竞争优势影响机制实证研究。实证研究是本书最后一个研究问题，同时也是最重要的研究问题。为了对信息交互能力对价值共创以及竞争优势的影响机制进行深入分析，在案例分析和规范的理论推理基础上，本书需要进一步采用大规模问卷调查获取的样本数据，借助一系列实证研究方法和统计软件，验证本书构建的信息交互能力对价值共创及竞争优势影响机制的理论模型，并根据检验结果展开分析和讨论。

1.2 研究目的与研究意义

1.2.1 研究目的

随着新兴的互联网企业迅速崛起，互联网思维方兴未艾，正在颠覆性地改变着各行各业。互联网不是技术，而是一种思维，是一种考虑未来的方法论。本书认为，"互联网+"的核心是信息交互，企业通过构筑信息交互能力，可以增强对话、获取、风险管理和透明性，实现价值共创，达成多方共赢，从而获取显著的竞争优势。当信息交互能力与传统产业结合起来，将会极大地推进中国企业的转型升级，有利于建设价值共创型企业，帮助企业获取持续的竞争优势，最终适应经济新常态。那么，信息交互能力及其对价值共创与竞争优势影响机理的研究，无论对于理论研究，还是新一代信息技术环境下的企业实践，都具有积极意义。这不仅能解释并指导新兴互联网企业的管理实践，也能启示更多传统企业转型升级增强企业竞争力；同时，也能继承与发展企业资源基础理论，继续推进这一经典管理理论的研究，使其在新的互联网时代焕发勃勃生机。这就是本书的主要研究目的。

1.2.2 研究意义

理论上，关于直接研究企业信息交互能力的文献还近乎空白。本书的理论意义主要包括两个方面：第一，本书首次提出信息交互能力概念，这不仅拓宽了信息交互的研究领域，同时丰富了价值共创的能力基础，更是对资源基础理论的继承与发展，为未来研究企业能力提供了新的视角与思路，为新一代信息技术环境下的传统企业向价值共创型企业转型提供了理论指导，具有较好的理论意义。第二，本书构建信息交互能力对价值共创及竞争优势影响机制的理论模型，这是在新一代信息技术环境下，对企业竞争优势来源、价值创造方式和企业核心能力构建的一次理论探索，致力于回答21世纪的企业需要构建什么样的核心能力、用什么方式创造价值、如何获取并保持竞争优势的基本问题。

实践中，大部分企业，特别是传统制造业企业，还没有理解信息交互能力的战略价值，更没有组织企业资源，去构筑这种全局性、战略性的企业能力，而只是把信息交互能力看成一种新的、普通的信息技术能力。因此，企业信息交互能力及其理论框架的研究，为中国背景下的本土企业管理研究提供了新尝试，为中国企业尤其是传统企业转型升级提供新思路：新一代信息技术环境下，信息交互能力是一项新的核心能力，是企业实现价值共创的基础，是企业获取竞争优势的新来源。通过研究信息交互能力及其对价值共创与竞争优势影响机理，尝试回答：新一代信息技术环境下，企业如何构筑新的核心能力，才能够建设成价值共创型企业，获取长久的竞争优势，完成转型升级，最终引领经济新常态。

1.3　国内外研究现状及评述

1.3.1　信息交互能力研究现状

信息交互能力是本书基于新一代信息技术环境提出的一种新能力，国内外文献对信息交互能力的研究近乎空白，而有关企业能力、交互和信息交互的研究却由来已久。本书将从以下三个方面阐述有关信息交互能力的国内外研究现状：

1.3.1.1　企业能力相关研究现状

资源和能力是企业资源基础理论（RBT）的两个核心概念，但是学者对两者的界定尚缺乏统一认识。从 RBT 的发展历史看，国内外学者从不同的视角提出了对资源、能力不同的理解。不过，总的来说笔者认为，传统企业资源基础理论对资源和能力的理解有广义和狭义两种观点。

广义观点对资源和能力没有做明显区分。Wernerfelt（1984）认为，在一定程度上附属于企业的资产都是资源，或者说，能够被看作企业优势或劣势的任何东西都是企业资源，资源分为有形资产和无形资产两类。这就是 RBT 最初对资源的定义和认识，可以看出，Wernerfelt 不仅没有区分资源和能力，而且对资源的理解十分宽泛。Barney（1991）在总结 Wernerfelt 的基础上，认为资源是企业控制的、可以被利用的，能够构建和实施战略以提高效率和效果的所有资产、信息、知识、能力以及组织流程等，企业资源分为物质资本资源、人力资本资源和组织资本资源。在此基础上，Barney（2001）又把资源定义为企业用来选择和执行其战略的有形资产和无形资产。尽管 Barney 提出不是所有物质资本、人力资本和组织资本都是战略相关的资源，只有"能够构建和实施企业战略以提高其效率和效果"的资本才是战略相关资源。不过，Barney 依然没有对资源和能力进行区分，在他看来，能力是一种特殊的资源，而且从资源的定义中并不能解释企业竞争优势的内部来源到底是什么。

狭义观点对资源和能力做了区分。Grant（1991）提出了资源与能力两种不同的定义。资源作为能力的来源，是用于生产流程输入的生产要素，能力才是竞争优势的主要来源。简单地把一系列资源进行组合并不能形成企业能力，能力在企业中表现为一系列流程和手段，凭借对资源的有效利用，能够完成某项任务或活动。其后，Amit 和 Schoemaker（1993）也对资源和能力提出了不同定义。资源是一种可以利用的要素存量，同时必须能够被企业拥有或控制。类似地，能力也被定义为企业的组织流程，通过联合协同的方式有效配置组织资源，其目标必须与企业目标一致，能力是企业特有的，嵌套在组织流程和业务规范中无法转移，能够将企业的输入资源转化成更大价值的输出（Bharadwaj，2000）。尽管 Grant、Amit 和 Sehoemaker 对资源的定义本质上都只是对新古典微观经济学中生产要素定义的扩展，但是他们对资源和能力的区分已经触及到"企业竞争优势来源"这一问题。并且 Grant（1991）还对资源进行了详细的分类，这是目前被引用最多的资源分类框架，如图 1-2 所示。Grant 对资源的分类首次把无形资源纳入资源分类框架，充分认识到无形资源对竞争优势的重要性，同时，无形资源的提出也解释了公司的资产负债表价值与股票市场价值之间出现日益明显的巨大差异的主要原因。另外，Grant 还将企业的组织能力分为三类：个别能力、部门能力和跨部门能力。

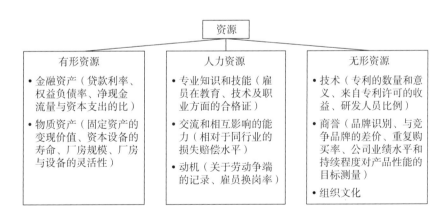

图 1-2 Grant 资源分类框架

随着企业资源基础理论的发展，学者对资源和能力的认识进一步加深，"资源通常不能独自发挥作用"这一观点已经得到普遍共识。而对能力的理解也不是一成不变的，RBT 在探究以资源和能力为基础的竞争优势来源过程中不断丰富和发展着能力的内涵和外延。大多数时候，企业需要一组资源整合、聚集以形成能力。近年来，对能力的研究受到持续关注，演绎出很多不同的与能力有关的名词，例如，独特能力（Distinctive Competencies）、核心能力（Core Capabilities）、核心竞争力（Core Competencies）、动态能力（Dynamic Capabilities）、双元能力（Ambidextrous Competence）等（见图1-3）。简单来说，这些术语的价值在于他们聚焦于竞争优势这个问题，关注与其他企业相比较的能力而非每个企业的能力。具体而言，每个新名词的提出是对能力概念的丰富。

能力	内涵	主要贡献
独特能力（Snow and Hrebiniak, 1980）	与其他竞争企业相比，企业做的特别好的具体活动总和	独特能力关注与其他企业相比较的能力而非每个企业的能力
核心能力（Leonard-Barton, 1992）	能够提高企业竞争优势的知识体系	核心能力关注到与组织文化相关的价值观等无形资源的潜在价值和战略意义
架构能力（Henderson and Clark, 1994）	使用局部能力的能力，架构能力是有效整合原有局部能力来开发所需的新的局部能力	强调要在企业能力建立与强化的过程中，发展架构能力，具有动态性特点
核心竞争力（Prahalad and Hamel, 1990）	组织中积累性学识，特别是关于如何协调多种生产技能和有机整合多元技术的学识	核心能力是企业战略和多元化的驱动力，形成了核心能力观的理论分支
网络能力（Ritter and Gemünden, 2004; Hagedoorn, Roijakkers and Kranenburg, 2006）	一种跨关系的网络管理能力，企业利用这种能力可以避免冲突，利用信息优势和位置优势，最终提高企业的创新水平	企业通过利用和开发网络成员的互动关系来建立网络能力；是网络中企业的获取和保持竞争优势的来源
动态能力（Teece, Pisano and Shuen, 1997; Teece, 1998）	企业整合、建立和重构内部、外部能力，以应对迅速变化的环境的能力；一系列能够为提高企业竞争优势打基础的具有差异化的技巧、资产和惯例	动态能力将企业内部因素与外部环境因素整合在一起，呈现出一定的融合趋势。形成了动态能力观的理论分支
双元能力（Rothaermel and Alexandre, 2009）	企业在权衡复杂情景时，同时具备并应用两种相互冲突行为的能力	双元能力强调企业对复杂情景的认知。双元能力被认为是组织生存和绩效提升的基础

图1-3　有关能力的内涵

上述有关能力的研究都是以企业为核心的，不过，随着创造价值的中心从企业转移到用户，学者开始关注面向用户价值的核心能力。例如，Ngo 和 O'Cass（2009）认为，面向用户价值的企业能力应该表现为操作性资源为基础的能力，即应用集体知识、技能和资源来执行企业职能活动的整合性过程。由于用户的价值供给按照企业的核心职能部门分为创新、营销和生产。因此，操作性资源为基础的能力分为三类：基于创新的能力、基于营销的能力和基于生产的能力。Ngo 和 O'Cass 设计了操作性资源为基础的能力的量表，从可用性、应用性和效用性三个方面设计量表，包括三个构念共 50 个题项。Berghman、Matthyssens 和 Vandenbempt（2006）从供应商的角度，基于 B2B 市场的调查数据，提出为了创造新的客户价值，供应商应该具备什么样的能力。这种新的价值创造能力具体包括三个方面：吸收外部知识的营销实践、通用型组织能力（包括企业文化、跨部门协调能力和结构）、嵌入型供应链/网络能力（指来自用户和供应商的信息、来自用户和供应商的创新）。

总之，资源与能力在企业资源基础理论中紧密联系，资源是能力的静态表现，而能力是资源的动态表现。同时，两者又是不得不区分的两个核心概念。资源本身不能产生竞争优势，一组资源只有经过整合、聚集、利用等一系列过程形成能力，然后通过各项能力的结合才能获取竞争优势。综观传统资源观、核心能力观、网络资源观和动态能力观对资源和能力的分析，所有观点都有两个共同点：从静态资源到动态能力的形成需要过程。每种观点对资源和能力都有着合理的理解和诠释，都符合当时的市场环境和时代发展的趋势。

1.3.1.2 交互相关研究现状

交互本身是一个非常普遍的研究命题，关于交互的研究也一直处于比较活跃的层面上，以"交互""交互性""Interaction"和"Interactive"为检索词，用 Google 搜索引擎找到约 85600 条结果（用时 0.34 秒）。

近年来，交互在非信息技术领域引起了普遍关注，例如基于情报科学、认知心理学、社会网络理论视角，包括互联网环境中用户的信息交互行为以及用户交互学习行为，企业信息化环境中人与信息系统交互效率及其影响因素，网络环境中企业（微博）信息互动模式、途径及其影响因素等，涉及的范围比较广，主体也相对复杂，包括用户、企业、信息系统等。相对于上述管理领域的一些零散研究，"交互"或"互动"（Interaction）在服务营销和价值共创理论中，具有非常重要的位置。因此，下文将从服务营销和价值共创领域阐述交互相关研究现状。需要说明的是，

"Interaction"的中文通常被翻译为"交互"或"互动",计算机科学中通常被译为"交互",管理学、社会学等人文科学中通常被译为"互动",本书将在第2章对两者做辨析。

(1) 交互及交互测度研究现状

在营销学领域,"交互"或"互动"(Interaction)一直都是服务营销理论的重要基石,与交互相关的研究非常丰富。Ramani(2006)最早提出交互导向(Interaction Orientation)是企业与个体用户交互以及通过交互获取用户关系价值的组织能力。Ramani(2006)有关交互导向的研究具有重要性和开创性,此后国内外相关研究大多沿用Ramani对互动导向的操作化定义,学者围绕"交互"提出了许多相关概念,例如交互活动(Payne, Storbacka and Frow, 2008)、交互导向(Ramani and Kumar, 2008)、企业交互能力(庄贵军、廖貅武、张绪兵,2012)、企业互动能力(周华,2013)、顾客互动(王琳、魏江、周丹,2015)、交互服务(Bolton, Saxena-Iyer, 2009)等,尽管表述不同,学者对交互有着基本一致的看法——通过建立企业与用户之间的交互,企业能够从这种关系中获取收益,因此,企业应该创造条件以实现与用户之间的各种交互活动,例如提供各种资源形成各项能力以开发出有效的交互活动,同时,企业还必须有能力对交互活动有效管理。以Ramani为代表的一批国内外学者深入研究了有关"交互"的理论维度、组成要素等。Ramani提出交互导向由四个要素构成:顾客观念(Customer Concept)、互动响应能力(Interaction Response Capacity)、顾客授权(Customer Empowerment)和顾客价值管理(Customer Value Management),开发了互动导向量表,共13个题项。此后,Ramani和Kumar开发的交互导向量表被学者广泛采用。国内学者有关交互或互动的测度大多都沿用了Ramani和Kumar对互动导向的操作化定义。国内学者庄贵军等基于网络交互技术,提出企业交互能力是一种人们在彼此之间进行沟通与互动的能力,基于Ramani和Kumar的研究,将企业交互能力分为交互导向、IT能力及管理人员和边界人员对交互技术的运用能力三类,但没有做相应的量表开发。总之,从上述服务营销领域有关交互能力的测度和功效研究中,可以发现交互是一个多维度变量,交互导向具有稀缺性,能够为企业带来竞争优势,其核心是价值,即企业通过与用户之间建立交互活动形成一种长期且稳固的关系,通过提升和实现用户价值获取竞争优势。Ramani对交互导向的分类基于用户视角,强调从个体层面的每一位顾客去提升企业的交互能力。这为本书研究信息交互能力分类提供了很多细节方面的参考。不过在服务营销领域，交互导向仍被局限为一种市场能力。

　　Ramirez 首次提出"价值共创"（Value Co-Creation，VCC）一词，认为价值共创具有协同性和交互性，并确认交互是价值共创的基本分析单元。经过十多年的发展，价值共创理论逐渐形成了两个有代表性的分支：以 Prahalad 和 Ramaswamy 为代表的基于用户体验的价值共创理论和以 Vargo 和 Lusch 为代表的基于服务主导逻辑（Service Dominant Logic，S-D Logic）的价值共创理论。前者认为价值共创的新场所和重要方式是交互。后者强调交互是使用价值的发生器，交互是企业实现价值共创的更好选择。Ballantyne 和 Varey 首次明确地将沟通性交互活动归为价值共创活动的组成之一。基于此，Neghina 等提出沟通和信息交互的频率、内容等因素对价值共创有显著影响。Karpen 等进一步指出价值共创是一种为用户与服务提供者之间创造价值的交互能力。简兆权和肖霄认为，价值共创系统由服务集成商、服务供应商与顾客的交互和内外部整合构成。Prahalad 和 Ramaswamy 认为，价值共创过程实际上是通过管理从用户到企业再到用户之间的交互，价值从用户到企业及其体验网络的流动，然后再回到用户的价值共创过程。B2C 环境下，Polo Peña 等认为，利用 ICT 能够支持用户与服务企业直接进行交流和信息交互，并能从成本和效率上管理控制与用户之间的交互，所以说，支持企业与用户交互的 ICT 能力是实现价值共创的重要驱动力。同样地，Smedlund 认为，在开放性服务平台商业模式的价值共创涉及各个成员间高水平的交互，其中 ICT 是源于终端用户的价值创造的重要驱动力。Kohli 和 Grover 首次提出 IT 价值共创，认为 IT 作为一种工具、输出或者手段，可以促进企业间价值共创的实现。Han 等通过对开放创新联盟的实证研究发现，IT 能够促进联盟成员之间的知识共享，降低交易成本，促进成员之间协同工作，而基于 IT 的价值共同创造是联盟产生的主要目标和价值驱动力。总之，在价值共创研究中，交互具有非常重要的位置，是促进价值共创的重要战略（Prahalad and Ramaswamy，2004；Cova and Salle，2008；武文珍、陈启杰，2012；Grönroos，2006；Gummesson，2007；Karpen，Bove and Lukas，2012；Neghina，Caniels and Bloemer et al.，2014；简兆权、肖霄，2015）。

　　鉴于交互在价值共创中的重要性日益突出，近年来，价值共创领域有关交互能力的测度研究也逐渐兴起。例如，Karpen、Bove 和 Lukas（2012）基于服务主导逻辑视角，认为价值共创是一种为用户与服务提供者之间创造价值的交互能力，包括个体型、关系型、授权型、道德型、发展型和协作型六种类型交互能力。周华基于 Leonard-Barton 的企业能力框架，提出面向共创价值的企业互动能力是一系列组织能力的组合，并开发面向共创价值的企业互动能力量表。简兆权和肖霄认为，价值共创系统由服务集成商与服务供应商的互动、服务集成商与顾客的互动和服务集成商的内外部整合三个要素构成，设计了共 19 个题项的价值共创量表，但没有做效度和信度检验。不过，价值共创领域有关交互能力的研究，大多还是被作为价值共创的一个构成要素，或者直接将交互能力视为价值共创能力来研究。从上述分析可以看出，交互对价值共创的重要性已经得到普遍共识，而有关交互的量表和经验研究却远远不够。

综上所述，从目前交互能力的研究看，对交互能力主要有两种测度方法：按照能力特性进行测度和按照构成要素进行测度。并且交互的内容专注于交互过程中的与人有关的情感、心理、行为等要素，充分考虑了交互的社会性属性。但是，忽视了交互的本质，即信息有序交流与互动。

（2）交互对绩效的影响研究

Ramani 和 Kumar（2008）最早从顾客视角分析交互导向对企业绩效的影响，检验了基于顾客的盈利绩效和关系绩效与交互导向之间的关系，实证研究发现交互导向对企业绩效有显著的正向影响。此后国内外有关交互与绩效关系的研究，大多都是建立在此研究的基础之上。其中国内学者基于 Ramani 和 Kumar（2008）的研究做了比较多的实证研究工作。刘艳彬和袁平（2012）在中国情境下以酒店服务为例，同样证明 Ramani 和 Kumar（2008）研究结论的普适性。杜运周和张玉利（2012）引入中介变量组织合法性，研究互动导向与新企业绩效之间的关系，实证研究同样证明互动导向显著提升新企业绩效，同时也证明组织合法性的部分中介作用。吴兆春和于洪彦（2013）同样以中国的企业为实证对象，在 Ramani 和 Kumar（2008）两位学者对交互导向研究基础上，提出交互导向与顾客之间的关系，将顾客关系作为中介变量引入模型，采用中国企业实践数据证明顾客关系的中介效应。许政（2013）也是在上述 Ramani（2006）以及 Ramani 和 Kumar（2008）研究基础上，提出并验证两个中介变量（开发性创新和探索性创新）在互动导向与基于顾客盈利绩效关系中的中介效应。周华（2013）认为，企业需要通过互动来整合、激活企业所拥有的资源，肯定了互动能力在企业价值共创中的作用，因此提出了面向价值共创的企业互动能力并实证研究互动能力对价值共创的正向影响作用。涂剑波和张明立（2013）从资源整合的角度，分析了互动对虚拟社区共创价值的影响，研究结果表明，顾客与平台服务人员的互动以及顾客与顾客的互动可以通过资源整合，促进虚拟社区价值共创，并对顾客忠诚产生了显著的正向影响。卫海英和骆紫薇（2014）构建了经由企业互动导向、变革型领导和员工互动响应对中国式顾客关系的、企业互动和社会互动共同作用的双驱动模型，利用中国企业样本数据检验模型，揭示本土关系营销中人情关系裹挟管理行为和商业行为的特征。庄贵军等（2012）认为，由于对网络交互技术使用程度不同，会产生企业交互能力的差异，从而导致企业绩效的差异。Martinez（2014）通过探索性案例研究提出企业通过与供应商合作创新、与消费者积极交互和对话，能够实现价值共创，获取竞争优势。Prahalad 和 Ramaswamy（2004）认为，价值产生于消费者参与的产品设计和开发、营销和销售、渠道、制造、物流及供应链各个环节的交互点中，用户、企业和价值网络成员之间的异质性交互是竞争优势的新来源。很明显，交互对企业来说具有稀缺性，能够为企业带来竞争优势。

随着价值共创理论的兴起、互联网和信息技术的飞速发展，基于用户体验的媒介支持互动战略已经成为研究热点（张欣、杨志勇、王永贵，2014）。Ramaswamy（2005）基于以共同创造体验为核心的价值共创理论，提出 IT 是专为提高交互质量和共同创造体验而生的战略性能力。Ramaswamy（2005）的研究阐明了信息技术能力与价值共创之间的联系，逻辑上推理为了实现共同创造体验，企业的传统 IT 能力应该转变为战略性体验使能器，但是没有做实证检验。特别是随着 ICT 成为经济持续繁荣增长的核心技术，ICT 被认为是创新、生产力和国家竞争力的最重要的推动力，国外学者开始关注面向企业与用户交互的 ICT 能力，考察 ICT 对企业与用户价值共创（Polo Peña, Frías Jamilena and Rodríguez Molina, 2014）、竞争优势（Alonso‐Almeida and Llach, 2013; Salahuddin and Alam, 2016）的影响，实证研究不仅有高科技企业还包括传统船运企业（Poulis E., Poulis K. and Dooley, 2013）。庄贵军等构建了网络环境下基于网络交互技术的"网络交互技术的采用度—企业交互能力—交互策略模型—企业绩效"的理论框架。Karpen、Bove 和 Lukas 等（2015）在其2012 年研究的基础上，实证检验价值共创交互能力对竞争优势（企业市场绩效和企业财务绩效）的影响效果。

综上，上述研究通过对交互与企业绩效、竞争优势及价值共创之间关系的理论研究和实证研究，充分证明了交互的重要性。但是随着新一代信息技术的迅猛发展及其对人与人、人与物、物与物之间信息交互方式的深刻改变，以及由此带来的巨大价值，都说明无论是学术界还是实践界都迫切需要从更加全局性的视角对交互进行深入研究。

1.3.1.3 信息交互相关研究现状

信息交互是一个不断发展、内涵不断丰富的研究主题。本书认为有关信息交互的研究是建立在信息技术理论和交互设计理论之上的。因此，本书将从信息技术视角和交互设计视角阐述信息交互的研究现状。

（1）信息技术视角下信息交互研究现状

信息技术视角下信息交互的研究包括两个方面：对信息交互技术本身的研究和信息交互技术对企业绩效、组织战略、运营和竞争力等方面的影响研究。

首先，信息交互建立在信息技术（IT）的发展基础之上。从研究对象看，信息交互技术研究主要集中在物流供应链领域，目前研究范围包括数据规范（项贞霆，2011）、系统开发等。随着互联网的发展，更多的研究开始关注网络环境下的信息交互，例如电子商务信息交互平台、Web2.0环境下信息交互的机制及平台（涂婉丽、徐轶群、钟舜聪，2014），物联网信息交互技术（高宁、倪立明，2016）等。总之，上述研究强调实现交互主体之间的信息共享，提高沟通效率。信息技术能够不断优化提升信息交互的内容、形式、频率，通过信息技术实现信息交互，保证信息传递的准确性，尽量消除信息的不确定性，通过减少原来普遍存在的信息失真来实现信息一致或信息增值。

人机交互（Human Computer Interaction，HCI）是信息交互技术的另一个重要研究领域，其研究内容包括与人、计算机及其相互影响的技术相关的设计、评估和实施。随着图形用户界面（GUI）技术、超文本标记语言 HTML 以及超文本传输协议 HTTP 为基础的网络用户界面技术的发展，人机交互中的信息交互技术主要集中在人机交互界面设计，这是人机交互研究的一个主要分支；另外，随着信息技术日趋向智能化、虚拟化、微型化，人机交互中的信息交互技术呈现多样化、多学科综合交叉的特点，主要集中在自然、高效的多通道交互技术和以认知科学为基础的交互模型和设计方法（Navarro-Cerdan, Llobet and Arlandis et al., 2016; Sun, Yuan and Wang, 2015）。特别是信息交互技术在虚拟现实（Virtual Reality）中的应用，能够建立可交互的三维环境，为用户提供沉浸感觉和仿真环境，实现具有多感知性、交互性、自主性和存在感的体验虚拟世界（Chirico,

Lucidi and De Laurentiis，2016）。随着用户体验逐渐成为企业关注的核心，信息系统的功能性不再受到关注，学者和企业界转而开始关注体验过程中涉及的信息系统的交互性能，这是现有开发技术所不能满足的。而信息交互技术的发展为提升信息系统的交互性能提供了良好的技术手段。通常认为，信息交互技术是用于实现人机交互的信息技术。例如，富因特网应用程序（Rich Internet Application，RIA）为交互设计提供了一个新的技术平台（Dincturk，Jourdan and Bochmann et al.，2014），目前 RIA 的开发技术包括 AJAX（Asynchronous JavaScript and XML）、AIR（Adobe Integrated Runtime）、JavaFX、Silver Ligh 等。从目前信息技术的发展看，信息交互技术可以实现大多数用户体验效果，明显存在着过剩的技术能力。而交互设计研究则认为交互设计的真正"瓶颈"在于满足用户目标的设计方法方面。正如交互设计之父 Alan Cooper 所说，"交互设计的好坏与信息技术没有关系"。上述观点说明尽管信息交互技术能力过剩，但在交互设计的研究中应用甚少。实际上，随着新一代信息技术的飞速发展，信息技术已经成为用户体验的一部分，交互设计必须重视信息交互技术，将其融入交互设计中来。

其次，尽管很多信息交互技术的发展并非源自零售领域，不过零售商总是最早的新技术采用者之一，因此，信息交互技术的影响研究主要集中在零售业领域。最近几十年，以互联网为代表的新兴信息交互技术（Interactive Technologies）已经彻底改变了零售商的竞争方式、商业模式，对零售战略和组织运营产生了重要影响。Varadarajan 等给出了零售环境中信息交互技术的定义：各种主体（个人、机器或组织）通过相互沟通促进彼此间相互交流和规划的方法、工具或设备，具有双向性、及时性、互相协作性和反应性（Varadarajan，Srinivasan and Vadakkepatt et al.，2010）。具体而言，信息交互技术的影响研究包括以下方面：①信息交互技术对消费者的影响。例如，大量研究表明无线射频技术（RFID）、虚拟现实等信息交互技术能够改善（在线）购物环境、提高用户感知和界面评价、提升用户体验（Riquelme and Roman，2014）。②信息交互技术对零售商能力的影响。早期研究已经表明，信息交互技术能够影响买卖双方的动态关系，从而形成企业的关系能力（Locke，Lowe and Lymer，2010）。大量研究也表明 RFID 等信息交互技术通过改进库存管理、共享信息，为用户提供更准确的信息和更优质的服务，从而提升零售商的运营效率（Huang，Liao，2015）。总之，信息交互技术能够赋予企业更强大的信息能力，因为其具有更强的客户导向性，因此信息交互技术能够提供高质量的市场信息和组织可信度。③信息交互技术对商业模式的影响。实证研究表明移动互联网手机、交互性视频等信息交互技术对商业模式具有破坏性影响，在互联网环境下，企业利用各种基于互联网的交互技术能够催生出多种新兴商业模式，例如在线旅游业，信息交互技术能够提高市场定价机制的透明性从而提升企业竞争力、改变已有商业模式和竞争格局（Cao，2014）。

总之，从文献回顾中，本书发现信息交互技术对消费者和零售商行为和能力以及商业模式的影响具有多面性和普遍性，对零售商的战略具有重要影响。

（2）交互设计视角下信息交互研究现状

交互设计是信息交互的另一个基础。从交互设计的发展看，始终体现了信息交互的思想。交互设计是从人机交互延伸出来的一门新兴学科。自1946 年第一台计算机 ENIAC 诞生后的二三十年时间里，其使用者都是少数专家和专业工作人员，看重的是计算机强大的计算能力，设计的初衷是"人适应机器"，因此，人与机之间的交互非常困难。20 世纪 80 年代，随着个人电脑的普及和计算机用户人数的激增，计算机专家开始思考并提出让普通消费者快速掌握计算机的使用方法。于是，传统计算机设计的重心开始从"计算功能"中转移出来。人机交互被定义为一门专门的新学科是在 1983 年的美国计算机学会人机交互学术会议上。最初，人机交互注重系统和设备的可用性设计，综合应用心理学、行为学等各学科理论观点，设计易于人操作的产品。在人机交互发展的基础上，设计领域也出现了以人为本的设计理念，IDEO 创始人之一比尔·莫格里奇（Bill Moggridge）在 1984 年最早提出了"软面"（SoftFace）一词，用来描述"一种既不同于工业设计又不同于图形设计的设计行为"，后更名为交互设计（Interaction Design，ID）。为了提高产品的易用性、可操作性，交互设计应运而生。交互设计扩展了传统人机交互的研究领域和主题，融合了人机交互、计算机科学、信息系统、心理学、网站设计、市场营销等多个学科，是一门关注交互体验的新学科。早期交互设计强调以人为本的核心思想，设计用来辅助人们的日常生活和工作的交互式产品。后来，交互设计之父 Alan Cooper 等从信息构建、工业设计、视觉或图形设计、用户体验设计以及人类因素学等多角度率先开始了交互设计的理论研究（Cooper，Reimann and Cronin，2008），逐步形成了比较完善的交互设计理论体系。总的来说，交互设计已经发展成为一门关注"用户体验"的独立新兴学科，涉及多个领域，包括工业设计、视觉设计、心理学、信息学、计算机科学等，其研究主题已经扩展到更多领域，例如网站开发、工业设计、展示设计等。

Alan Cooper 是最早在软件设计中提出交互设计方法的学者之一，他认为想要在软件开发过程中引入交互设计方法的前提是改变观念，减少"认知摩擦"，只有这样才能设计出更好的、高客户忠诚度的软件产品和基于软件的高科技产品，他提出交互设计方法应该以目标为导向（Cooper，2006）。接下来，Alan Cooper 在其专著《About Face 3：交互设计精髓》中全面系统地阐述了针对软件设计的交互设计流程、规则和原理，形成了一系列交互设计理论，并重点说明用户与软件产品之间的交互行为等（Cooper，Reimann and Cronin，2008）。在商业领域，Gruber 等认为设计已经超越产品外观，而向工业设计、人机交互以及对商业有战略性影响的服务和体验设计领域发展，这体现了交互设计视角下信息交互研究的最新动向。另外，信息交互设计的研究主要应用于教育领域，无论传统课堂环境，或者在线学习（E-Learning）环境，抑或移动学习（M-Learning）环境下，信息交互设计是影响教育活动的关键因素之一，重点集中于在线教学信息交互设计，包括范式、方法、效果、阶段模型（Eom，2014）、流程（Motlagh，Fehresti and Talebi，2013）等。

1.3.2 价值共创研究现状

Ramirez 首次提出"价值共创"（Value Co-Creation，VCC）一词，将其描述为"价值星系"。2000 年，Prahalad 和 Ramaswamy 有关基于消费者体验的价值共创研究，将这一概念推向热点。至今，价值共创已经发展成为越来越复杂的研究领域，研究领域涉及多个学科，例如服务科学、营销与消费者研究等（Galvagno and Dalli，2014）。下文对价值共创的影响因素以及价值共创对竞争优势影响的研究现状进行回顾。

1.3.2.1 价值共创的影响因素研究

由于价值共创的抽象性，学者大多从研究价值共创行为或者价值共创活动的角度来研究价值共创，目前有关价值共创的前因研究还比较少。

Ballantyne 和 Varey（2006）在服务主导逻辑框架下认为价值共创活动包括受到关系、沟通和了解，因此共同创造的价值就受到三方面的影响：为创造和应用知识资源支持结构化的联系，为发展上述联系的沟通性交互，改进用户的服务体验所需要的知识。Neghina、Caniels 等（2014）认为，在服务交互中价值共创是服务提供者和用户之间共同协作的活动。Neghina、

Caniels 和 Bloemer 等（2014）在 Ballantyne 和 Varey（2006）研究的基础上提出价值共创受到沟通、关系和知情三个方面，共九个因素的影响：交流频率、彼此互相交流、交流内容相关性、客户与员工之间彼此信任、客户与员工之间的承诺、客户与员工之间的联系、信息搜寻、信息共享、知识反馈，并提出了九个研究假设，认为上述九个因素正向影响价值共创。这是对价值共创的影响因素比较全面的研究。

同样基于服务主导逻辑视角，Polo Peña、Frías Jamilena 和 Rodríguez Molina（2014）认为，B2C 环境下，ICT 能力是实现价值共创的重要驱动力，ICT 能够支持用户与服务企业直接进行交流，还能够帮助企业识别多变的、复杂的、多样化的用户需求，凭借 ICT 能力，企业不仅能够从成本和效率上管理控制与用户之间的互动，而且还能够构建社会联系（Poulis E.，Poulis K. and Dooley，2013；San-Martín and Herrero，2012）。然后，Polo Peña 针对西班牙乡村旅游行业展开调查获取数据验证本书提出的框架"ICT 能力—价值共创—用户行为（感知价值和用户忠诚）"，结果表明支持企业与用户互动的 ICT 能力对价值共创有显著正向影响。同样，Smedlund 认为，在开放性服务平台商业模式的价值共创涉及各个成员间高水平的交互，其中 ICT 是源于终端用户的价值创造的重要驱动力。上述研究丰富了价值共创的前因研究，都提出并验证了 ICT 是影响价值共创的重要因素。

总之，现有文献中，价值共创的影响因素研究非常少。已有研究基本上都是基于服务主导逻辑的价值共创理论，而且以提出研究假设的理论研究居多，实证研究非常少。

1.3.2.2　价值共创对竞争优势的影响研究

尽管价值共创理论提出已经有十几年时间了，但是价值共创对竞争优势的影响研究基本上是最近几年才开始的研究领域。现实中，随着消费者角色的不断变化，传统价值创造体系被彻底颠覆，越来越多的商业案例证明价值共创是企业获取竞争优势的新来源。在理论研究方面，价值共创理论重塑了传统价值创造体系，Prahalad 和 Ramaswamy（2004）认为，这意味着企业需要新能力才能获取竞争优势。基于上述观点，Zhang 和 Chen（2008）认为，顾客参与价值共创能够提高企业柔性、加快反应速度，从而培养出不同于传统竞争能力的核心能力，为企业带来更大的竞争优势，实证检验表明，顾客参与价值共创不仅能够促进提升传统能力，而且能够获取新的竞争优势，即独特顾客化定制能力，从而揭示了顾客参与价值共创影响竞争优势的机制。同样，Gouillart（2014）继承了 Prahalad 和 Ramaswamy（2004）提出的价值共创理论，提出价值共创已经成为企业竞争优势的主要来源，重点说明了五种类型的价值共创如何帮助企业获取竞争优势，这五种类型的价值共创分别是社区营销或社会化媒体营销、用户体验设计或用户导向创新、共同创造的变革、众包或开源、开放式创新或众包的产品开发/研发设计。任际范、徐进和梁新弘（2014）基于 DART 模型设计了价值共创量表，进而验证了价值共创对创新绩效的正向影响。

另外，很多学者基于服务主导逻辑的价值共创理论，研究了价值共创对企业绩效和竞争优势的影响。Chakraborty、Bhattacharya 和 Dobrzykowski（2014）针对健康医疗服务领域，利用服务主导逻辑理论，构建了"供应链协同—价值共创—企业绩效"的理论框架。Grissemann 和 Stokburger-Sauer（2012）研究了价值共创与消费者行为之间的关系，实证研究表明了企业与顾客价值共创对顾客满意度和忠诚度有正向影响。在此基础上，Polo Peña、Frías Jamilena 和 Rodríguez Molina（2014）以服务产业为研究背景，基于服务主导逻辑的价值共创理论，构建了基于 ICT 的价值共创研究框架，实证检验发现，在服务型企业中，ICT 能力正向影响价值共创，价值共创正向影响顾客感知价值和忠诚度。研究结果表明，对企业来说，利用 ICT 管理企业与顾客之间的交互是一种核心能力；对顾客来说，价值共创直接带来了感知价值和忠诚度，从这个角度来说，Polo Peña 等的研究证明了价值共创是竞争优势的来源。Karpen、Bove 和 Lukas 等（2015）基于资源与能力视角以及服务主导逻辑理论，认为企业的服务和共同创造用户体验的能力是获取竞争优势的重要来源，Karpen 将这种价值共创能力称为服务主导导向（S-D Orientation）。然后，Karpen 等利用上述研究开发的价值共创能力量表，验证了价值共创能力量表的信度和效度以及服务主导导向对竞争优势的影响效果，结果表明价值共创能力、服务主导导向和服务主导逻辑对企业获取竞争优势非常重要。

1.3.3 竞争优势研究现状

一直以来，竞争优势都是战略管理领域的重要研究问题。管理学领域最早对竞争优势进行系统阐述的学者是"竞争战略研究之父"迈克尔·波特（Michael E. Porter）。波特立足于企业外部，以产业为分析视角，通过其三部著作——《竞争战略》《竞争优势》和《国家竞争优势》——构建了产业结构分析的战略框架，提出了五种市场力量模型，重点分析了产业结构特征是影响企业在产业内的竞争定位状态和赢利水平的决定性因素。

因此，外部市场地位、市场环境和产业结构是企业形成竞争优势的基础，正确选择一个产业是企业获取竞争优势的关键。波特的竞争优势分析的框架基础理论之一源于古典贸易理论的资源要素生产率，因此也属于基于资源的竞争优势研究。实际上，波特的竞争优势外生论是以企业"同质性"为前提假设的，即企业不能影响产业条件也不能影响自身绩效。但是实证研究表明，处在同一产业内的企业，其绩效存在明显的差异，并且以企业长期利润率为衡量标准，处在同一产业内企业绩效之间的差异程度要远远大于处于不同产业内企业绩效之间的差异程度（Rumelt，1982）。因此，竞争优势的外生论很快受到了质疑。在探寻竞争优势来源的问题上，学者开始从企业外部的产业结构转而关注企业内部的资源和能力。

从本质上来说，有关竞争优势的研究一直都在关注竞争优势的持续性以及竞争优势的来源，即资源和能力的问题，而后者也是资源基础理论始终关注的问题。如图 1-4 所示，"如何识别获取竞争优势和保持竞争优势的关键资源"是资源基础理论的核心问题，传统资源观、核心能力观、动态能力观以及网络能力观都围绕这个问题做了大量的研究。其中 Barney（1991）所构建的资源"VRIN"框架的影响最为广泛，如图 1-5 所示。Barney 全面且简洁有效地总结了如何识别获取竞争优势的关键资源的特征，旨在揭示从企业内部资源获取竞争优势和提升企业绩效。Barney 认为，具有价值性和稀缺性的资源能够帮助企业获取短期竞争优势，而企业若要获取持续性竞争优势其资源必须具有不可模仿性和不可替代性。"VRIN"框架奠定了资源基础理论的基础，同时也为后来的学者研究从资源和能力到竞争优势给出了一个分析框架。随后，Barney 和 Hesterly（2012）提出，只有同时具有价值性、稀缺性、难以模仿性以及组织利用性（Exploitable by the Firm's Organization）的资源才有可能产生持续的竞争优势，即"VRIO"框架。"VRIO"框架是对"VRIN"框架的更新，"VRIO"框架在原有"VRIN"框架难以模仿性的条件下包含不可替代性，同时增加组织流程作为利用资源潜在性的方式（Barney and Hesterly，2012）。即使资源具有价值性、稀缺性和难以模仿性，企业也必须组织利用其资源和能力的全部来竞争潜在性，也就是说，差的组织流程、制度、规范可能降低或损害资源的潜在竞争优势（Barney and Clark，2007）。因此，组织作为一个调节要素，既能够增强也能够阻止企业实现嵌入企业的价值性、稀缺性和难以模仿性资源的优势（Barney and Clark，2007；Kozlenkova，Samaha and Palmatier，2014）。

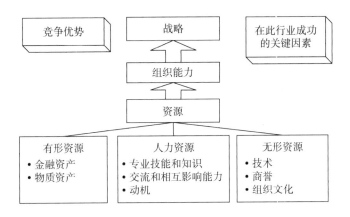

图 1-4　Grant 提出的竞争优势的分析框架

图 1-5　获取竞争优势的资源特征

　　Prahalad 和 Hamel（1990）提出的核心能力观认为，企业的竞争优势源于对多元化资源、技术和技能的有机整合，即核心竞争力，而不是单个分散的技术或技能。不过，Prahalad 和 Hamel 的研究只是对核心竞争力及其与竞争优势的关系进行了概念性描述，并没有给出一个分析框架。随后，核心能力刚性表现出来的局限性推动了动态能力观的形成和发展。Teece、Pisano 和 Shuen（1997）认为，波特的竞争优势理论和以 Barney 为代表的传统资源观无法解释企业竞争优势的来源，因为这些理论都无法解释 "在动态的市场竞争环境下，为什么某些企业总比其他企业的表现更好"。因此，Teece、Pisano 和 Shuen（1997）提出了动态能力观，认为企业竞争优势源于组织与管理流程、位势和路径三个方面。

Dyer 和 Singh（1998）、Lavie（2006）有关网络资源观的研究认为，企业的关键资源已经超出了企业的界限并嵌入组织间。网络资源观将企业外部可以利用的关键资源纳入企业资源分析框架，认为企业竞争优势的来源也可以是超越企业内部边界的关键资源。Dyer 和 Singh（1998）基于 RBT 和交易成本理论，分析了网络环境下企业间竞争优势来源于以下四个方面：专有关系资产（Relation - Specific Assets）、知识交流规范（Knowledge - Sharing Routines）、互补性资源或能力（Complementary Resource and Capabilities）、高效治理机制（Effective Governance）。Lavie（2006）在继承 Dyer 和 Singh 研究的基础上，综合关系观点（Relational view）和社会网络理论，将 RBT 扩展到包含相互联系的企业间网络资源，为研究加入联盟的成员企业的竞争优势提供了一个系统性分析框架。

国内学者董保宝和李全喜（2013）从传统资源观、核心能力观和动态能力观的发展脉络分析出发，解析了基于资源和能力的竞争优势研究。在对上述三个理论分支进行整合后，发现竞争优势源于有价值的资源、集合性能力与动态能力的组合及其整体表现，从而提出了竞争优势整合分析框架。作者认为，从企业资源、企业能力和动态能力及其组合来分析竞争优势来源，相对来说这种整合性观点比较完整地回答了竞争优势的来源以及如何获取持续性竞争优势的问题。

1.3.4 国内外研究现状评述

上文对能力、交互、信息交互、价值共创以及竞争优势研究现状的总结，为本书提供了良好的参考。但是，已有的研究还存在一些不足。

首先，从企业能力的分类和测度来看，对能力的分类大多基于企业资源基础理论，在分类上主要考虑流程活动等要素，包括基于创新的能力、基于营销的能力和基于生产的能力，这为本书研究信息交互能力分类的整体结构提供了参考；从具体的分类题项来看，面向用户价值的企业能力分类同样关注到供应商和用户参与企业的价值共创流程，例如，Berghman、Matthyssens 和 Vandenbempt（2006）研究的价值创造能力量表中就考虑到供应商和用户是否参与企业的创新。但是，作者考虑得不够全面，并且随着信息交互能力越来越重要，很明显设计信息交互能力量表应该从企业全局层面来考虑。

其次，有关交互的研究存在以下不足：从交互对象上来说，只关注企业与用户之间的交互，忽视企业与价值网络成员之间、价值网络成员相互之间、用户与用户之间的交互；从交互范围来说，互动的内容很多，比较宽泛，包括网络技术的交互、企业与用户的互动、学习过程的交互、人与信息系统的互动、社会网络下市场机遇的交互等；从交互的层次来说，现有研究关注的是信息交换、信息传递，是较低层次的交互。本书认为，无论交互的内容和形式是什么，其核心都是信息。特别是移动互联网、物联网、大数据、云计算等新一代信息技术的迅猛发展，从本质上改变了人与人、人与物以及物与物之间的信息交互方式、内容、频率等，即使是信息本身，无论在数量还是质量上都发生了彻底改变。尽管 Ramani 指出交互导向具有稀缺性，能够为企业带来竞争优势，不过在营销管理领域交互导向被视为一种市场能力，缺乏从战略层面认识企业的交互能力。因此，仅仅将交互局限为一种市场能力，专注于交互的社会属性是远远不够的，而从战略层面重新定义和理解信息交互能力是非常有必要的。另外，Ramani 对交互导向的分类基于用户视角，主要是与用户相关的企业能力，强调从个体层面的每一位顾客去提升企业的交互能力。这为本书研究信息交互能力分类提供了很多细节方面的参考。

有关信息交互的研究为本书研究信息交互能力提供了必要的物质基础。信息交互能力本身就是一种以信息交互技术为基础，基于新一代信息技术环境下提出的一种新型企业核心能力。新一代信息技术为企业提供了强大的信息交互技术基础，为本书研究信息交互能力提供了充实的技术条件。但是就目前信息技术的发展而言，信息交互技术可以实现大多数用户体验效果，明显存在着过剩的技术能力。正如"交互设计之父"Alan Cooper 所说，"交互设计的好坏与信息技术没有关系"。尽管交互设计突出了以人为本和用户体验的核心理念，但是单纯的技术和设计视角使目前企业对信息交互能力的理解仍然停留在其一种普通的信息技术能力和设计能力，并没有意识到信息交互能力对企业的战略意义。

在有关价值共创的影响因素研究中，国内外学者一致认为，交互（Inter-action）对价值共创非常重要。交互是价值共创的重要方式和场所，价值共创通过企业员工、用户、利益相关者、政府部门之间的相互交流创造价值，最终利益取决于用户。因此，有关价值共创的影响因素研究中，交互也是国内外学者研究的一个维度。但是，从现有研究情况来看，对交互的关注明显不够全面，而且大部分研究都是把交互相关的活动作为价值共创的构成要素。Prahalad 和 Ramaswamy（2004）认为，价值产生于消费者参与的产品设计和开发、营销和销售、渠道、制造、物流及供应链各个环节的交互点中，这说明信息交互能力是贯穿于整个业务流程的企业核心能力。Day 认为，企业能力的分类应该与创造价值的核心流程一致。Ngo 和 O'Cass 认为，基于业务流程的能力，能够不断为用户创造更高的价值，是企业的核心能力。这说明按照经营活动对交互活动测度是合理的，但是，目前从价值链和价值网络视角分析交互活动却不多见。在有关价值共创对竞争优势的影响研究中，结果变量一般采用顾客忠诚度、顾客感知价值等与消费者行为有关的指标作为竞争优势的代理变量。消费者价值是价值共创的最终呈现形式，但不是唯一的价值。整个价值共创是有企业、消费者和合作伙伴共同参与的过程，企业价值、合作伙伴价值是价值共创的重要组成部分，可以说，如果没有实现企业价值，消费者价值是不可能实现的，因此竞争优势只考虑顾客忠诚度与顾客感知价值是不够全面的。

从国内外学者对竞争优势的研究成果来看，以资源和能力为基础的竞争优势是一个尚处在发展中的研究问题。从传统资源观、核心能力观、动态能力观到网络资源观都在回答以资源和能力为基础的竞争优势其来源究竟是什么，如何才能获取竞争优势并长期保持下去。每一种新能力观点的提出都是对以资源和能力为基础的竞争优势研究的极大丰富。传统资源基础理论始终强调以企业为核心构筑价值性、稀缺性、难以模仿和不可替代的资源和能力，始终关注资源、能力和竞争优势之间的关系，这为后来的学者研究从资源和能力到竞争优势给出了分析框架。随着新一代信息技术的迅猛发展、新兴互联网企业的兴起，给企业带来竞争优势的来源也发生了变化，具有了新的特点。一方面，随着无边界、网络化、开放创新、价值共创等成为企业重要的运作方式，企业外部的技术资源、人力资源、创新资源等正成为企业不可或缺的一部分，也就是说，外部资源对企业来说越来越重要。网络资源观就将企业外部可以利用的关键资源纳入企业资源分析框架，认为具有异质性的组织间关系能够为企业带来竞争优势，动态能力也强调配置、整合、重构内、外部能力。另一方面，仅仅关注企业的外部资源是不够的，现实的变化是价值的基础已由企业提供产品和服务转变为与用户共同创造体验，由企业为中心转变为以用户和企业为中心。那么，有价值的资源和能力也不再是以企业为中心，而是以企业和用户为核心的资源和能力。也就是说，用户也成为企业构建核心能力需要考虑的核心来源。毋庸置疑的是，能够给企业带来竞争优势的资源和能力已经超越企业内部边界，以企业为中心构筑组织能力是远远不够的。现实的变化意味着企业需要构筑以企业和用户为核心的新的核心能力。上述变化是以企业内部资源和能力为核心的资源基础理论所没有预见到的，现有的资源基础理论在解释上述新兴互联网企业如何获取竞争优势时，已经表现出不足。

1.4 研究内容及技术路线

1.4.1 研究内容

本书分为两个主要部分：首先，第一部分研究"信息交互能力是什么"，主要包括第1章、第2章、第3章和第4章；其次，第二部分研究"信息交互能力为什么"，主要包括第5章和第6章。

第1章，绪论。基于已有研究，以文献回顾为视角，重点阐述信息交互能力、竞争优势和价值共创相关研究的现状及评述。内容包括研究背景及问题提出、研究目的与研究意义、国内外研究现状及评述、研究内容、研究方法及技术路线。

第2章，信息交互能力影响竞争优势的理论分析。信息交互能力是本书核心构念之一。首先，界定信息交互能力的概念，阐述信息交互能力的构成要素、目标和特征，构建信息交互能力的概念体系。其次，论述本书另外两个核心构念竞争优势和价值共创的含义。再次，基于资源基础理论、价值共创理论和信息交互理论视角，分析信息交互能力影响竞争优势的理论基础。最后，提出基于信息交互能力的竞争优势理论分析框架。

第3章，探索性案例分析。以新兴互联网企业的典型代表小米公司为研究对象，尝试探索小米竞争优势背后的原因。基于上一章的理论分析，提出信息交互能力的初步理论框架与假设；详细描述案例研究的流程、研究对象以及数据来源；采用规范的案例研究方法，利用调研所获取的小米公司的数据资料，进行案例描述；结合资源基础理论和价值共创理论，进行严谨的案例分析，并对案例分析的结果展开讨论。通过典型的个案分析，验证前文提出的信息交互能力概念和理论原型。

第4章，信息交互能力的分类与量表开发。首先，分析信息交互能力的初步分类，从四个层面九个方面构建信息交互能力的分类体系。其次，结合中国企业实情，通过调研访谈和资料整理，归纳提炼出四种类型的信息交互能力。最后，采用规范的量表开发流程和方法，采用项目分析、探索性因子分析、验证性因子分析，验证信息交互能力量表的合理性和有效性。

第5章，信息交互能力对价值共创及竞争优势的影响机制模型。通过文献回顾和规范的理论分析，构建信息交互能力对价值共创与竞争优势的影响机制理论模型，分析信息交互能力对价值共创的影响作用、信息交互能力对竞争优势的影响作用、价值共创对竞争优势的影响作用以及价值共创在信息交互能力对竞争优势作用关系中的中介作用，并提出相关研究假设。

第6章，信息交互能力对价值共创及竞争优势影响机制的实证研究。本章运用大样本实证研究方法验证"信息交互能力—价值共创—竞争优势"理论模型。首先对实证研究的方法进行系统性描述，然后综合相关分析、阶层回归分析和结构方程建模（Structural Equation Modeling，SEM）等方法，使用统计分析软件，采用大规模问卷调查的方法收集数据，进行统计分析，并根据检验结果展开分析和讨论。

1.4.2 研究方法

本书采用质性研究与量化研究相结合、文献研究与实地研究相结合、问卷调查与二手数据分析相结合、案例研究与统计分析相结合的研究方法。

1.4.2.1 文献研究法

本书对信息交互能力、竞争优势、价值共创相关领域的文献进行梳理，通过收集和研读文献，厘清相关研究的研究脉络，掌握相关研究的最新进展，为研究信息交互能力及其对价值共创与竞争优势的影响机理提供理论基础和理论依据。为了尽可能地了解上述研究领域全面、最新的研究进展，本书采取"线上"和"线下"多种渠道收集文献并长期跟踪检索，包括 ABI、ProQuest 学位论文全文数据库、EBSCO、ScienceDirect 中国知网（CNKI）、万方数据资源系统等国内外多个数据库，Web of Science（WOK）搜索平台和 Google Scholar 搜索引擎，以及国内外管理领域的顶级期刊。

1.4.2.2 问卷调查法

问卷调查是公认的最经济有效的数据收集方法之一，且可信度、可行性比较高。因此，本书采用问卷调查法收集数据进行实证研究。问卷设计遵循合理性、一般性、逻辑性、明确性、非诱导性以及便于收集和整理的原则。问卷的设计过程有以下三个步骤：一是阅读文献，找出该构念在已有研究中的题项，形成初始问卷；二是邀请学术界专家和企业的专家、经理等对问卷提出修改意见，根据修改意见修改问卷；三是采用上述修改后的问卷展开小样本测试，利用收集回来的数据对题项进行信度和效度检验，剔除不合理的题项，形成最终的正式问卷。问卷的发放采取面对面直接或间接方式发放给调研对象。

1.4.2.3 访谈研究法

信息交互能力是笔者对近年来出现的商业奇迹和典型企业案例不断探究得来的，目前尚无相关的分类和量表。因此，访谈是本书采用的一个重要研究方法。

1.4.2.4 二手数据分析

二手数据是案例研究方法中非常重要的数据收集方式。本书以小米公司为例，进行探索性案例研究过程中，除了通过访谈直接获取数据，还有一个重要的数据收集方式就是整理自 2010 年小米公司成立以来的媒体资料、公司内部记录系统的数据。

1.4.2.5 探索性案例研究法

Eisenhardt（1989）认为，在研究初始阶段，对所研究问题知之甚少或试图从一个全新角度切入时，案例研究方法非常有用。一方面，本书所研究的信息交互能力及其理论框架相关的学术研究尚处于起步阶段。另一方面，本书探索"信息交互能力是什么"和"信息交互能力为什么"的问题，关于"是什么"和"为什么"的问题适合采用案例方法来进行探索研究（Yin，2013）。因此，本书采用探索性案例研究方法得出信息交互能力分类及其信息交互能力对价值共创与竞争优势影响的初步结果，为后续的实证研究提供参考。

1.4.2.6 定量实证研究

定量实证研究的目标在于定量探寻变量之间的因果关系。本书为了检验信息交互能力、价值共创、竞争优势核心变量之间的因果关系，首先将每个变量操作化为可以测量的变量，形成初始问卷；其次，为了对变量测度的有效性进行分析，在进行大规模问卷发放之前，本书先进行前测试，对问卷的信度和效度进行检验，形成正式问卷；再次，为了进一步观察变量的内部结构、验证各个指标的合理性，利用大规模问卷调查收集的样本数据，进行信度和效度检验；最后，借助统计分析软件，定量检验之前提出的研究假设。

1.4.3 技术路线

本书理论构建过程遵循从单个企业案例研究，到大规模企业实证研究；采用定量分析与定性分析相结合的研究方法；从实践中来到实践中去，理论联系实际的研究思路。首先，以问题为导向，从实践产生的新现象和理论演绎中推理出初步的分析框架；其次，采用实践案例进行探索性分析和初步验证，再深入构建具体的理论模型；最后采用大规模问卷调查的方法进行实证研究。基于资源基础理论、价值共创理论和信息交互相关研究，重点回答信息交互能力从哪里来、是什么和为什么的问题，深入剖析信息交互能力影响价值共创和竞争优势的内在机制。具体而言，本书的技术路线如图1-6所示。

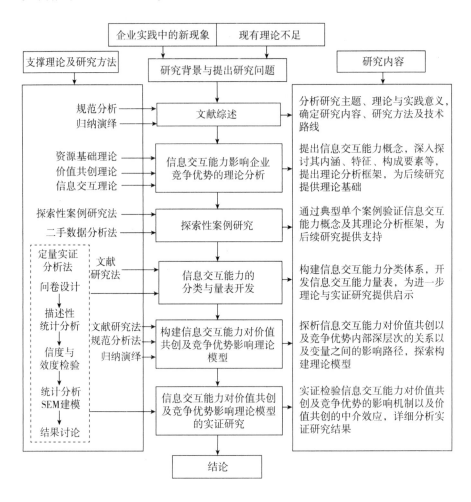

图 1-6　技术路线

2 信息交互能力影响竞争优势的理论分析

信息交互能力、竞争优势和价值共创是本书的三个核心构念。相对于后两者比较成熟的构念，信息交互能力的直接研究在目前国内外文献十分鲜见。因此，本章首先从信息交互能力的概念、内涵、构成要素、目标和特征等多角度进行阐述，构建信息交互能力的概念体系。然后，深入分析本书的另外两个核心构念：竞争优势和价值共创。接下来，基于资源基础理论、价值共创理论和信息交互理论，诠释信息交互能力影响竞争优势的理论基础。在此基础上，阐释信息交互能力对竞争优势影响的机理，初步构建基于信息交互能力的竞争优势理论分析框架。

2.1 信息交互能力

2.1.1 相关概念讨论

信息交互能力是一个涉及信息、交互、信息交互、用户和合作伙伴等概念的复杂概念体系。为了避免歧义，下文将对上述概念进行界定。

2.1.1.1 信息

信息一直普遍存在于自然界和人类社会。日常生活中，信息通常被认为是消息、知识、情报等，但是，信息又不等同于消息、知识或情报。科学家普遍认为信息与物质和能力是构成客观世界的三大基本要素。从古至今，国内外学者对信息的定义非常多，本书就不再一一列举。

其中引用率最高的莫过于信息论奠基人 Shannon（1948）对信息的定义：信息是用来消除不确定性的东西，这被视为信息的经典定义。另一位信息论创始人，同时也是控制论创始人的学者维纳（N. Wiener）对信息的定义是：信息是人们在适应外部世界，并且使这种适应反作用于外部世界的过程中，同外部世界进行互相交换的内容和名称。另外，维纳将信息描述为"信息是信息，非物质，也非能量"。维纳的定义言简意赅地点出了信息的价值，堪称信息的最深刻定义之一。信息论代表学者朗格对信息的定义是：信息是反映事物的形式、关系和差别的东西，信息包含于客体之间差异，而不是客体本身。而信息资源管理理论奠基人之一霍顿（F. W. Horton）对信息的定义可以认为是对信息最直观的定义之一：信息是为了满足用户决策的需要而经过加工处理的数据。

总之，信息是一个抽象和复杂的概念，目前，信息还没有形成一个完整、准确的定义。上述专家对信息的经典定义从不同方面阐述了信息的内涵。本书采用维纳的观点，即"信息是同外部世界进行互相交换的内容和名称"，也就是说，信息具有传递性、交换性，而且信息会通过"交换"而增加。

2.1.1.2　交互

交互本身是一个内涵极为丰富的术语。从表面看，"交互"字面包含"交替、相互、彼此"的词意；另外，"交互"包含"和谐"的思想，指协调、契合（郑杨硕，2013）。"交互设计之父"Alan Cooper认为，交互是指参与活动的对象可以相互交流，双方面互动。Ramani（2006）对交互的定义是利用交流技术创造一种媒介环境，从而使个体与个体、个体与群体、群体与群体能够同步或者异步地参与到相互之间的消息交流中。在市场环境下，交互的内容不再仅限于消息，而是包括现金交易和产品、服务以及关系体验交流。在计算机领域，交互本质上就是一种用户输入信息、计算机系统响应的过程，是一种以工具为中心、以媒介为支持的互动，是用户参与计算机系统中进行沟通与交流的机制。根据对象的不同，计算机环境中的交互包括人机交互和人际交互两种。计算机环境下的交互，需要借助ICT等工具，关注交互的形式和效率。随着信息技术的发展，为了提升交互的效率，计算机环境中的交互过分关注了产品的功能性。交互设计领域，交互的概念产生自计算机领域的人机交互设计。不过，在交互设计领域，对交互设计的理解更加偏向人性化，交互设计是时刻以满足用户需求为目标，为用户提供令其身心愉悦的用户体验为导向的。在交互设计中，交互不仅关注人与人、人与机器，交互过程还加入了环境要素。国内营销管理领域通常将"Interactivity""Interaction""Interactive"译为互动。互动通常被理解为个体与个体、个体与群体、群体与群体之间通过信息传递而发生相互作用的社会行动（张欣、杨志勇和王永贵，2014）。互动实际上更加突出了交互行为在市场环境下的社会性特征。市场环境下的互动内容主要关注互动过程中与人有关的情感、心理、行为等要素。相对于互动内容的广泛性和社会性，交互的核心是信息，因此交互的内容比互动的内容更聚焦；互动是通过参与而进行信息传递、信息分享，从而合作的人际之间的互动。互动只是交互的浅层次，交互是反复多次、持续深入的人际之间、人机之间以及机机之间的交流互动。因此从这个角度来说，交互比互动更深入。

本书对交互的理解是你中有我，我中有你，互为彼此。对交互的定义，本书采用郑杨硕（2013）的观点——"交互是信息有序交流与互动"。

2.1.1.3　信息交互

本书所研究的"信息交互"是在新一代信息技术环境下，企业与用户、与合作伙伴、与员工之间信息的交互（下文所提到的信息交互，如无特殊说明，都指企业相关的信息交互）。"交"是指信息传递、信息交换、信息一致；"互"是指互动、共享、增值。因此，本书认为"信息交互"不仅是单方向的信息传递，也不仅是双向的信息交换，而是主体之间持续、反复、深度的信息互动，实现主体之间信息失真最小化、信息增值最大化，也就是信息一致、信息增值。

也就是说，信息交互具备以下特点：①持续性，信息交互在时间上是持续的；②反复性，信息交互不是一次完成，是反复多次；③深度，信息交互不是简单的、表面信息，是完整、准确、深度的信息。通过持续、反复、深度的信息互动，企业能够实现信息传递和信息交换不能实现的效果，达到信息失真最小化（信息一致）、信息增值最大化。举例说明，甲有一个苹果，乙有一个苹果，二人交换后，还是每个人各有一个苹果，一共有两个苹果。如果甲有一个信息，乙有一个信息，二人交换后，每个人各有两个信息，一共有两个信息；但是如果二人进行交互而不是简单地交换，就会产生新的信息。这个新信息是二人经过交互，产生共鸣后，形成的"你中有我，我中有你"的信息。同时，这个新产生的信息是二人共同参与交互形成的新信息，甲乙二人对新信息在偏好、价值感知、价值认可等方面，与一个由第三方提供的新信息是完全不同的。甲乙二人通过信息交互，实现了互利共生、合作共赢，甚至形成了命运共同体。

本书对信息交互的定义是以信息交互技术为基础，基于新一代信息技术环境，发生在企业所处价值网络中，企业、用户、合作伙伴等价值网络成员之间的持续、反复、深度的信息互动，以达到信息失真最小化（信息一致）、信息增值最大化。

2.1.1.4　用户

用户（User）是本书的另一个核心概念，是一个非常重要的信息交互主体。本书所研究的用户可以是产品的消费者（Consumer）、企业的顾客

（Customer）或者客户（Client or Customer），但不完全等同于消费者、客户和顾客。

用户不等同于消费者。通常对消费者的理解指法律意义上对消费者的定义。根据《中华人民共和国消费者权益保护法》第二条的规定："消费者为生活消费需要购买、使用商品或者接受服务，其权益受本法保护；本法未作规定的，受其他有关法律、法规保护。"也就是说，消费者是为生活消费需要购买、使用商品或者接受服务的自然人或者自然人的代理人、受托人或代表人。消费者通常是在传统市场环境下，建立在有偿使用商品或者接受服务的基础上。相对于经营者的主要地位，消费者只是被动地接受产品或服务。用户则是在新兴的体验经济环境下，建立在使用产品或服务之前、之中、之后与企业交互过程的基础之上。在体验经济中，用户是市场的主体，参与企业价值共创的全过程。另外，相对于消费者"客观"的法律意义，用户包含着情感、认知、心理、文化、价值观等主观性。

用户不等同于顾客。顾客泛指购买/接受或者可能购买/接受产品或者服务的消费者。GB/T19000—2000标准对顾客的定义是接受产品的个人或组织。相对于消费者，顾客这个词更通俗，相对于消费者的法律意义，顾客常用于非正式场合。另外，顾客是市场营销学常用的词汇。本书所研究的用户与顾客最大的不同在于，顾客是消费过程中一次性交易的对象，用户则是全流程交互的参与者。顾客是传统市场环境中传统经济所关注的对象，而互联网时代的关注的方向是用户。

用户不等同于客户。客户是在客户关系管理和客户服务中常用的词汇。客户的概念比顾客更具体。相对于顾客用于一般性场合，客户通常被企业所使用。因此，客户是有某个企业掌握其有关信息资料，并由企业专门或固定人员负责向其提供专业产品或服务的个人或组织。从这个角度来说，顾客包括客户。不过，在使用上两者通常互换。随着服务经济的兴起，客户被使用得更广泛。

用户并不是新兴经济下的产物，但是在新的市场环境下，随着体验经济的兴起，对"用户"一词又赋予了新的内涵。通常认为，用户是使用产品或服务的个人或组织。但本书对用户的定义并不局限于接受产品或服务环节。在不同的领域，用户也有更具体的含义。在用户创新研究领域中，用户被定义为没有生产创新但将创新包含到最终产品中的个人。在计算机领域，用户指人、账号或进程等。

本书对用户的定义是借助新一代信息技术，参与产品或服务的研发设计、营销、供应链等全流程，进行主动交互，从而获取个性化的独特体验的个体或组织。

2.1.1.5 合作伙伴

除用户之外，合作伙伴是信息交互能力中另一个重要主体。本书借用梁靓（2014）对合作伙伴的描述，企业的合作伙伴是指除了用户之外，企业的外部合作伙伴，具体包括供应商、竞争对手、产业外其他企业、合作者、分销商、风险投资企业、高等院校、科研机构、技术中介组织、知识产权机构、政府及公共服务机构。

2.1.2 信息交互能力的概念

20 世纪 90 年代初，Grant（1991）提出企业能力不是一组资源的简单集合，而是利用资源完成某项任务或活动的组织流程和手段，是竞争优势的主要来源。理论界对企业能力的理解也不是一成不变的，RBT 在探究以资源和能力为基础的竞争优势来源过程中不断丰富和发展着企业能力的内涵。Prahalad 和 Hamel 认为，核心能力是企业能力和长期竞争优势的根源。随着企业间合作日益增多，联盟等企业间合作形式的出现，Dyer 和 Singh（1998）、Lavie（2006）等提出竞争优势不仅来自内部资源异质性，同时还包括超越企业内部边界的关键资源和能力。接下来，随着市场环境日益复杂化、动态化，Teece 等突破核心能力刚性的局限，认为具备动态能力的企业能使自身的资源和能力随时间变化而改变，并且能利用新的市场机会来创造竞争优势的新源泉。进入 21 世纪，特别是最近几年，移动互联网等新一代信息技术的发展推动了用户在市场中的角色和地位的改变，Karpen 等基于 RBT 视角，提出企业的服务和共同创造用户体验的能力是获取竞争优势的重要来源。随着信息通信技术（ICT）的发展，企业利用信息通信技术（ICT）管理企业与顾客之间的信息交互被视为一种能够为企业创造竞争优势的核心能力（Polo Peña, Frías Jamilena and Rodríguez Molina，2014）。进入互联网经济时代之后，企业的重点已经转变为构建能够不断为用户创造更高价值的企业能力。也就是说，一旦企业拥有能够为用户创造价值的企业能力，企业就获取了竞争优势。为了实现企业和用户的价值共创、获取竞争优势，企业需要关注用户与企业的交互质量，为此，企业必须构建能够便于企业与用户之间信息交互的基础设施、柔性体验网络等资源和能力。

近年来，随着价值创造系统的转变以及用户角色和地位的改变，企业家和学者认识到价值共创的重要性，企业要想在未来获得竞争优势必须重视价值共创（Galvagno and Dalli, 2014; Neghina, Caniels and Bloemer et al., 2014）。而在价值共创研究之初，交互（Interaction）就被确认为价值共创的基本分析单元，即价值共创具有交互性。交互一直贯穿于价值共创理论发展过程中，是价值共创的基础、重要场所和重要方式（Prahalad and Ramaswamy, 2004），是企业实现价值共创的更好选择（Vargo and Lusch, 2004）。在实证研究方面，很多学者将交互相关活动、交互的频率和内容、与用户交互的 ICT 能力作为价值共创的影响因素，结果表明上述因素对价值共创的确有显著正向影响，交互是价值创造的重要驱动力（Ballantyne and Varey, 2006; Neghina 等, 2014; 简兆权、肖霄, 2015; Polo Peña 等, 2014; Poulis E., Poulis K. and Dooley, 2013; San - Martín and Herrero, 2012; 等等）。更进一步地，Prahalad 和 Ramaswamy 认为，价值共创过程就是交互过程，即通过管理从用户到企业再到用户之间的交互，价值从用户到企业及其体验网络的流动，然后再回到用户的价值共创过程。可见，交互是促进价值共创的重要战略，这已经是普遍共识。不过在价值共创领域，交互仅被局限为价值共创影响因素之一，交互的内容专注于与用户有关的情感、心理、行为等要素，聚焦于交互的社会性属性。上述观点忽略了交互的本质——信息有序交流与互动（郑杨硕, 2013）。事实上，交互的核心是信息，是以信息为核心驱动商品、资金等其他要素的流动。因此，为了实现个性化体验和基于用户体验的价值共创，企业需要从传统以企业为核心构建资源，转向以用户为中心，构建利于企业、价值网络成员与用户、用户社区之间信息交互的基础设施、体验网络、人力资源及无形资源等各种资源和能力。

信息技术领域，特别是近年来随着以移动互联网为代表的新一代信息技术的发展，IT 被视为实现企业间 IT 价值共创的工具、输出或者手段（Grover and Kohli, 2012; Kohli and Grover, 2008; Han, Oh and Kun et al., 2012）。这表明，以互联网为代表的新兴信息技术是能够促进价值共创的有效工具和手段。但是，新一代信息技术与工业化时代的传统 IT 相比，最根本的不同就在于信息交互，新一代信息技术成为全新意义上的信息交互媒介。例如，Ramaswamy 提出 IT 是专为提高交互质量和共同创造体验而生的战略性能力。为了实现价值共创，应该尽快将传统 IT 转变为以交互和共同创造体验为导向的 IT，即 IT 从构建系统、业务流程改造、提升管理效率、促进用户与企业信息沟通的工具转变为 IT 是能够实现以用户为核心，企业与价值网络成员相互之间共同创造体验环境的战略性组织能力。实际上，Ramaswamy 的观点间接说明，为了实现价值共创，企业就要把传统 IT 能力转变为能够共同创造用户体验的信息交互能力，这种信息交互能力对企业来说是一种战略能力。

在实践方面，传统信息技术能力（Information Technology Capabilities，ITCs）① 强的企业，借助信息技术的突飞猛进及其管理效率的提升，不断为消费者提供性能优良、功能强大的多样化产品，例如摩托罗拉、诺基亚、戴尔、柯达等。同时，借助移动互联网等新一代信息技术的普及与发展，另一些企业构建了消费者与企业之间强大的交互能力，不断提升用户体验、用户感知、用户忠诚度、用户满意度和用户口碑，例如苹果公司、小米公司、阿里等。研究发现，与工业化时代的传统 IT 相比，新一代信息技术最根本的不同就在于信息交互。传统 IT 迅猛发展，不断提升管理效率，新一代信息技术、人机交互与交互设计等信息交互技术则为构建信息交互基础设施、体验环境、柔性体验网络等所需要的资源和能力提供了技术手段、工具、方法、规则和程序。从实践中可以看到，一些传统 ITCs 强的企业及其产品正在从消费者的生活和视野中慢慢消失，逐渐取而代之的是那些与消费者具有强信息交互能力的企业及其产品。也就是说，尽管 ITCs 对企业来说仍然重要，但是，随着新一代信息技术的发展，强大的信息交互能力能够创造个性化用户体验，为企业创造价值，带来新的竞争优势。

基于以上分析，本书对信息交互能力的定义如下：信息交互能力（Information Interaction Capabilities，IICs）是企业配置、应用和整合各种信息交互资源的能力。信息交互能力的定义强调以下方面：①突破传统技术观点，将组织能力观点扩展到信息交互中，把信息交互视为一种组织能力。②IICs 是以信息交互技术为基础，基于新一代信息技术环境构建的企业能力，如图 2-1 所示。相比传统信息技术，新一代信息技术最大的不同就是信息交互。一方面，新一代信息技术为企业提供了更加强大的信息交互技术基础，是企业构建信息交互能力的物质基础。另一方面，新一代信息技术为企业构建用户体验环境，实现与用户共同创造体验提供了物质基础。③IICs 是面向未来的企业核心能力，能够实现以用户为核心，企业、用户或用户社区、价值网络成员相互之间价值共同创造，从而获取竞争优势的组织能力。④信息交互能力存在于企业全业务流程中。

---

① 信息技术能力（IT 能力）是调用和部署基于 IT 资源的能力（Bharadwaj，2000）。

图 2-1　信息交互能力的概念导出框架

2.1.3　信息交互能力的构成要素

Grant（1991）认为，资源是能力的基础，包括有形资源、无形资源和基于人员的资源。Grant（1991）的资源分类框架，对资源和能力进行了区分和详细分类，深刻体现了资源和能力的本质特征，具有合理性、系统性和科学性，得到了普遍认可，目前已经被应用于很多研究领域。本书采用 Grant（1991）的资源分类框架研究信息交互能力的构成要素。基于 Grant（1991）有关资源的分类框架，IICs 的构成要素分为信息交互基础设施、信息交互人力资源和信息交互无形资源，这三种信息交互资源共同构成了 IICs 的基础。需要注意的是，信息交互资源不仅是企业拥有和控制的内部资源，还包括可以利用的外部资源，例如外部人力资源等。为了避免混淆，本书对上述三种信息交互资源分别进行了定义。

2.1.3.1　信息交互基础设施

信息交互基础设施由交互性有形资源和以事件为核心的共享平台组成。有形资源包括企业所使用的技术和物理资产，例如工厂、设备、原材料等（Barney，1991）。交互性有形资源是用户与企业或合作进行信息交互过程中涉及的有形资源（Varadarajan，Srinivasan and Vadakkepatt et al.，2010）。

本书认为，信息交互基础设施是为了共同创造体验和体验环境，基于新一代信息技术，构建以事件为核心的开放性共享平台，包括数据管理服务、基础设施、网络通信服务、应用软件等信息交互技术以及大数据平台、其他物理设备资源。

首先，信息交互基础设施是企业与其他信息交互主体进行信息交互应用与服务的基础，是为了满足信息交互人力资源和信息交互无形资源而构建的基础设施，其目的在于增强企业信息交互能力。其次，与信息技术基础设施只涉及信息技术的硬件和软件资源不同的是，信息交互基础设施包括硬件和软件资源，但不局限于信息技术。例如，腾讯公司"用户研究与体验设计中心"（以下简称 CDC）为了提高满足不同类型用户的体验，就搭建了专门的"用户体验室"房间，为用户营造温馨的体验环境。再次，信息交互基础设施是由来自企业内部和外部，所有企业拥有和可利用的硬件、软件资源构成的平台。以小米公司为例，微信、微博、论坛以及 QQ 空间是小米公司与用户以及小米内部信息交互的重要媒介，但这些基础设施都不是小米公司"拥有"或"控制"，但是，是小米公司可以"利用"的资源，属于小米公司信息交互基础设施。最后，信息交互基础设施是多种新一代信息技术以独特的方式相互补充和相互支持构建的基础设施，比普通信息技术基础设施更有柔性和灵活性。有效的信息交互基础设施是一种能够应对需求的变化而快速重新配置资源的基础设施。较强的信息交互基础设施能够为应对快速变化的用户需求提供技术性平台，为支持新的业务流程和商业活动开发创新性信息技术应用。当企业应对快速变化的市场环境和技术不确定性时，具有灵活性和共享性的基础设施才能够使企业更具竞争优势。例如，西班牙零售商 INDITEX 是快速时尚界的先锋者，大多数零售商将新品推上市场都需要 4~12 个月时间，ZARA 只要两个星期。ZARA 所表现出来对市场的快速反应能力的背后是其集约式高效管理和有力的信息交互基础设施支撑的：ZARA 所有生产订单来自全球各个专卖店当天的销售情况、当前库存和近两周内销售预测以及一线员工关于顾客服装需求的电子邮件、电话等，分布在各种时尚场合的时尚"买手"所收集来的最新时尚信息，通过卓越的标准化产品信息系统、库存管理资料系统等及时传递到总部；根据从不同渠道收集来的信息销售、库存、顾客需求等信息，ZARA 的生产系统能够灵活实时调整生产计划，将预测风险控制的最低水平；然后通过高效的光学产品分拣设备和发达的物流配送系统以确保每一笔订单准确及时到达全球专卖店。总之，ZARA 基础设施是以顾客为起点、以事件为核心、支持全流程运作，能够有效支持企业与利益相关者构建的价值网络成员之间的有效互动，充分体现了信息交互基础设施的柔性。

2.1.3.2　信息交互人力资源

基于人员的资源包括技术诀窍和其他知识资产，例如员工培训、技术技能等（Barney，1991）。信息交互人力资源由信息交互人员和人员所具备的技能构成，其中技能又包括技术技能与管理技能（Bharadwaj，

2000）；人员包括企业内部人力资源和外部可以利用的人力资源。本书认为，信息交互人力资源是指企业与用户或用户社区、价值网络其他成员以及企业内部员工进行信息交互涉及的所有人员和人员所掌握的技术技能及管理技能。

信息交互人员是指从事与信息交互相关的人员配置情况以及时间投入情况。为了实现企业与用户共同创造体验、共同创造体验环境以及个性化体验，企业首先需要专门从事与用户及价值网络成员进行信息互动的人员。例如，腾讯 CDC 就是一个专门从事与用户设计交互、界面交互、体验互动的公司级设计中心，其拥有四十多名专职的用户研究工程师负责腾讯大小产品的用户沟通、互动工作，一百余名设计师和十余名软件开发工程师从事与用户体验设计。为提高产品开发过程的用户界面开发能力，腾讯 CDC 专门为产品开发团队配置了专职进行用户界面开发技术的研究和用户界面开发工程师。而小米公司通常被认为是"全员参与"企业与用户、用户社区的信息交互：从董事长雷军开始每天花一个小时回复微博上的评论，与用户进行信息交互；所有工程师是否按时回复用户社区的帖子是工作考核的重要指标。小米虽然没有专门的从事信息交互的部门，但是在小米从产品设计到市场营销每个环节都有大量人员、花费大量时间参与到与用户或者用户社区的信息交流、互动中来。上述人员主要指企业内部人力资源，另外信息交互人力资源还包括企业外部可以利用的人力资源。以小米公司为例，涉及研发和营销团队的信息交互人力资源，非常突出体现了"可以利用的"外部人力资源。

信息交互人员的技能包括信息交互技术技能和管理技能（Bharadwaj，2000），技术技能是指企业分析、开发、设计并使用各种信息交互方法、软件、工具的能力，也包括企业运用微博、微信、论坛等一系列新兴的社会化营销手段与用户进行交互的能力；管理技能是指为了提高信息交互技术技能需要的一系列经验、方法、规范、组织结构和制度，以及为了提高信息交互人员工作效率所需要的一系列协调机制和管理方法等。信息交互管理技能与技术技能经过长期经验的积累相互补充、相互促进。信息交互管理技能通常是隐性的，需要经过长时间的积累才能够形成，而且是企业所独有的、具有高度本地化的特点，是企业获取竞争优势的主要因素。例如，小米公司的 MIUI 在开发设计阶段就充分利用了微博、手机论坛等新兴的信息交互手段与用户进行深度的信息交互。另外，小米公司为了提高与用户的信息交互效率，还开发了专门与客户互动的信息平台。而腾讯

CDC 有一整套保证优秀用户体验的设计方法，如以用户角色、场景分析、任务分析为要素的面向用户体验的信息交互方法及软件工具。腾讯 CDC 还自主研发了许多用于提高信息交互效率的软件工具，如 UIDesigner 就是一款高效、协同、革新的原型设计工具，该软件让交互设计师、视觉设计师和开发工程师相互间进行信息交互，实现交互设计师与各职能工作人员之间的无缝合作，从而显著提升不同专业设计师的协作效率。另外，为了提高信息交互的效率，腾讯 CDC 形成了各种形式的用于内部信息沟通的渠道，如项目晨会等。ProWork 也是腾讯 CDC 自研发的一款用于提高设计师工作效率的设计类项目管理平台。

2.1.3.3 信息交互无形资源

RBT 最大的贡献之一在于明确认识到无形资源在组织中的独特价值。企业的无形资源主要包括：知识资产（Teece, Pisano and Shuen, 1997）、业务流程、管理模式、企业品牌和企业文化等（Barney, 1991），Bharadwaj（2000）认为，企业特有的无形资源都是隐性和异质的，深植于组织的社会结构和历史中，对企业绩效具有积极的促进作用（Bharadwaj, 2000）。那么，在新一代信息技术环境下，如何利用信息交互为企业创造更高效的无形资源就变得很重要。信息交互只有在对企业已存在的资源和能力产生杠杆或使能（Enabling）作用时，才能创造出独特价值，成为竞争优势的来源。信息交互对无形资源的使能性作用主要体现在互联网文化交互导向的业务流程等。

在新一代信息技术环境下，信息交互对企业文化的使能性作用具体表现为互联网思维的企业文化，即用户第一、交互导向、信任和开放。例如，小米公司崇尚快速、创新的互联网文化，其企业文化可以用七个字来概括——"专注、极致、口碑、快"；阿里巴巴的企业文化"六脉神剑"，即诚信、激情、敬业、拥抱变化、团队合作、客户第一；奇虎360 的企业文化是"用户至上、创业心态、持续创新、不断反思、开放协作"等。与传统制造业企业文化（如"精益生产"、"0 缺陷"等）有很大不同，上述新兴互联网企业的企业文化具有互联网思维的特点，允许用户在使用产品的过程中不断对产品提出建议，企业与用户对话过程中了解用户的意见，不断修改，从而使其更加完美。同时，将产品研发、制造生产过程完全开放给用户，让用户参与其中，在企业与用户不断的信息交互中，建立与用户之间的信任关系，通过产品快速迭代，提升用户的满意度和忠诚度。通过企业与用户、价值网络其他成员不断信息交互构建起来的信任、开放、透明的环境，这是很难被竞争对手快速复制的，是企业拥有的竞争优势。

为了实现共同创造体验，让用户参与共同塑造他们的体验，企业从技术研发、产品设计、生产制造、营销、分销到客户服务全业务流程都将会发生重大变化。因此，新一代信息技术环境下，信息交互对业务流程的使能性作用是非常巨大的，具体表现为交互导向的业务流程。在技术开发和产品设计阶段，强调开发者之间的信息交互，鼓励程序员与用户信息交互，不断从试错中获得用户反馈，进而改进产品；在生产制造阶段，强调以用户为核心并能对用户需求迅速做出反应的柔性制造、柔性物流及供应链流程；在营销阶段，强调以用户口碑为核心的营销模式；在客户服务阶段，强调以用户体验视角开发和设计的顾客关系管理。以小米公司为例，为了让用户有更深入体验，小米公司把做产品、做服务、做品牌、做销售的过程开放，让用户参与进来，小米公司构建的"参与式"消费本质上就是本书所说的交互导向的业务流程。另外，其他两种信息交互资源对形成交互导向的业务流程是非常关键的。灵活的信息交互基础设施为企业内部以及企业与用户、价值网络其他成员之间建立起积极的对话平台，使其能够参与到企业全业务流程中，为交互导向的业务流程提供了物质基础。而具有良好的信息交互人力资源的企业更容易在内部以及外部各方建立积极的沟通和互动，在企业内部建立便于交互的组织程序和保障措施，为交互导向的业务流程提供保障。

总之，IICs是由信息交互资源构成的系统能力。IICs依赖于企业信息交互资源，但IICs不等同于信息交互资源，IICs是信息交互资源相互作用、相互影响形成的系统能力，比信息交互资源高一个层次；企业通过配置、应用和整合信息交互资源，才能形成信息交互能力；企业信息交互资源是IICs之源，是IICs的基础，企业信息交互资源必须经过IICs的"激活"才能发挥其潜能；反过来，IICs强的企业也会不断促进各种信息交互资源的积累，也就是说，IICs与企业信息交互资源，相互影响、相互促进，共同构成了一个有机系统。

2.1.4　信息交互能力的目标

2.1.4.1　增强价值共创的基本构成要素

对话、获取、风险管理和透明性是价值共创基本构成要素，简称DART（Prahalad and Ramaswamy，2004），强IICs企业能够增强DART四要素。

（1）对话（Dialogue）

Prahalad 和 Ramaswamy（2004）认为，对话是企业和用户在双方都感兴趣的问题上的交互性、高度投入和采取行动的倾向。一方面，信息交互基础设施为企业、用户和供应商展开对话提供了物质条件，尤其是新一代信息技术的应用，可以让对话更便捷、成本更低、效果更好。另一方面，信息交互人力资源为对话提供了人力保障，各种主体的积极参与、高质量的互动议题、高素质的参与对象等都能提升对话的质量和效果。同时，信息交互无形资源提供了各种有利于对话的企业文化、业务流程、知识资产等，确保企业与用户、供应商在对话过程中形成有序、富有效率的互动规则，从而保持稳定一致的对话质量。

（2）获取（Access）

个体用户的目标越来越表现为获取他们想要的体验，而未必非要拥有产品所有权（Prahalad and Ramaswamy，2004），这是对传统观点的挑战（用户的目标是产品的所有权）。获取是指获取知识、工具、专业技能帮助个体用户构建个性化用户体验。强 IICs 的企业，拥有各种信息交互基础设施资源和交互导向的业务流程，允许用户、价值网络其他成员参与从技术研发、产品设计、生产制造、营销、分销到客户服务等价值链的各个环节，这使用户获取有关知识、技能成为可能，而在以前这是由企业完全控制的。另外，与简单地拥有产品所有权不同，获取关注的是在多个交互点上的获取用户体验，企业就能够创造更多的商业机会。IICs 包括企业与用户、企业内部以及企业与价值网络其他成员之间的信息交互能力，只有强 IICs 的企业才能确保用户在多个交互点上获取体验。

（3）风险管理（Risk Management）

这里的风险是指对用户造成损坏的可能性。传统观点认为，企业能够比用户更好地评估和管理风险。因此，当与用户进行沟通的时候，企业几乎总是关注收益而忽视存在的风险。风险管理假定如果用户是积极的共同创造价值者，他们想要了解更多有关产品或服务存在的潜在风险方面的信息，同时，他们也应该承担起风险责任（Prahalad and Ramaswamy，2004）。强 IICs 的企业，鼓励员工接近用户，具有以用户第一、交互导向、信任和开放为特点的企业文化。因此，强 IICs 的企业，有能力在企业、用户、价值网络其他成员间展开针对风险的积极对话，内容不仅包括相关数据，还包括相关评价方法，以便于用户对与产品或服务相关的社会与个人风险进行管理，同时也有利于企业与用户之间达成更高水平的信任程度。

另外，强 IICs 企业，通过为企业与用户提供更多积极对话的机会（如微博、用户社区等），以及确保信息交互效率的一系列协调机制和管理方法，一方面确保企业内部能够时刻关注风险管理避免传统只关注收益的管理模式，另一方面也可以为企业降低风险。

（4）透明性（Transparency）

在传统市场上，企业往往会利用在企业与用户之间的信息不对称性获得收益。但是，随着新一代信息技术的迅速发展，企业作为信息寡头的优势正在迅速消失。由于用户可以获得越来越多有关产品、技术的相关信息，对企业来说，创造更高水平的透明性才是明智之举。信息交互是在不同主体之间的信息交换、信息传递和信息互动，这本身就是信息透明性提高的过程。而新一代信息技术通过对信息交互在手段、方式、效率等方面的巨大改变，也最大化地实现了信息在企业、用户和价值网络成员间的透明度。因此，强 IICs 企业能够利用各种新一代信息技术及其融合技术，拥有与用户、价值网络其他成员之间信息交互所需要的各种信息交互资源，不断推动企业信息的透明化，从而增进用户与企业之间的信任关系。

2.1.4.2 实现共同创造体验

首先，IICs 能够实现共同创造体验。灵活的信息交互基础设施，能够保证企业快速重新配置资源，使企业具备根据需求变化而快速调整和反应的能力，提供信息交互效率，从而持续为用户提供高质量的体验。信息交互人力资源为企业提供了一系列经验、方法、组织结构和团队等，让企业能够积极地吸引用户或用户社区参与共同创造体验。信息交互无形使能性资源则为企业提供了促进信息交互的企业文化、政策、业务流程等，使员工深刻理解用户体验，从而获取用户的真实体验。

其次，IICs 是决定共同创造体验质量的关键能力。共同创造体验源于企业与用户的交互。IICs 确保企业与用户的交互可以多次、反复发生，可以在任意时间发生在任意场所；IICs 能够实现企业与用户一对一、一对多模式的交互。另外，由于用户每次形成的体验实际上有所不同，IICs 通过识别用户遇到的新问题和新机会，能够实现企业对异质用户体验的关注。更重要的是，强 IICs 的企业，能够在企业内部以及企业与价值网络成员之间形成一种互动的合作环境，构建体验网络，实现用户与用户社区以及用户与企业的价值网络之间的信息交互，从而实现共同创造体验。

总之，强 IICs 的企业会更了解用户，有助于在研发、生产制造过程中获得来自用户的新想法等。强 IICs 的企业员工能够更深刻地理解用户的需求、行为、动机和体验，从而更易于开发出面向用户的产品和服务，最终实现价值共同创造。

2.1.5 信息交互能力的特征

信息交互能力最重要的特征是交互性，这是信息交互能力区别于其他企业能力最主要的一个特征。根据本书对交互的定义，交互性是企业、用户和合作伙伴之间你中有我，我中有你，互为彼此的行为或活动状态。

Barney 和 Hesterly（2012）认为，只有当资源具有价值性、稀缺性、难以模仿性和组织利用性时，资源才能够保持持续的竞争优势，即 VRIO框架。VRIO 框架是对 VRIN 框架的更新，VRIO 框架在原有 VRIN 框架的难以模仿性条件下包含不可替代性，同时增加组织流程作为利用资源潜在性的方式。本书认为，IICs 是基于信息交互资源构筑的核心能力，具有内在的价值性、稀缺性、难以模仿性、难以替代性和组织利用性，是构成企业获取竞争优势的基础，如图 2-2 所示。

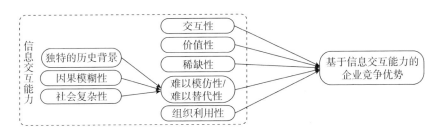

图 2-2　基于信息交互能力竞争优势的基本分析框架

具有价值性的资源是指能够使企业执行战略以提升企业绩效的资源。没有价值性或者价值性很小的资源几乎不可能帮助企业获取竞争优势。交互是价值共创的新场所和重要方式（Prahalad and Ramaswamy，2004；武文珍、陈启杰，2012）。并且 Prahalad、Ramaswamy（2004）认为，价值产生于用户参与的企业业务流程各个环节的交互点中。因此，IICs 的使能过程就是价值创造的过程。另外，IICs 利用价值网络配置各种信息交互资源的最终目标是实现共同创造体验，即为用户创造价值。因此，IICs 的价值性主要集中在用户价值，例如用户体验、用户感知、用户口碑和用户忠诚等。

IICs 由三种信息交互资源构成。实际上这些信息交互资源具有价值性、稀缺性、难以模仿性、难以替代性和组织利用性。信息交互基础设施是以事件为核心，具有个性化、实时性，能够支持体验环境（Ramaswamy，2005），因此，信息交互基础设施具有稀缺性、难以模仿性、难以替代性（Amit and Schoemaker，1993）。信息交互人员和人员所具备的技能通常是在相当长时间内积累下来的知识（Bharadwaj，2000），是隐性的，很难被其他企业所模仿。信息交互无形资源具有独特性、隐性的特点，根植于组织的社会历史中，具有社会复杂性（Barney，1991；Barney and Clark，2007）。另外，IICs的目标是共同创造用户体验（Ramaswamy，2005），而共同创造用户体验源于每个用户与体验环境的交互点中（Prahalad and Ramaswamy，2004），上述个性化过程具有独特性和复杂性。

以小米公司为例，当竞争对手还在卖手机的时候，小米公司通过自身较为强大的IICs形成了用户的参与感，这是独特而稀缺的。无论是新手机的研发、MIUI的迭代升级，还是硬件配置的选择，很大程度上都是用户参与的结晶。据估计，MIUI的功能1/3由"米粉"决定，2/3由小米公司自己决定。这种参与感是用户独一无二的收获，说得直白一点，小米公司销售的是参与感。另外，对用户来说，小米不仅是手机产品，更难以模仿的是通过IICs创造的用户体验，具体包括以下两点：①炫耀需求和存在感：2011年小米公司刚开始做手机时，通过社交网络平台，组织"我是手机控"的活动，让用户晒自己用过的手机，向朋友炫耀。类似的活动小米公司每年都会组织很多，满足了用户的炫耀需求和存在感。②成就感：在小米论社区，很多板块是用户帮着管理，他们通过帮助其他用户，觉得自己很有成就感。小米公司满足了用户的成就感，这是小米公司的精髓。

2.1.6 信息交互能力与其他相关概念的区别与联系

信息交互能力（IICs）与信息技术能力（ITCs）、企业交互能力有许多类似之处，都是多要素、多维度的变量，最主要的是，它们都是以信息技术为重要物质基础的组织能力。但是这三种能力也有很明显的区别，如表2-1所示。

表2-1　信息交互能力、信息技术能力与企业交互能力

内容	信息交互能力	信息技术能力	交互能力
理论基础	RBT、信息交互理论、价值共创理论	资源基础理论	交互理论

续表

内容	信息交互能力	信息技术能力	交互能力
含义	基于信息交互资源的组织能力，面向未来的企业核心能力，具有稀缺性、价值性	基于信息技术资源和互补性资源的组织能力，不再具有稀缺性，具有同质性和广泛性	基于网络交互技术的组织能力，一般组织能力
环境	移动互联网环境	互联网环境	互联网环境
参与主体	用户、企业及其价值网络成员	企业为主	企业与顾客为主
功能	通过实现人与人、人与物、物与物之间的信息交互，提升用户感知、用户满意度、用户忠诚度和用户口碑	高效的信息传递、信息获取、信息存储、信息处理，不断提升产品性能、产品功能和产品效率	应用网络交互技术提高企业的管理沟通和交互性，提升管理水平
目的	实现个性化用户体验	提升管理水平，为管理服务	实现企业与顾客之间的沟通与互动
结果变量	客户忠诚和客户感知；竞争优势	企业绩效、竞争优势、联盟绩效、组织灵活性	企业绩效等
中介变量	价值共创等	业务流程、组织学习、组织沟通、灵活性、关系价值、动态能力等	交互策略、创新能力、顾客关系、组织合法性
在价值共创中的作用	能够实现以用户为核心，企业、用户或用户社区、价值网络成员相互之间共同创造价值的战略性组织能力	在消费者与企业之间沟通和信息互动过程中能够起到促进作用的一项工具	交互技术改进企业与顾客、合作者及利益相关者之间关系的一种能力
对竞争优势的影响	能够直接或者间接对竞争优势产生影响	一般不能直接对竞争优势产生影响，需要通过中介变量对竞争优势产生影响，或者成为企业获取竞争优势必要条件	不能直接对竞争优势产生影响
典型企业	苹果、阿里、小米等企业具有较强IICs	戴尔、微软、诺基亚、柯达、摩托罗拉等传统IT企业具有强ITCs	以营销为主的民营企业

　　本书提出的 IICs 是企业在新一代信息技术环境下通过配置、应用和整合各种信息交互资源所形成拥有的一种关键的战略性组织能力，是企业面向未来构建的核心能力。IICs 与 ITCs 之间的区别在于，相对于 ITCs，IICs 更复杂、更高级，更具有难以模仿性；相对于 IICs，ITCs 更具有普遍性；IICs 的形成是建立在 ITCs 基础之上的。另外，IICs 看待信息技术的角度以信息为核心而非技术，重点是如何通过交互创造更多新信息和新价值；ITCs 则偏重于信息的加工处理、传递、分发等技术处理工作。尽管 ITCs 对企业来说具有重要性，但是在新兴技术环境下，ITCs 具有明显不足：首先不再具有稀缺性，难以成为竞争优势的充分条件；其次，比较宽泛，ITCs 更像是水、电等基础设施是企业获取竞争优势的必备能力。Chae、Koh 和 Prybutok（2014）认为，随着互联网和云计算技术的迅猛发展，信息技术外包特别是离岸外包的普遍采用，ERP 软件包的日益普及，计算成本日益降低，对单个企业而言，IT 资源变得更加重要但同时也变得更容易获取和同质化，IT 已经成为一个无处不在、提升企业竞争力的必要条件。近年来，信息技术已经让位于移动互联网、云计算、大数据等新兴信息技术，这些新兴信息技术的共同之处在于信息交互，通过信息交互创造新价值，更聚焦用户、重视用户。在新兴技术环境下，ITCs 没有抓住信息交互这个核心。总之，新兴技术环境下对企业来说，IICs 是获取竞争优势的差异化能力，是企业借助新一代信息技术，从传统经济模式迈向互联网经济模式过程中必须具备的组织能力。

　　从企业实践来看，Intel、微软、诺基亚、索尼、摩托罗拉等传统 IT 企业都具有很强的 ITCs，这些企业在过去的几十年时间里都是他们所在行业的领导企业，都曾经取得了辉煌的成就和长期立于不败的竞争优势。这些企业所生产的产品在产品性能、产品功能和产品效率等方面都被用户所啧啧称叹，拥有卓越品质。但是最近几年，这些企业和他们所生产的产品正在慢慢退出消费者的视野和生活。取而代之的是，是像苹果、阿里、小米、腾讯等新兴互联网企业及其他们所生产的产品，这些企业的共同特点是注重用户体验、用户感知、用户忠诚、用户满意度和用户口碑，都具有很强的信息交互能力。因此，企业特别是传统企业，想要实现从信息与工业化时代向移动互联网时代的成功跨越，应该特别关注如何在新兴技术环境下构建企业的信息交互能力。

2.2 其他核心概念

信息交互能力、竞争优势和价值共创是本书的核心构念。2.1 节详细讨论了 IICs 的概念。为了便于后续研究，本节重点讨论竞争优势和价值共创两个构念。

2.2.1 竞争优势

尽管竞争优势作为一个概念被很早提出，不过直到 20 世纪 80 年代，"竞争战略研究之父"波特才对竞争优势进行了系统而又深入的研究。波特认为，"企业竞争优势产生的基本前提就是企业利用各种手段所创造的价值超过为创造这些价值所花费的成本。企业的竞争优势概括起来不外乎成本优势和差异化优势"。

资源基础理论的标志性人物之一 Barney（1991）对竞争优势的定义为"当企业执行某价值创造战略，而该战略没有被任何当前或潜在竞争对手同时执行时，该企业就可谓拥有了竞争优势。当该价值创造战略所带来的利益不能被当前和潜在竞争者复制时，即谓持续竞争优势"。

RBV 理论的另一标志性人物 Grant 认为，"竞争优势是企业能够持续的获得高于竞争对手的利润率或具有这种潜能的竞争态势"。很明显，Grant 的定义中对竞争优势的理解实际上同样包含了两层含义，即短期竞争优势和持续性竞争优势。

其实，有关竞争优势的研究，学术界较多关注竞争优势来源，而竞争优势本身是什么，目前尚无统一定义。虽然学者对竞争优势的定义不尽相同，但核心含义基本是一致的，竞争优势是企业相对于竞争对手或行业平均水平的某种或多种优势，体现在市场位势、经营效率、功能成本等不同方面。也就是说，竞争优势是一种相对的竞争态势，即相对于现在的或者未来潜在的竞争对手，企业正在执行，而竞争对手没有的一种价值创造战略（Barney，1991）。并且如果其他企业不能复制这种战略所带来的利益，那么就可以被认为是持续性竞争优势。

从企业实践看，企业家通常倾向于两种竞争优势的获取，一是活得好，二是活得久。特别是对于新兴互联网企业而言，用活得好和活得久来描述短期竞争优势和长期竞争优势更能够反映处于互联网时代企业的竞争优势。例如，阿里巴巴董事局主席马云认为，"互联网企业要想活得久、活得好，必须把自己变成一个真正普惠的技术，企业希望十年后依旧能够生存、成长和健康发展，要从组织思考、人才思考和文化思考上面，彻底地改变自己"。华为集团总裁任正非认为，"企业的短期优势要看财务指标，是否活得好；企业的长期优势要看战略格局、商业生态环境的健康以及企业的可持续发展等，是否活得久。经九死一生还能好好地活着，这才是真正的成功"。

综上所述，结合上述理论与实践分析，本书认为竞争优势主要表现在以下两个方面：一方面，相对于竞争对手，企业具有更好的经济效益，即具有短期竞争优势，本书称为"活得好"，直观反映企业当下是不是活得好；另一方面，相对于竞争对手，企业具有更高的技术创新优势，更高的用户满意度和用户忠诚度，更高的员工满意度和合作伙伴满意度，即具有长期（持续性）竞争优势，本书称为"活得久"，直观反映企业未来能够走多远，即是不是健康长寿的企业。总之，本书认为"活得好"和"活得久"其实分别代表了企业的短期竞争优势和长期竞争优势，这两者并不矛盾，具有内在统一性。为了能够贴近企业实践，尤其反映新兴互联网企业的竞争优势，在实证研究中本书将从"活得好"与"活得久"两方面构建竞争优势测度指标。

2.2.2 价值共创

Normann 和 Ramirez 两位学者首次提到"共同创造价值"，阐述了价值共创的内涵。Normann 和 Ramirez 在分析了传统基于价值链的价值创造逻辑后，指出随着产品和服务全球化和战略环境快速变化，战略分析的重点不再是企业的价值链分析，而变成了价值创造系统本身。在价值创造系统中，供应商、业务伙伴、联盟以及客户共同创造价值（Co - Produce Value），并分析了价值创造系统的战略任务和基本目标。同时，通过宜家的案例说明这种新的价值创造逻辑：宜家已经不再是价值链上的一个链接，而是一个涉及服务、产品和设计的星座的中心。

Ramirez（1999）最早提出"价值共创"一词，将其描述为价值星系（Value Constellation），即价值共创系统的中间组织就好比一个星系，而价值共创系统中企业间组织的关系借用天文学的"星系"观点可以被形象地说明。

以 Vargo 和 Lusch 为代表的基于服务主导逻辑价值共创理论认为消费者是价值的共同创造者。Vargo 和 Lusch 认为，价值共同创造过程是由生产者和消费者共同完成的：一方面，通过向目标市场提供产品或服务，生产者提出自身的价值主张；另一方面，消费者通过购买并使用生产者的提供物，会继续创造价值。价值共创的核心是使用价值或情景价值。通过生产者、顾客或消费者，以及包括价值网络成员在内的合作者共同拥有的价值共创系统的价值实现，从而实现价值共创。

以 Prahalad 和 Ramaswamy（2004）为代表的基于用户体验的价值共创理论认为价值共创是传统价值创造系统被打破后，在新兴经济环境下形成的新的价值创造系统。共同创造的价值同时取决于用户和企业，由两者共同创造，其基础由共同创造用户体验构成。价值共创的基本构成要素（DART 模型）和共同创造体验是基于消费者体验的价值共创的核心内容。Prahalad 和 Ramaswamy 认为，新的价值共创范式代表了价值从个体用户（Individual Consumer）到企业（The Nodal Firm）及其体验网络，最后回到用户的动态过程。价值可以产生于有消费者参与的产品设计和开发、营销和销售、渠道、制造、物流及供应链各个环节中（Prahalad and Ramaswamy，2004）。价值共创体系的主要参与者除了企业、用户，还包括供应商等合作伙伴，合作伙伴是构建体验网络的重要组成。价值共创过程是通过管理消费者—企业—消费者之间的交互，价值从个体消费者到企业及其体验网络的流动，然后再回到个体消费者的价值共创过程。

综上所述，价值共创（Value Co-Creation，VCC）本身是一个非常抽象的概念，是管理领域一个新的研究命题。目前，学者还未对其形成统一的观点和定义。由于其抽象性，很难从直接研究价值共创本身下手，因此本书从价值共创活动来研究价值共创。本书借鉴 Prahalad 和 Ramaswamy（2004）对价值共创内涵的解释，认为价值共创是有消费者参与产品设计和开发、营销和销售、渠道、制造、物流及供应链各个环节的价值共同创造过程。Prahalad 和 Ramaswamy（2004）认为，价值共创是由对话、获取、风险评估和透明性，四种基本要素构成的一个有机整体。在实证研究中本书将从上述四个方面构建价值共创测度指标。

2.3 信息交互能力影响竞争优势的理论基础

2.3.1 资源基础理论视角

2.3.1.1 资源基础理论概述

资源基础理论（Resource-Based Theory，RBT）一直是战略管理研究的热点。本节以企业资源基础理论的发展为序，梳理该理论，如表 2-2 所示。

表 2-2 传统资源基础理论的理论基础和理论发展

理论		主要观点
理论基础	不完全竞争理论	产业既不具有完美的垄断性，也不具备完美的竞争性而是每个竞争企业都具有一些垄断权力
	垄断性竞争理论	通过合并垄断理论和完全竞争理论构建垄断竞争模型供应商具有一定的价格控制权
	企业成长理论	积累资源同化资源的速度是企业成长关键，因为资源利用不足会给企业带来机遇企业总是不断地寻找新方法从而获得生产力和生产效率的提升；新知识会产生对已有资源的不同的使用方法或者对整合资源不同的使用方法企业是一系列资源的集合
理论发展	企业的资源基础理论	资源是能够被视为一个企业的强势、弱势的任何方面
		资源位置壁垒能够产生超出投入要素最小付出水平的经济租，例如模仿障碍
		企业战略包含当前资源的利用和新资源的开发
	资源异质性和高出正常企业绩效	不同资源要素取决于资源被识别的程度和通过战略性要素市场评估其货币价值
		通过隔离机制同质企业就会产生区别或者拥有难以模仿的资源，从而获取经济租
		经济租来源于时间压缩不经济性，在试图模仿其他企业资源以及有限的可替代性
	确认能够带来持续竞争优势的资源	资源能够获取竞争优势的一系列条件：①VRIN；②企业获取租金的必要条件是资源异质性，成本抵消租金的必要条件是竞争事前限制，竞争事后限制是租金持续的必要条件，资源不完全流动性是保持租金的必要条件
		专属资源包括企业家精神、文化、规范、无形资产、人力资源和信息技术

RBT 最早可以追溯到 20 世纪 30 年代，经济学家 Robinson（1933）提出的企业异质性和 Chamberlin（1937）提出的不完全竞争理论，如表 2-2 所示。不完全竞争理论认为行业既不具有完美的垄断性，也不具备完美的竞争性，而是每个竞争企业都具有一些垄断权力。因此，早期的理论研究认为为了获取超额收益并推动不完全竞争，企业应该强调异质性的重要。Penrose（1959）在其企业成长理论中总结性地提出企业是一系列资源的集合，掀开了企业资源基础理论研究的序幕，被认为是 RBT 的理论基础。之后，Rumelt 和 Lamb（1984）、Wernerfelt（1984）提出资源位置壁垒、

隔离机制和资源属性与企业收益有关，被认为是对 RBT 具有开创性贡献的研究。总的来说，上述研究从企业内部层面回答了"企业为什么产生异质性""企业为什么会产生高出正常企业绩效的经济租"的问题。很明显，RBT 与其他研究竞争优势的战略管理理论不同，RBT 采取的是企业内部观点，将企业视为一系列独特资源组成的异质性实体，认为这是企业获取竞争优势的主要原因。

随后，学者开始更深入地关注"什么样的企业资源能够获取和保持持续的竞争优势"的问题，具体解释了能够获取竞争优势的企业资源的特征和条件。Dierickx 和 Cool（1989）认为，只有当资源是不可交易、难以模仿、不可替代的情况下对获取竞争优势才是重要的，通常采用高出正常的租金来衡量。被誉为 RBT 创立者的 Barney（1991）全面分析了资源产生竞争优势的必要条件——有价值、稀缺的资源，例如极少企业能够获取的资源，可以创造竞争优势，但是这种优势往往是短暂的。如果这种资源同时难以被模仿和复制，企业利用这种资源可以创造一种在任何情况下竞争者不能同时具备的创造价值的策略，那么这种资源就可以创造持续的竞争优势，即只有当资源具有价值性、稀缺性、难以模仿性和不可替代性时，资源才能够保持持续的竞争优势，这就是著名的资源"VRIN"框架。Barney 的研究使资源基础理论回到关注企业内部的资源和能力上，他所提出的"VRIN"框架在分析资源获取竞争优势时，具有很强的实用性。之后，Barney 和 Hesterly（2012）在 VRIN 框架基础上提出 VRIO 框架，即只有同时具有价值性、稀缺性、难以模仿性以及组织利用性的资源才有可能产生持续的竞争优势。类似地，Amit 和 Schoemaker（1993）分析了能够带来竞争优势的资源的属性。Grant（1991）认为，资源是能力的基础，并对资源和能力做了详细的区分。Peteraf（1993）基于资源和经济租之间关系，提出了一个以资源为基础的获取持续性竞争优势的分析框架。以 Barney（1991）、Peteraf（1993）为代表的学者的研究较为完整系统地涵盖了基于资源的竞争优势理论分析框架，为后续资源基础理论的研究奠定了坚实基础。总之，早期资源基础理论认为竞争优势主要来自企业内部，即企业自身拥有的且难以模仿的资源和能力。因此，早期 RBT 主要是一种内生、静态的观点。

然而，随着市场环境日益复杂化、动态化，基于静态观点的传统 RBT 在解释如何获取和维持竞争优势的问题上表现出越来越大的局限性。Prahalad 和 Hamel（1990）在传统 RBT 基础上提出核心能力观，认为企业本质上是一个能力集合体，核心能力是企业能力和长期竞争优势的根源，这是对企业资源基础理论的极大发展。核心能力观不仅重视企业内部长期形成的能力的重要性，同时也开始关注外部环境（董保宝、李全喜，2013）。之后，Teece、Pisano 和 Shuen（1997）提出了动态能力观，认为动态能力是企业整合、建立和重构企业内、外能力以适应快速变化的环境的能力，这是继承与发展 RBT 理论的集大成者。Eisenhardt 和 Martin（2000）在 Teece 等研究的基础上将动态能力具体化为四种常规程序：资源获取、配置、整合和让渡，提出了基于过程论的动态能力观，这一理论更加丰满了 Teece 的动态能力观。动态能力观将企业内部因素和外部环境因素整合在一起，关注企业战略与外部环境相适应，这就要求企业必须具备组织双元能力，一方面要在成熟市场继续保持稳定收益，另一方面又能够适应未来市场的迅速变化（Rothaermel and Alexandre，2009）。双元能力（或双元组织）是在动态能力之前提出来的概念，不过一直没有引起重视。随着企业所面临的外部环境日益复杂多变，这无疑对动态能力观提出了更高的要求，而双元能力恰好满足了动态能力观的发展需要，两者可谓相得益彰。另外，以 Dyer 和 Singh（1998）、Lavie（2006）为代表的一批学者对传统资源观的扩展研究，逐渐形成了网络资源观这一理论分支。网络资源观承认企业的竞争优势源于内部资源异质性的同时，突破传统 RBT 强调的"竞争优势来自内部资源异质性"的局限，将企业外部可以利用的关键资源纳入企业资源分析框架，在不拥有资源的情况下，竞争优势的获取需要借助组织外部可利用的资源。网络资源观是对资源内生观点的有益补充和发展，是对传统 RBT 的扩展和延伸。

综上所述，传统 RBT 以企业内部物质资源为主的异质性作为企业异质性的根源，以内生、静态视角分析企业如何获取竞争优势并长期保持下去，认为企业竞争优势源于内部资源的独特性；网络资源观突破传统 RBT 强调的竞争优势来自内部资源异质性的局限，认为企业竞争优势的来源也可以是超越企业内部边界的关键资源；核心能力观则突破企业异质性源于具体物质资源异质性这一观点，仍然立足于企业内部视角并开始关注企业外部，区别于资源异质性，认为能力异质性是异质性的主要来源，来自多方位多主体的知识、专业技能和技术的有机整合才是企业竞争优势的来源；动态能力观则突破核心能力刚性化的局限，不仅聚焦企业内部资源和能力，也关注外部产业环境和市场需求，认为企业竞争优势源于对内外部能力的整合、建立和重构。总之，企业的资源基础理论（RBT）是以企业异质性为前提假设，以资源和能力为基础的竞争优势理论，经过三四十年的发展，形成了诸如传统资源观、核心能力观、动态能力观和网络资源观等理论分支，对战略管理领域产生了深远的影响。

2.3.1.2　资源基础理论对信息交互能力与竞争优势关系的解释

移动互联网、物联网、大数据、云计算、Web2.0/Web3.0 等新一代信息技术正在颠覆性地改变着企业核心能力、价值创造方式和竞争优势来源，企业为了获取长期竞争优势需要不断培育和构建新的企业能力。信息交互能力是一种具有全局性、战略性影响的企业能力，是在新一代信息技术环境和新商业趋势下构建的一种核心能力。

信息交互能力具有异质性，异质性的资源和能力能够创造优于竞争对手的更高效的价值，从而帮助企业获取竞争优势（Barney，1991）。信息交互能力能够以异质性交互方式实现企业、用户和合作伙伴之间的合作，从而获取和利用资源。信息交互能力能够使企业通过有效控制和利用企业外部资源，而不是通过自身拥有资源，实现价值创造和取得竞争优势（Prahalad and Ramaswamy，2004）。企业通过配置、应用和整合信息交互基础设施、信息交互人力资源和信息交互无形资源，形成具有异质性的信息交互能力，能够促进员工知识的获取和透明化，实现企业、用户和合作伙伴之间的信息透明化，从而快速识别用户遇到的问题并为用户创造个性化体验，同时培育企业管理者、员工和股东之间快速达成共识的企业文化（Prahalad and Ramaswamy，2004），使企业形成具有差异化的竞争优势。

信息交互能力具有价值性、稀缺性、不可模仿和组织利用性，根据VRIO 框架，信息交互能力能够为企业带来持续的竞争优势，这是企业获取竞争优势的新来源。首先，交互是实现价值共创的重要方式和重要场所（Prahalad and Ramaswamy，2004），并且信息交互能力的目标是实现为用户创造个性化体验，创造巨大的用户价值；服务主导逻辑认为，以服务驱动的交互能够满足用户的偏好和需求，同时，企业通过与用户合作或交流，改善与用户的关系，从用户那里获取知识、资源和创意，通过强化用户的兴趣，为企业缩减成本，提高利润，因此信息交互能力具有价值性。其次，信息交互能力是一种全新战略，对大多数企业来说是稀缺的。大部分传统企业还没有从传统的以企业为核心的价值创造观念中转变过来，但信息交互能力是通过让用户、合作伙伴参与企业的研发流程、营销流程、供应链流程等全流程的一种核心能力，因此信息交互能力对大部分企业来说具有稀缺性。再次，信息交互能力由三种核心要素构成，是一种复杂的系统能力，具有因果模糊性和路径依赖性，因此很难被竞争对手模仿和替代。相对于竞争对手的核心物理产品，信息交互能力本身是一种无形资源，具有因果模糊性（Karpen，Bove and Lukas et al.，2015）。同时，信息交互能力是在企业及其用户和合作伙伴所处的独特背景下形成的，特别是具有信息交互能力的企业通常具有用户第一、交互导向、信任和开放、用户参与、快速迭代的企业文化、业务流程、管理模式、企业品牌和知识资产等独特的无形资源。最后，信息交互能力具有组织利用性。信息交互能力是企业配置、应用和整合三种信息交互资源，形成的核心能力。另外，信息交互能力对企业已存在的资源和能力具有杠杆或使能（Enabling）性作用。

通过上述基于资源基础理论的分析可以认为，信息交互能力具有异质性、价值性、稀缺性、不可模仿和组织利用性，因此，能够帮助企业获取竞争优势。

2.3.2 价值共创视角

2.3.2.1 价值共创理论概述

价值共创是价值创造研究领域的前沿问题之一，是企业战略管理的核心问题之一。不过，价值共创思想由来已久，最早可以追溯到 19 世纪服务经济学和消费者生产理论的研究中，如图 2-3 所示。

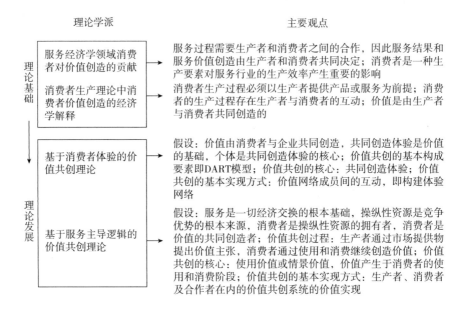

图 2-3　价值共创理论的理论基础和理论发展

　　早期的价值共创理论认为，企业的目标是利用顾客为企业创造价值，价值共创是由供应商、合作伙伴、联盟成员和消费者在一起共同制造价值的价值创造系统（Normann and Ramirez，1994）。Wikström（1996）最早提出顾客能够在设计、生产、营销、服务和分销不同环节进入企业的价值创造流程，消费者与企业一样，都是价值创造的积极参与者。并首次关注到交互在价值创造中的重要性，交互性流程或者相互协作是积累知识的最有效的方法。Ramirez（1999）首次提出"价值共创"一词，认为价值共创具有协同性和交互性，可以描述为"价值星系"，并确认交互是价值共创的基本分析单元。进入21世纪以来，越来越多的企业家和学者认识到价值共创的重要性，企业要想在未来获得竞争优势必须重视价值共创。总的来说，价值共创理论逐渐形成了两支比较有代表性的分支：基于消费者体验的价值共创理论（以 Prahalad 和 Ramaswamy 的研究为代表）；基于服务主导逻辑的价值共创理论（以 Vargo 和 Lusch 的研究为代表），详细内容如图 2-3 所示。

　　通过比较不难发现，以上两个理论分支在研究视角、对价值共创内涵的理解方面都是有区别的。Prahalad 和 Ramaswamy（2004）基于战略管理视角提出新的价值共创系统：价值由企业单独创造转变为由顾客与企业共同创造，价值的基础由产品和服务改变为共同创造体验，价值创造过程从关注供应需求的匹配转变为构架体验网络。价值共创的基本构成要素（DART）和共同创造体验是基于消费者体验的价值共创的核心内容。①对话：Prahalad 和 Ramaswamy（2004）认为，对话是指消费者和用户在双方都感兴趣的问题上的交互性、高度投入和采取行动的倾向（任际范、徐进、梁新弘，2014）。②获取：个体消费者的目标不再是仅获得产品或者服务，而是更多的表现为获得产品或服务过程中的用户体验。这是对传统观点——消费者的目标是产品的所有权——的挑战。获取是指获取知识、工具、专业技能帮助个体消费者构建个性化用户体验（Ramaswamy，2005）。③风险管理：这里的风险是指在产品或服务的销售和使用过程中，可能对用户或者消费者的利益产生破坏。传统观点认为，相对于消费者或用户，企业更有能力对风险进行管理。因此，当与消费者进行沟通的时候，企业几乎总是关注收益而忽视存在的风险。风险管理假定如果消费者是积极的共同创造价值者，他们想要了解更多有关产品或服务存在的潜在风险方面的信息，同时，他们也应该承担起风险责任。④透明度：传统市场上，企业往往会利用在企业与消费者之间的信息不对称性获得收益。但是，随着新一代信息技术的迅速发展，企业作为信息寡头的优势正在迅速消失。由于消费者可以获得越来越多的有关产品、技术相关信息，对企业来说，创造更高水平的透明性才是明智之举（Prahalad and Ramaswamy，2004；任际范、徐进、梁新弘，2014）。⑤共同创造体验：共同创造体验源于企业与用户的互动。因此，当顾客价值的基础从实体产品转变为全面的共同创造体验时，就应该关注企业与用户共同设计以及用户、用于社区和价值网络成员之间的所有互动。

不同于传统 B2B、B2C 范式，Prahalad 和 Ramaswamy（2004）认为，价值共创过程是通过管理顾客—企业—顾客之间的交互，价值从个体消费者到企业及其体验网络的流动，然后再回到个体消费者的价值共创过程。价值产生于有消费者参与的产品设计和开发、营销和销售、渠道、制造、物流及供应链各个环节中，从这个角度来说，基于消费者体验的价值共创理论对价值共创的理解是广义的。在新兴经济中，基于消费者体验的价值共创理论为企业提供了获取竞争优势的指导方针和路线。Vargo 和 Lusch（2008）从经济发展与演化模式的宏观视角，提出一切经济都是服务经济。在此基础上，Vargo 和 Lusch（2008）认为，服务是由消费者决定并共同创造，消费者是价值的共同创造者。基于服务主导逻辑的价值共创理论认为价值只能产生于特定阶段，即消费者使用和消费阶段（Grönroos，2008）。所以，与 Prahalad 和 Ramaswamy 的观点比较，基于服务主导逻辑的价值共创理论对价值共创的理解是狭义的。

尽管以上两个理论分支在研究视角、对价值共创内涵的理解方面各有不同。不过，对企业来说，以上两个理论分支给出了实现价值共创相似的路径。基于消费者体验的价值共创理论认为价值共创的新场所和重要方式转变为用户与企业之间的交互，消费者与企业通过持续的对话（Dialogue）和交互（Interaction）创造价值，实现价值共创的重要战略是创造并增强用户与企业以及价值网络各节点之间的异质性交互活动的质量并为消费者构建个性化用户体验环境（Prahalad and Ramaswamy，2004；Cova and Salle，2008；武文珍、陈启杰，2012）。为此，企业必须对体验环境实施高效创新，努力构建柔性的体验网络，以实现个性化用户体验。同时，Vargo 和 Lusch（2004）强调互动是使用价值的发生器，互动是企业实现价值共创的更好选择（Grönroos，2008；周华，2013）。可见，交互是实现价值共创的重要途径和方法。

目前国内外有关价值共创的研究主要是针对价值共创过程（Grönroos，

2008；马双，2014）、价值共创机理（Payne，Storbacka and Frow，2008；Galvagno and Dalli，2014）等内容，以概念性、框架性研究为主，也有少量实证研究和探索性案例研究，并且呈现上升趋势。另外，传统价值创造理论认为消费者只是价值消耗者，价值共创理论突破这一观点，强调消费者参与，因此针对顾客参与价值共创过程的理论模型、案例研究（Jaakkola and Alexander，2014），顾客参与对顾客价值共创的影响机理及其实证研究（马双，2014）顾客体验质量对价值共创的影响研究（张明立、涂剑波、王崇彩，2013）等方面，国内外都形成了比较丰富的研究成果。同时，也有研究者开始关注供应商与客户及利益相关者之间的价值共创（如 Nudurupati，Bhattacharya，Lascelles et al.，2015）。

2.3.2.2 价值共创理论对信息交互能力与竞争优势关系的解释

信息交互能力同样能够通过价值共创活动帮助企业获取竞争优势。Neghina 等认为，交互的目标和结果是价值，而且只有通过交互的结果才能实现价值。也就是说，价值是在交互参与者之间相互交互信息的过程中产生的。信息交互能力必须以价值共创为导向，只有这样才能通过信息交互获取有价值的知识、信息，从而掌握用户偏好和用户需求，创造个性化用户体验，从而获取竞争优势。

信息交互能力能够在企业、用户和合作伙伴之间实现共同协作活动或行为。企业、用户与合作伙伴之间的协作是实现价值共创、获取竞争优势的来源和基础。Alexander（2012）认为，价值共创等同于交互活动，包括共同设计、共同创新、共享创意、合作构想、共同营销、共同定价、共同生产、共同消费等。企业、用户和合作伙伴之间的协作不仅能够提升企业、合作伙伴的生产率、效率，还加强用户参与企业全流程（Normann and Ramirez，1994），实现资源整合，使企业获取竞争优势（Grönroos and Gummerus，2014）。Prahalad 和 Ramaswamy 也认为价值产生于用户参与的产品设计和开发、营销和销售、渠道、制造、物流及供应链各个环节的交互点中，这说明贯穿于整个业务流程的信息交互能力，能够产生价值，从而为企业创造竞争优势。

信息交互能力能够共同创造独特的用户体验。Ballantyne 和 Varey 强调企业与用户通过对话的交互方式，帮助企业理解用户对于产品的观点、需求和体验，从而实现共同创造用户体验，获取竞争优势。在基于服务主导逻辑的价值共创理论中，价值共创的目的是通过交换服务创造价值，价值被理解为使用价值，是一种具有交互性、相对性和偏好性的个人体验

（Neghina, Caniels, Bloemer et al., 2014）。Prahalad 和 Ramaswamy 认为，共同创造体验取决于用户和用户社区与员工的交互程度。企业的信息交互能力通过在用户、合作伙伴之间配置、应用和整合信息交互基础设施、信息交互人力资源和信息交互无形资源，能够为用户和用户社区与企业、合作伙伴之间创造良好的交互环境，极大地缩短员工与用户之间的信息交互渠道距离，使员工能够真正地接近用户，帮助员工深刻理解和获取每一个用户真实的个性化体验和需求，从而更加准确地开发出面向用户的产品或服务，降低企业成本、提升效率，获取竞争优势。

总之，基于价值共创理论，信息交互能力通过贯穿于企业业务流程形成核心能力，在企业、用户和合作伙伴之间实现共同协作的活动或行为，产生价值，实现共同创造独特的用户体验，从而为企业创造竞争优势。

2.3.3 信息交互视角

2.3.3.1 信息交互理论概述

信息交互是一个不断发展、内涵丰富的概念。人类进入信息社会之前，信息交互就存在了。只是受到技术媒介的限制，信息交互发展缓慢。随着计算机和互联网的发展，信息已经渗透到人们生活、企业实践的方方面面。人类社会正在经历从过去分别关注信息、用户和技术，向强调更大量、更多样化的信息、用户和技术之间的交互转变。信息技术本质上改变了人与人、人与物、物与物之间的信息交互方式、内容和形式，为信息交互赋予全新意义。全面理解信息交互理论必须从两个领域来看，即信息技术领域和交互设计领域。因为，信息技术为信息交互理论提供了坚实的物质基础，而交互设计为信息交互理论提供了重要的技术技能和管理技能，是构成信息交互的另一个重要基础。

（1）信息技术领域的信息交互理论概述

信息交互不是一个新名词。应该说，信息交互行为一直存在于人类社会中，最早还处在原始社会中的人类就开始利用各种工具、符号以及语言进行信息传递，这个过程中就存在信息交互行为。之后，特别是人类进入工业化社会，电报和电话等先进技术的迅速普及，使人与人之间的信息交互变得非常便利和高效。不过，信息交互被确立为一个研究问题是在信息技术出现以后，所以说，信息交互理论是建立在信息技术的发展基础之上。

回顾 IT 的发展不难发现，人类社会在经历每一次信息技术革命后，信息存在形式、信息传递方式、信息处理和利用形式都发生了革命性变化。事实上，人类社会每一次交互方式的变革都是随着 IT 的发展而产生的。例如，第一次 IT 革命人类创造了语言，而人类也因此有了直接的、面对面的信息交互方式——语言；第二次 IT 革命是人类创造了文字，人类的信息交互形式也发生了变革——从结绳到文字；第三次 IT 革命是造纸和印刷术的发明，从手抄到印刷的变化提高了信息交互的频率和效果；第四次 IT 革命是电报、电话等通信技术的发明，无线电技术大大提升了信息交互的频率，电视技术改变了信息的单一介质，除了文字信息交互有了更多的形式，即声音、图片、影像；第五次信息技术革命是以电子计算机出现为特征，互联网的发展实现了实时、双向的信息交互，特别是移动互联网、云计算等新一代信息技术的发展，在时间、空间、数量、频率、媒体形式等方面打破以往信息交互的所有限制，这是对信息交互最本质的一次改变。因此，可以说信息技术是信息交互的信息技术基础设施，是构成信息交互理论的重要基础。

从应用来看，信息技术领域信息交互研究主要有以下方面：强调信息共享的信息交互技术研究和实现人机交互的技术、方法研究。前者研究的本质是信息、数据、流程，目前主要集中在供应链信息交互和互联网环境中的信息交互研究；后者研究的本质是设计以用户体验为核心的人机系统、界面、软件、设备。从研究所涉及的范围来看，基于信息技术的信息交互研究从整个信息化环境中的交互到企业具体业务流程中的交互，例如物流供应链、移动互联网和制造业信息化等环境中的信息交互系统及软件研究；从研究内容看，基于信息技术的信息交互非常多，包括信息交互数据规范设计、信息交互模型和交互策略、信息交互系统开发、信息交互设备以及信息交互平台等。

随着移动互联网等新一代 IT 的发展，信息交互的频率、手段、形式和内容等方面都发生了很大变化，人类社会正在经历从过去分别关注信息、用户和技术，向强调更大量、更多样化的信息、用户和技术之间的信息交互转变。新一代信息技术必将成为全新意义上的信息交互技术。

（2）交互设计领域的信息交互理论概述

信息交互理论还有一个基础是交互设计理论。为提高产品的易用性、可操作性，Bill Moggridge 最早提出了"软面"（SoftFace）一词，后更名为交互设计（Interaction Design，ID），这同时也开启了信息交互研究的新领域。发展至今，交互设计已经成为一门独立的新兴学科，涉及工业设计、视觉设计、心理学、信息学、计算机科学等多个领域。

交互设计领域对信息交互理论最大的贡献者，莫过于"交互设计之父"Alan Cooper，他倡导"目标导向"的交互设计方法，认为交互设计是一种以人为本的设计思想，不同于一般的产品设计，要从心理、行为等多层面关注用户体验，通过与用户或用户社区之间各种方式、各种场所的信息交互，建立人与人之间和谐、信任的交互关系，从而减少"认知摩擦"，设计出更人性、体验更好和能力更强的产品。可以认为，交互设计为信息交互提供了重要的原则、方法和技术。交互设计理论认为，信息交互技术包括设计信息交互的模式、信息交互软件、信息交互设备和信息交互平台等（Toms，2002）。可以看出，在信息技术领域和交互设计领域，信息交互技术有不同的具体表现。信息交互技术是信息技术和交互技术的融合，信息技术和交互技术是相辅相成的关系，都是为了实现信息交互。也可以说，一切为了实现或为了更好地实现信息交互的方法、技术、工具和平台都属于信息交互技术的研究范畴。

进入 21 世纪，随着用户体验这一全新概念的提出，交互设计得到了进一步的发展。以用户体验为目标的交互设计，成为近年来交互设计领域非常活跃的分支。设计过程强调用户参与，设计场所从实验室搬到了具体场景中，设计方法从分析用户需求变为迭代式原型设计，设计本身从关注产品转向用户与产品的交互过程。本质上，交互设计是产品与用户之间信息交互的过程，为信息交互提供了原则、方法、流程、标准等进行建模和评估。从这个角度来说，交互设计为信息交互提供了重要的技术技能和管理技能，是构成信息交互的一个重要基础。

2.3.3.2 信息交互理论对信息交互能力与竞争优势关系的解释

现实商业环境中，一方面信息失真普遍存在，另一方面用户需求未被满足普遍存在。信息交互能力通过优化提升信息交互的内容、形式和频率，减少信息失真，实现信息一致和信息增值；同时，信息交互能力是以"以人为本"为导向，能够实现高质量的用户体验或新增价值，从而获取竞争优势。

信息交互能力能够在企业、用户和合作伙伴之间实现信息一致，最大限度降低信息失真，从而帮助企业获取竞争优势。信息技术的每一次革命都带来了信息交互方式、效率、内容方面的变革，特别是以移动互联网为代表的新一代信息技术的发展，使价值系统中的信息、知识等资源都开始以全新的方式整合、交流。信息交互能力能够有效利用新一代信息技术，通过企业、用户与合作伙伴之间及时、反复和持续的信息交互，实现信息一致。例如，信息交互能力能够有效提升供应链各方信息交互能力，使需求信息与生产信息高度一致，以终端用户拉动上游生产，有效降低供应链"牛鞭效应"，降低供应链整体成本。

信息交互能力具有以人为本的理念，即以用户为核心，为用户创造独特的、高质量的用户体验，帮助企业获取竞争优势。就目前信息技术的来看，可以实现目前大多数用户体验效果，明显存在着过剩的信息技术能力，只有与体验有关时，一项新兴技术能力才有意义。交互设计作为信息社会的一门主流设计学科（郑杨硕，2013），不仅关注产品可用性，而是强调从心理、行为等多层面关注用户体验，通过与用户或用户社区之间各种方式、各种场所的信息交流和信息交互，建立人与人之间和谐、信任的交互关系。也就是说，交互设计是用简单易用的方法解决用户的问题和需求，让用户在体验过程中感到愉悦的设计方法，即获取高质量的用户体验。并且 Ramaswamy 提出企业应该尽快将传统 IT 转变为以交互和共同创造体验为导向的 IT，即 IT 是构建系统、业务流程改造、提升管理效率、促进用户与企业信息沟通的工具，转变为 IT 是能够实现以用户为核心，企业与价值网络成员相互之间共同创造体验环境的战略性组织能力。

2.4 基于信息交互能力的竞争优势理论分析框架

本书认为，信息交互能力是以各种信息交互资源为基础的战略性组织能力，通过提供灵活性平台和基础设施，构建以用户为中心的体验环境，能够实现共同创造价值，从而获取竞争优势。因此，本书构建了基于信息交互能力的企业竞争优势分析框架，如图 2-4 所示。

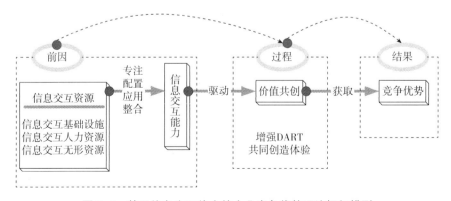

图 2-4 基于信息交互能力的企业竞争优势理论框架模型

Prahalad 和 Ramaswamy 认为用户、企业和价值网络成员之间的异质性交互是竞争优势的新来源。Ramaswamy 认为，IT 是专为共同创造体验而生的战略性能力，因为 IT 能够提高交互质量。很明显，交互能够创造竞争优势。而交互本质是信息有序交流与互动，可见，企业有必要从底层提升信息交互能力，才能够对交互及其交互界面进行全面有效管理，从而获取竞争优势。企业通过配置、应用和整合信息交互基础设施、信息交互人力资源和信息交互无形使能性资源三种信息交互资源，形成企业信息交互能力。从经济学的观点看，企业信息交互资源带给企业的竞争优势是短期的，为企业创造的经济租金是李嘉图式的；而 IICs 通过"激活"各种信息交互资源的潜能，带给企业的竞争优势是长期的，为企业创造的经济租金是熊彼特式的。因此，IICs 是企业长期竞争优势的来源。灵活的信息交互基础设施只有配备了强大的信息交互人力资源才能够形成强大的组织能力。同样，只有构建了良好的信息交互基础设施和信息交互人力资源的企业才能够形成信息交互无形使能性资源，例如顾客忠诚、交互导向、互联网思维等，从而获取竞争优势。因此，信息交互能力是一项全局性、战略性的组织能力，具有价值性、独特性、不可替代性和组织利用性的特征，能够帮助企业取得可持续性竞争优势。基于上述分析，提出研究假设 H_1：信息交互能力对竞争优势有正向影响。

新一代信息技术的发展为企业与用户、合作伙伴以及用户之间的交互提供了便利的技术手段，同时，随着价值从产品和服务转向体验，市场逐渐成为用户、用户社区、企业与合作伙伴之间进行交互的论坛，因此，企业与用户、合作伙伴之间的交互逐渐成为价值创造和价值提取的主要场所。Payne、Storbacka 和 Frow（2008）认为，交互是价值共创的基础，没有交互就不可能实现价值共创。交互能力已经成为价值共同创造的一个新的驱动力量。从用户的角度来看，用户、企业及价值网络成员之间的信息交互是决定共同创造用户体验质量的关键要素，企业与用户的交互能够保证企业时刻掌握用户偏好，企业与价值网络成员之间的交互可以从更多的渠道了解用户需求，同时也能够保证对企业的快速反应，从而提高用户体验的质量，而共同创造用户体验就是价值共创的目的，因此可以说，企业具有越强的信息交互能力，就越能够创造出独特性、高质量的用户体验，从而实现价值共创。同时，企业的价值来源越来越依赖于共同创造体验，企业必须把关注焦点从产品和服务转向稳健的体验环境。提升信息交互能力，能够增强企业构建稳健用户体验环境的能力，进一步推动共同创造体验。Prahalad 和 Ramaswamy 认为，价值共创形成于用户与价值网络各节点企业之间的异质性互动，提高企业、用户与合作伙伴之间的交互质量和为用户提供独特的体验环境是促进价值共创的重要战略。因此，企业必须提升信息交互能力对体验环境实施高效的创新，才能为用户创造出个性化体验，从而实现价值共创。基于上述分析，本书提出研究假设 H_2：信息交互能力对价值共创有正向影响。

Prahalad 和 Ramaswamy 提出，价值共创活动能够为企业带来短期和持续性竞争优势。普遍认为顾客忠诚度是服务企业的战略性经营目标能够为企业带来竞争优势，价值共创造通过实现用户的个性化体验从而提升用户满意度、忠诚度和顾客感知价值，因此，价值共同创造代表了新的竞争优势来源。同样，Hoyer、Chandy 和 Dorotic 等认为，价值共创的结果包括两方面，与企业相关的是，通过减少员工和供应商的资源投入，能够有效降低成本，通过贴近用户需求，提升产品或服务效率；与用户相关的是，与用户建立联系，使用户获得参与感，提升用户满意度，从而获取差异化竞争优势。Karpen、Bove 和 Lukas 等基于服务主导逻辑的价值共创理论，提出价值共创能力是企业提供更好服务和共同创造有价值用户体验的能力，是企业获取竞争优势的重要来源。总之，从用户的角度来说，价值共创能够提升用户感知价值、信任和情感承诺；从企业的角度来说，价值共创能够提升企业的市场绩效和财务绩效。基于上述分析，本书提出研究假设 H_3：价值共创对竞争优势有正向影响。

2.5　本章小结

本章界定全书的三个核心构念：信息交互能力、竞争优势和价值共创。其中有关信息交互能力概念的讨论相对复杂。首先，在辨析信息、交互、信息交互、用户、合作伙伴五个相关概念及其内涵的基础之上，结合实践中出现的新现象和现有理论，导出信息交互能力的概念。其次，基于资源基础理论详细阐述信息交互能力的构成要素和特征，基于价值共创理论详细解析信息交互能力的目标，透彻辨析信息交互能力、信息技术能力与企业交互能力之间的区别，由此构建信息交互能力概念体系。再次，分别分析资源基础理论、价值共创理论和信息交互理论对信息交互能力与竞争优势关系的解释。最后，构建基于信息交互能力的企业竞争优势的分析框架。

3 探索性案例分析

本章以新兴互联网企业北京小米科技有限公司（以下简称小米公司）为案例样本，尝试探寻小米公司获取竞争优势背后的原因。通过探索性案例研究，在前文提出信息交互能力概念及其理论分析框架的基础上，进行初步验证和探索性分析，同时，为信息交互能力的分类与量表开发等更深入的理论研究与实证研究奠定基础。

3.1 研究设计

3.1.1 理论预设

现有研究为本书提供了有意义的启示，但有关信息交互能力的研究近乎空白。本书认为，在新一代信息技术环境下，企业的信息交互能力是具有全局性、战略性的新型组织能力。本书尝试运用信息交互能力深入分析小米公司价值网络的核心环节，探寻小米公司创造商业奇迹背后蕴藏的原因。本书认为，IICs能够在企业价值网络的核心环节创造出优质的共创体验，从而实现价值共创，最终获取显著的竞争优势。因此，针对小米案例，本书提出如下信息交互能力的初步理论框架。

初步理论框架包括以下内容：①IICs由三种信息交互资源构成，包括信息交互基础设施、信息交互人力资源和信息交互无形资源。三种信息交互资源是企业独有的，其他企业难以模仿的，企业通过应用三种信息交互资源形成信息交互能力。②价值共创是一个非常抽象的概念。在组织行为学中，对于抽象概念通常是从相关活动或表现进行研究。因此，本书从价值共创活动来研究价值共创，包括价值共创的基本构成要素、共同创造体验和价值共创过程。③对于竞争优势的衡量，本书主要从短期竞争优势（活得好）和长期竞争优势（活得久）两个维度研究，涉及企业成长性、市场占有率、供应链效率、企业市值等多方面指标。

3.1.2 研究方法及分析策略

Eisenhardt（1989）认为，当某项研究刚开始时，研究者对所提出的问题了解不多或者尝试从全新视角进入一个研究问题时，案例研究被认为是非常有效的研究手段和方法。本书所提出的 IICs 是一个新视角，对 IICs 及其框架的学术研究尚处于起步阶段。另外，本书是探索"IICs 是什么"和"IICs 为什么"的问题，Yin（2013）认为，探索性案例研究方法特别适合用于解决上述两个问题。

本书遵循 SPS（Structured-Pragmatic-Situational）案例研究方法（Pan and Tan，2011），流程如下：①申请准入：首先找到一个合适的组织申请准入，同时明确案例研究的目标、所需资源（被访人员和二手数据）、介绍将要参加数据收集工作的调查人员。②现象概念化：利用多种渠道（报纸、书籍和互联网等）收集组织和研究现象相关的数据。基于已获取的组织背景，将有趣现象合理概念化。③初始数据收集：访谈是数据主要来源。通常首次访谈对象必须是能够对现象概览的人，验证或修正上一步得到的概念。④基于首次访谈的数据，建立并完善理论分析框架。⑤验证数据有效并保证用于案例研究的数据充足。⑥数据筛选：以故事的形式总结数据，以流程图和表格的形式丰富叙事形式。⑦确保理论—数据—模型校准：理论与数据校对，数据与模型校对，理论与模型校对。⑧撰写案例研究报告。SPS 方法为案例研究提供了有效的途径，具体实施过程中是在②→③→④和⑤→⑥→⑦阶段运用循环往复的策略，不断用理论分析框架来引导数据收集和用数据来完善理论分析框架，在现有的理论基础、数据和理论分析框架之间递归循环。

3.1.3　案例对象及访谈提纲

3.1.3.1　案例对象选择

本书选择了中国智能手机行业的著名企业：北京小米科技有限公司。首先，智能手机既是新一代信息技术应用的集大成者，也是新一代信息技术发展趋势的引领者，能够比较全面地体现 IICs 及其理论框架。其次，小米公司是中国智能手机行业的领导者，自 2010 年成立以来，发展势头非常迅猛，具有较好的实践说服力和影响力。最后，小米公司的迅猛发展很大程度上得益于它的 IICs，笔者在调研过程中，对 IICs 实现价值共创的体验尤为深刻。

3.1.3.2　案例简介

北京小米科技有限公司，由雷军创办于 2010 年 4 月，是一家以智能手机为核心产品的移动互联网公司，公司共七名创始人。小米公司首创了用互联网开发手机操作系统的模式，将小米手机打造成全球首个互联网手机品牌，并通过互联网研发、营销和销售小米产品。小米公司的愿景是

"让每个人都能享受科技的乐趣"。小米公司自创办以来，保持了令世界惊讶的增长速度，从 2011 年 8 月 16 日正式发布小米手机，到 2014 年 10 月 30 日，小米成为全球第三大智能手机制造商，仅次于韩国三星公司和美国苹果公司，只用了 3 年多时间。截至 2014 年底，小米公司旗下生态链企业已达 22 家。小米崇尚创新、快速的互联网文化，相信用户就是驱动力，坚持"为发烧而生"的产品理念。

3.1.3.3 访谈提纲

为了提高访谈的目的性和效率，本书根据理论分析框架初步拟定了访谈提纲，如表 3-1 所示。

表 3-1　案例分析的访谈提纲

层次	关键问题	主要目标
总体层面	您认为新一代信息技术包括哪些？	企业对信息交互能力和竞争优势的理解
	您认为新一代信息技术给企业带来了哪些影响？	
	在您看来，信息交互能力是什么？	
	在您看来，贵公司的信息交互能力包括哪几个方面？	
	在您看来，企业竞争优势是什么？	
	相比于同行企业，贵企业的竞争优势是什么，体现在什么方面？	
	您认为中国企业如何才能获取持续的竞争优势？	
具体层面	贵企业的企业文化和核心价值观是什么？	信息交互无形资源
	贵企业基于信息交互的无形资源有哪些？	
	贵企业的企业文化对信息交互的影响有哪些？	
	贵企业的核心价值观对信息交互的影响有哪些？	
	贵企业在哪些方面尝试新一代信息技术？	信息交互基础设施
	贵企业能够促进信息交互的基础设施有哪些？	
	贵企业基于信息交互的基础设施有什么特点？	
	贵企业基于信息交互的人力资源有哪些？	信息交互人力资源
	贵企业基于信息交互的人力资源有什么特点？	

3.1.4　数据来源

本案例数据主要源于以下三方面：第一，企业调研资料。笔者团队分别于 2014 年 5 月、2014 年 10 月两次前往小米公司实地调研，访谈了 10 余人次，包括公司部分中高层管理者、技术负责人和基层员工，整理了近 10 万字的文字记录。

第二，内部资料。笔者还同时收集了小米公司的内部刊物、宣传资料、管理制度等内部文件。

第三，文献资料和二手数据分析。通过 CNKI 数据库、万方数据库、维普数据库等数据库工具以及 Google Scholar 和百度搜索工具，检索与小米公司相关的文献，收集了从 2011 年 10 月~2015 年 1 月 4 日，各种与小米公司相关的文章 96 篇，采访视频或公开演讲视频 10 份，整理形成了近30 万字的资料。

3.2　案例描述

小米公司是新兴互联网企业的典型代表，小米公司仅用三年时间，迅速成长为中国领先的智能手机厂商，表现出远胜对手的竞争优势。小米公司成立之初是全球唯一也是首个通过互联网研发设计、营销和销售手机的互联网手机品牌，小米公司还创造了利用互联网开发智能手机操作系统的研发模式。本书先对小米公司的信息交互资源和竞争优势进行详细的分类和描述。

3.2.1　小米公司的信息交互资源

基于前文对信息交互能力构成要素的研究，借鉴 Grant（1991）对企业能力和资源的分类框架，小米公司的信息交互能力由三种信息交互资源构成，分别是信息交互基础设施、信息交互人力资源和信息交互无形资源。

3.2.1.1　信息交互基础设施

小米公司目前形成了三大类信息交互基础设施，这些信息交互基础设施覆盖小米公司价值网络的核心环节。第一类信息交互基础设施是硬件平台，包括小米手机、小米平板、小米电视和小米路由器四类硬件产品；第二类信息交互基础设施是软件和互联网平台，包括小米网、小米社区、米柚 MIUI、米聊、点滴系统以及其他交互软件/平台；第三类信息交互基础设施是综合服务后台，包括小米云和大数据平台（如表 3-2 所示）。

表 3-2　小米的信息交互基础设施

资源种类		详细说明
硬件平台	小米手机	4 类硬件平台具有 2 大共性：首先都具备平台性，手机、平板已被认为是个人生活的移动智能终端，电视是家庭娱乐中心，路由器则是家庭智能中心；其次都搭载了软件系统，软件必须快速迭代、小步快跑，每周更新（MIUI 系统已更新 200 多次，路由器系统 Mi WiFi 已更新将近 30次）。在小米看来，以小米手机为代表的硬件，既是用户使用的终端，也是小米与用户进行信息交互的平台，通过这些交互平台，小米形成了与用户进行信息交互的硬件基础设施
	小米平板	
	小米电视	
	小米路由器	

续表

资源种类		详细说明
软件和互联网平台	小米网	电商平台是小米销售主要渠道。2014 年"米粉节"小米 12 个小时卖了 130 万部手机，实现了 15 亿元销售额。短短 3 年时间小米网已成为国内排名前三的 B2C 电商和最大的品牌电商
	小米社区	米粉的大本营，有手机论坛、资源下载、新手入门、小米学院、随手拍、爆米花等 8 个板块，注册用户超过 2000 万，每天发帖超过 50 万，总计发帖超过 2 亿
	米柚 MIUI	小米基于 Android 进行深度优化的第三方 ROM 系统。MIUI 坚持每周更新，已持续 200 周。MIUI 的研发有 1/3 的功能是发烧友决定的，在 MIUI 的研发小组中，小米内部员工只有 100 人左右，而用户分为 3 层参与互动研发，最核心的是 1000 人的荣誉测试组，简称"荣组儿"，这是小米层层筛选的超级发烧友，与小米互动频率非常高，具有很高的专业水准；其次是 100 万的普通发烧友；最外围才是 8500 万的普通用户。从每天更新的内部测试版到每周更新的开发版，再到普通用户的稳定版，MIUI 每一项更新都会和用户持续不断地信息交互，经过多层灰度测试，反复琢磨才会与用户见面，并且在此之后也是不断演进。MIUI 用户从最初的 100 人开始积累，通过口碑传播，如今已有 8500 万用户
	米聊	手机即时通信软件，可以收发语音、短信和图片，米聊有注册用户 1700 万
	点滴系统	小米内部使用的手机 APP，员工可以提出服务改进建议，这些建议所有人都能看到，都可以评论和互动。建议的采纳、实施推进以及奖励等操作，完全基于 APP 完成，是一项基于移动互联网的内部管理软件
	其他交互软件/平台	微博、微信、QQ 空间等。其中小米微信公众号有超过 600 万用户，小米新浪微博和小米腾讯微博也分别超过了 200 万用户
综合服务平台	小米云	基于云计算的方式，提供弹性、可扩展信息资源服务，面向普通用户和开发者用户服务，为信息交互提供后台支持
	大数据平台	2012 年 10 月小米开始构建大数据平台，基于 Hadoop HBase 技术，目前有 15 个 HBase 集群，9 个在线集群，2 个是离线处理，4 个测试集群，主要服务于米聊消息全存储、小米推送服务、MIUI 离线分析和多看离线分析等 20 多个业务应用

注：表中数据截止到 2015 年 1 月。

目前，小米公司已经形成了"电商平台+网络社交平台+操作系统+应用软件"四位一体的软件和互联网平台布局，包括 3 个电商平台、5 个社交平台、2 个操作系统和几十种应用软件，它们与硬件平台、综合服务后台一起构成了小米公司强大的信息交互基础设施。小米公司能在竞争激烈的手机市场崛起，跟它的互联网模式和创新是密不可分的，而这背后离不开小米公司构建的各种信息交互基础设施。

3.2.1.2 信息交互人力资源

小米公司拥有一支高素质、具有互联网思维的核心层员工队伍，他们既懂技术又懂管理，更重要的是他们懂得与用户信息交互。从 7 位创始人团队开始，自上而下，下至每一位小米公司基层员工都非常重视与用户进行信息交互。小米公司员工队伍不断扩大，截至 2014 年 10 月，小米公司员工队伍有 4500 余人。相比 743 亿元的销售额，小米公司内部人员规模是很少的。与此同时，通过各种信息交互基础设施，小米公司利用几百万甚至上千万的"米粉"、发烧友参与小米公司价值网络的核心环节，形成远超内部员工规模，可利用、宝贵的外部人力资源，这才是小米公司信息交互人力资源的关键所在。有关小米公司的信息交互人力资源的详细描述如表 3-3 所示。

表 3-3　小米公司的信息交互人力资源

资源种类		详细说明
内部人力资源	创始合伙人团队	小米由雷军创办于 2010 年 4 月，共七名创始人，分别为董事长兼 CEO 雷军，联合创始人总裁林斌，联合创始及副总裁黎万强、周光平、黄江吉、刘德、洪锋。7 位创始人主要为来自微软、谷歌、金山、MOTO 等国内外著名科技公司的资深员工，都具有深厚的软件、互联网及通信服务行业背景，都喜欢创新、快速的互联网文化，懂得利用信息交互资源
	社交网络团队	社交网络运营团队是小米最早成立的团队，发展至今，运营团队有将近 100 人。其中小米论坛 30 人，微博 30 人，微信 10 人，百度贴吧、小米空间等 10 人
	客户服务团队	小米有近 2000 人的客户服务团队，是手机行业最大规模的队伍，提供 7×24 小时在线服务
	大数据团队	2012 年 10 月，小米组建大数据团队，负责小米大数据存储和计算，截至 2014 年 10 月，团队成员 14 人，包括存储平台组 5 人、计算平台组 5 人，开放平台组 4 人
	全员参与信息交互	小米从董事长雷军到一线员工，从研发到销售，形成了全员参与用户信息交互的氛围，与用户信息交互已经是基本工作方式。小米要求全员去泡论坛、发微博，保持和用户信息交互，倾听用户的声音，让用户参与研发设计、营销、供应链等核心环节，这是小米商业模式的基础
外部人力资源		通过各种信息交互平台，小米利用几百万甚至上千万的米粉、发烧友参与小米价值网络的核心环节，形成远超内部员工规模，可利用、宝贵的外部人力资源，这才是关键所在

注：表中数据截止到 2015 年 1 月。

3.2.1.3 信息交互无形资源

信息交互无形资源是基于信息交互对传统无形资源的使能性改造，是"因信息交互而产生"或"为了信息交互而形成"的无形资源，主要包括企业文化、品牌定位、商业模式、业务流程、管理体系、组织架构、知识资产等。从小米公司来看，比较突出地表现在信息交互的品牌定位、企业文化、商业模式、业务流程和组织架构。小米的信息交互无形资源的详细描述如表3-4所示。

表3-4 小米公司的信息交互无形资源

资源种类	详细说明
小米品牌定位	小米全球首创互联网品牌手机，互联网品牌的本质是信息交互。首先，以信息交互为导向，将传统的硬件产品转换为信息交互的终端和入口，手机只是一个载体，真正的目的是与用户信息交互。其次，以互联网/移动互联网为核心，通过信息交互，让用户参与研发设计、供应链、营销、客服等价值网络的核心环节。可以说，小米互联网品牌定位，充分体现了小米重视信息交互的企业战略，将信息交互贯彻到小米的方方面面
小米企业文化	如果说品牌是战略定位，那么文化就是企业基因。小米文化主要表现在用户思维和互联网思维。用户思维：一切为了用户，一切依靠用户，从用户中来，到用户中去。互联网思维：专注、极致、口碑、快。用户思维和互联网思维的核心是用户与信息交互。小米从企业文化植入信息交互的基因，生长形成信息交互的商业模式、业务流程、组织架构等，这是小米底层的商业逻辑
小米商业模式	小米产品都是以接近硬件成本的价格销售，在传统企业看来，这是根本无法做到的，但是小米做到并坚持下来了。在小米看来，互联网经济是体验经济，是服务经济，单纯靠功能打动用户的时代已经过去，基于产品构建服务链条、信息链条、内容链条才是核心的商业模式，信息交互是小米商业模式的本质
小米研发流程	小米将研发流程总结成32字：找到痛点，定义场景；体验做透，方案优雅；保持克制，体验闭环；小步快跑、快速迭代。以用户体验为核心研发流程充分体现了信息交互使能性
小米组织架构	在组织构架上，小米有两个比较突出的特点：扁平化和小团队。小米的内部架构非常简单，只有"创始人—部门领导—员工"三个层级，事情一多就再拆分出小团队，而不是在纵向上增加层级。这样做的目的，一方面，在变化极快的互联网上，扁平化的结构可以保证各个部门的决策者都尽可能地贴近用户和市场，而不仅仅是营销部门的事情。另一方面，扁平化和小团队，可以有利于内部员工之间的信息交互更加顺畅、深入

3.2.2 小米公司的竞争优势

相比同行其他智能手机企业，小米公司的竞争优势非常明显，表现在以下几个方面：

3.2.2.1 企业成长性

小米公司于 2010 年成立，2011 年推出第一款手机产品，当年售出 30 万部，2012 年售出 719 万部，同比增长约 2400%；2013 年售出 1870 万部，同比增长 260%；2014 年售出 6112 万部手机，增长 227%。从 2011 年开始，到 2014 年底，3 年时间，小米手机销售量足足增长了 207 倍，年平均增长接近 6 倍，这在整个手机行业史上是前无古人的。

3.2.2.2 市场占有率

2014 年小米公司以 14.97% 市场份额成为中国智能手机市场销量第一；根据美国市场研究机构 IDC 公布的最新数据，2014 年第三季度，小米智能手机出货量已经较 2013 年同期的 560 万部增长为 1730 万部，同比增长了 200%，市场份额也从 2.1% 增长到 5.3%，同比翻了一番多。小米公司超越韩国 LG 公司，首次跻身全球三大智能手机厂商行列，仅次于韩国的三星电子和美国的苹果公司。

3.2.2.3 供应链效率

小米公司实施"去制造化"战略，没有生产硬件的能力，但是通过高效的供应链管理，基本可以实现按需定产，资金周转速度与库存周转速度在行业遥遥领先。行业普遍的库存周期在 2 个月，而小米公司仅有 10 天；其他手机品牌往往有较大的应收账款，而小米是预收货款。

3.2.2.4 企业市值

2014 年 12 月，小米公司完成了第 5 轮融资，市值超过 450 亿美元，这次融资使小米公司市值超过主要竞争对手联想和索尼之和。经过四年时间，小米公司市值从 2.5 亿美元飙升至 450 亿美元。截至 2014 年底，小米公司市值超过全世界其他任意没有上市的初创型科技公司；从市值上来说，小米公司成为即百度、阿里、腾讯（简称 BAT）三家公司之后，中国第四大互联网公司。

3.3 案例分析

2011 年，在小米公司进入智能手机市场时，中国智能手机厂商超过 200 家，这是一个"红海市场"，竞争极度激烈。就是在这样的市场中，小米公司从零起步，用了短短 3 年时间，在智能手机行业取得了中国第一、世界第三的市场占有率，这在很多企业看来，简直就是商业奇迹。小米公司能取得这样的成就，有多方面的因素，比如企业家精神、准确的商业定位、创新的商业模式和独特的营销手法等。本书认为，在这诸多因素中，有一个因素非常关键，而且极其重要，这也是小米公司区别于其他智能手机厂商最大的不同之处，即比较强大的信息交互能力。基于 IICs 理论框架的理论构建，结合小米公司的案例实际，本书将小米公司从信息交互资源到获取竞争优势分为三个阶段。

3.3.1 基于信息交互资源获取竞争优势阶段分析

3.3.1.1 阶段一

小米公司基于信息交互资源获取竞争优势的第一个阶段是从信息交互资源到信息交互能力。具体包括以下三个方面：小米公司信息交互资源相互作用、信息交互资源演变形成信息交互能力和小米公司信息交互能力的构成。

首先，小米公司利用各种新一代信息技术搭建信息交互基础设施，使小米公司具备根据需求变化而快速调整和反应的能力，提高了信息交互效率，从而为信息交互人力资源和信息交互无形资源提供了强大的物质基础。高素质的信息交互人力资源为小米公司带来了先进的经验、方法和技能等，让小米公司能更高效地利用各种新一代信息技术，构筑更完善的信息交互基础设施，创新小米公司信息交互无形资源。信息交互无形资源通过激活信息交互基础设施和信息交互人力资源，提升信息交互基础设施和信息交互人力资源的效率。信息交互基础设施、信息交互人力资源和信息交互无形资源是小米公司 IICs 之源，三者相互影响、相互促进，作为一个有机的整体，共同构成了小米公司 IICs 的资源基础。

其次，从信息交互资源演变形成信息交互能力，有四个主要过程：专注、配置、应用和整合，如图 3-1 所示。

专注主要体现在两个方面，一是专心注意，对企业环境变化保持敏感，洞悉行业趋势，顺势而为。在进入智能手机行业前，小米公司创始人雷军对移动互联网和电子商务有过深入观察，花了五年时间，走访了国内几乎所有手机厂商，最后发现移动互联网是行业大趋势，智能手机的本质是信息交互方式的改变，是软硬件一体化的体验。国产的智能手机都不够好，这里存在一个非常好的机会。"台风口上，猪也能飞"这句经典的话已经被互联网行业所熟知，实际上是雷军对"因势利导，乘势而上"的生

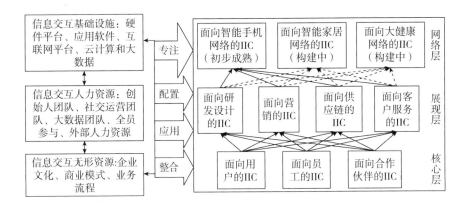

图 3-1 信息交互资源演变形成信息交互能力

动比喻。如果把小米公司比作幸运的"猪"，行业大势就是"台风"。二是专一求精，有所为有所不为。与竞争对手每年动辄几十款新手机相比，小米公司很专注。小米公司的口号是做到让用户尖叫的产品，而"爆品"是实现这一口号和让用户参与进来的必需策略。产品策略、产品结构一定要"爆"，每个产品都要做到这个品类的市场第一。做几十条线的产品，没有精力跟用户交互，更别提高质量的用户体验。专注既是一个过程，也是一项原则，不仅体现在小米公司对智能手机的专注，也贯穿在小米公司配置、应用和整合信息交互资源的其他过程中。

配置是指通过对不同资源的合理配置，发挥资源的最大潜能。基于自身的互联网背景和优势，小米公司紧紧抓住用户这个主体，以提高与用户信息交互的效率、形式、内容和效果为目标，配置各种信息交互资源。小米公司成立之后，最优先做的事情是配置软件团队，研发 MIUI 系统，而不是手机生产制造，这是因为 MIUI 系统代表着与用户信息交互的软件平台，是小米公司成长的基因。后来的市场发展证明，小米公司竞争优势的获取离不开 MIUI 系统的强大和 MIUI 用户的支持。

应用是指通过将多种信息交互资源的有效应用，形成实际的生产能力和技能。小米公司与用户 IICs 不仅是小米公司三大核心层 IICs 之一，也是小米公司最重要的 IICs。小米公司通过配置和应用三种信息交互资源，构建了与 8500 万用户信息交互的能力，尤其是核心层的 1000 名"荣组儿"、100 万的发烧友，具备了多层次、立体化、全天候的信息交互能力，这些都为实现用户参与研发、用户口碑营销提供强大的能力基础。此外，小米公司面向员工的 IICs 也是应用信息交互资源尤其是软件资源的结果。点滴系统为内部员工提供全程移动化的信息交互平台，充分地调动了一线员工的积极性。类似点滴系统这样的内部信息交互平台应用，以及扁平化、小团队组织结构等各种有利于内部员工信息交互资源，增强了小米公司内部员工之间的信息交互能力。

整合是指通过整合多种资源，产生互补效应，形成更高级、更复杂的信息交互能力。小米公司"铁人三项"就是整合硬件、软件和互联网三方面的资源，产生了互补效应。在小米公司的"铁人三项"中，软件是小米公司的最强项，其 MIUI 系统是目前国内业界公认最好的 Android 智能手机操作系统之一；硬件是重要的得分项，高配低价的策略为小米公司聚集了大量粉丝，是小米公司抢占互联网入口的重要工具，也是小米公司现金流的重要来源；而互联网服务是小米公司目前的弱项，目前为止所做的尝试都还未取得突破。用户并未由于互联网服务差强人意而放弃小米公司，很大程度上得益于"铁人三项"模式的互补效应：用户被小米公司的软件、硬件吸引，因此也包容了小米公司互联网服务的中等表现。基于"铁人三项"的互补效应，以及其他信息交互的资源整合，小米公司形成了更高级的、初步成熟的面向智能手机网络的 IICs。

最后，通过专注、配置、应用和整合信息交互资源，小米公司构建多层次多方面的 IICs，初步形成比较强大的 IICs 体系。小米公司的信息交互能力可以分为三个层级，即核心层、展现层和网络层。核心层对应的是面向用户的 IICs、面向员工的 IICs 能力和面向合作伙伴的 IICs 能力。展现层对应的是面向研发设计的 IICs、面向营销的 IICs、面向供应链的 IICs 和面向客户服务的 IICs。小米网络层的 IICs 实际上是演变中的 IICs，具体表现在面向智能手机网络的 IICs，属于初步成熟，还在不断完善；以及面向智能家居网络的 IICs 和面向大健康网络的 IICs，这两种网络层 IICs 正在构建中。

3.3.1.2 阶段二

小米公司基于信息交互资源获取竞争优势的第二个阶段是从信息交互能力到价值共创。下面将从静态/状态和动态/过程两个视角进行分析。

首先，从静态/状态视角分析，小米公司基于 IICs，不断增强价值共创的 DART 四要素和用户体验，从而实现价值共创。

对话是指企业和用户在双方都感兴趣的问题上的交互性、高度投入和采取行动的倾向（Prahalad and Ramaswamy，2004）。对小米公司而言，一方面，借助用户社区、论坛、微博、微信等信息交互资源，小米公司员工能够与每个用户、供应商展开持续、深入、密切的对话，同时又能维持其经营效率，确保彼此之间的交互质量；另一方面，凭借高效的信息交互人力资源和无形资源，能够确保小米公司与用户、供应商在对话过程中形成有序、富有效率的交互规则（显性与隐性的规则），从而保持稳定一致的体验质量。在小米手机论坛内，小米用户能够通过小米手机论坛随时反映对小米手机或服务的意见建议，随后，小米公司的客户服务团队和技术团队成员会对用户提出的每一个问题进行相应的反馈。小米公司的工程师会处理用户提出的小米手机软件或者硬件缺陷，相应的用户也能够通过论坛随时了解自己所提出缺陷的处理进程，并在这个过程中随时与专业工程师进行有效的对话。而这些由用户所提出的有关小米手机的软硬件缺陷则会被考虑到手机的更新版本中。因此，从用户参与小米手机的研发的对话过程来说，小米手机是一款由用户和企业共同开发的互联网智能手机。不仅如此，小米的用户除了通过小米手机论坛参与小米手机研发设计过程之外，他们还大量参与到小米手机营销、销售的每个流程中。对于用户而言，获得独有的成就感和满足感，对于小米公司而言，创造了忠诚度，获得了一大批忠实的"米粉"用户。

获取是指用户的目标越来越表现为获取他们想要的体验，而未必非要拥有产品所有权，这是对传统观点的挑战（Prahalad and Ramaswamy，2004）。传统企业对用户需求的响应往往很慢。小米公司通过用户社区、微博、微信等各种信息交互平台，让用户参与创造，用户可以直接与产品研发工程师交流，实时响应用户的需求。大大缩短了用户获取的等待时间，降低了用户获取的难度。小米公司正是基于强大的 IICs，不仅使用户可以参与价值网络的核心环节，而且使用户可以更加便捷，更加容易获取满意的体验。

风险是指对用户造成损坏的可能性，风险管理假定如果用户是积极的共同创造价值者，他们想要了解更多有关产品或服务存在的潜在风险方面的信息，同时，他们也应该承担起风险责任（Prahalad、Ramaswamy，2004）。基于 IICs，小米公司能够在企业、用户、价值网络其他成员间展开针对风险的积极对话，内容不仅包括相关数据，还包括相关评价方法，以便于用户对小米公司产品或服务相关的社会与个人风险进行管理，同时也有利于小米公司与用户之间达成更高水平的信任程度。小米公司于2015年推出的小米 Note 手机采用双面玻璃，手感效果更好，但是客观上也加大了屏幕破碎的风险。为此，在小米 Note 盛大的发布会上，雷军专门隆重介绍 199 元的碎屏意外险，并在随后很长一段时间，通过小米公司强大的 IICs 深入人心，带来的收益也是多方面的。首先，对小米公司来说，其实是制定了碎屏风险比较完善的风险策略和管理办法，通过与用户持续、反复、深度的信息交互，小米公司与用户共同确认碎屏风险真实客观存在，并在事前确定双方的风险承担责任、权利和费用，实现风险共担和风险管理，最终减少风险发生，这既有利于企业，也有利于用户。其次，对用户来说，因为小米公司在新品发布会、论坛、微信等各种信息交互渠道进行对话，一方面让用户增加了风险意识，平时使用手机注意风险防范；另一方面也相当于事前默认了风险共担，一旦发生意外事件，也能比较容易接受小米公司提出的风险管理办法，给用户带来比较好的使用和售后体验，最终增加了用户感知价值。手机碎屏，本来是一个不容易管理的风险事件，在小米公司却变成了一个实实在在的利好，既增加了一款可以销售的保险产品（碎屏险），又能给用户带来好的体验，赢得更多用户信任。

传统市场上，企业往往会利用在企业与用户之间的信息不对称性获得收益。但是，新一代信息技术的迅速发展，企业作为信息寡头的优势正在迅速消失。由于用户可以获得越来越多的有关产品、技术等相关信息，对小米公司来说，创造更高水平的透明性才是明智之举。小米公司设计了特有的互联网研发设计模式，通过开展"橙色星期五"活动，成功地吸引大批忠实"米粉"积极参与小米公司的研发设计流程。产品的整个研发流程通过与用户的信息交互，对用户来说实现了透明性。在确保基础功能稳定的基础上，小米公司把好的或者还不够好的想法，成熟的或者还不成熟的功能，都坦诚地放在用户面前。每周五的下午，随着小米橙色的标志，新一版 MIUI 如约而至。小米公司要的是与用户之间的信息透明化，从而建立起和用户之间的信任关系，与用户成为朋友。

小米公司 IICs 有利于实现共同创造体验。灵活的信息交互基础设施，能够保证小米公司快速重新配置资源，使小米公司具备根据需求变化而快速调整和反应的能力，提高信息交互效率，从而持续地为用户提供高质量的体验；信息交互人力资源为小米提供了一系列经验、方法、组织结构和团队等，让小米公司能够积极地吸引用户或用户社区参与共同创造体验；信息交互无形使能性资源则为小米公司提供了促进信息交互的企业文化、政策、业务流程等，使员工深刻理解用户体验，从而获取用户的真实体验。同时，IICs 是决定共同创造体验质量的关键能力。IICs 确保小米公司与用户的交互可以重复发生，可以在任何时间发生在系统中的任何地方；

IICs 能够实现小米公司与用户一对一、一对多模式的交互。另外，由于用户每次形成的体验实际上会有所不同，IICs 通过识别用户遇到的新问题和新机会，能够实现小米公司对异质用户体验的关注。更重要的是，小米公司基于 IICs，能够在小米公司内部以及小米公司与合作伙伴之间形成一种交互的合作环境，构建体验网络，实现用户与用户社区以及用户与小米公司的价值网络之间的信息交互，从而实现高质量个性化的共同创造体验。

其次，从动态/过程视角分析，小米公司 IICs 的使用过程是通过优化提升信息交互的内容、形式、频率，减少原来普遍存在的信息失真，实现信息一致或信息增值。而价值共创的过程也是通过优化提升对话、获取、风险管理和透明性，减少原来普遍存在未被满足的用户需求，实现高质量的用户体验或新增价值，信息交互和价值共创具有内在一致性。以小米公司基于面向供应链的 IICs 打造柔性供应链模式为例。从信息视角看，柔性供应链的核心是解决了传统供应链由于信息不对称而导致的供应链整体成本高、浪费严重的大问题，小米公司柔性供应链通过打通从用户到上游合作伙伴整个供应链的信息交互，通过供应链各方及时、反复、持续的信息交互，实现需求信息与生产信息的高度一致，建立从终端用户拉动上游生产的柔性模式，减少整个供应链浪费、降低供应链整体成本。从价值视角看，通过用户、小米公司和合作伙伴保持互动体验和价值共创管理，最终为用户提供了高性价比和新技术优先使用，为合作伙伴降低运营成本和节约物料浪费，为小米公司带来了用户口碑、企业品牌和预收现金流，实现三方整体价值最大化，达成多方互利共赢。

总之，无论是从静态/状态视角分析，还是从动态/过程视角分析，小米公司通过构建多层次多方面的 IICs 实现企业、用户以及合作伙伴等价值网络成员相互之间的价值共创，如表 3-5 所示。

表 3-5 信息交互能力与价值共创对比分析

	信息交互能力	价值共创
初始状态	信息失真普遍存在	用户需求未被满足普遍存在
必备条件	信息交互基础设施、信息交互人力资源和信息交互无形资源	对话、获取、风险评估和透明性
过程	优化信息交互的内容、形式、频率等	企业的价值共创过程、用户的交互体验以及交互界面的管理
效果/结果	信息一致，信息增值	独特的、高质量的用户体验，新增价值

3.3.1.3 阶段三

小米公司基于信息交互资源获取竞争优势的第三个阶段是从信息交互能力与价值共创到竞争优势。小米公司 IICs 是基于信息交互资源构筑的核心能力，具有内在的价值性、稀缺性、难以模仿和不可替代。价值共创与 IICs 具有内在一致性，是对 IICs 更高级的表现形式，两者共同构成了企业获取竞争优势的基础。

价值性：对用户来说，共同创造的价值主要是用户感知价值，包括两点：①高性价比，通过互联网研发模式，使小米公司获取了竞争对手没有的优势；通过在线销售减少中间环节，使小米手机价格能够比其他公司相似手机价格低一半甚至更多，从而实现销售量快速增长，相应的大量手机出货量能够保证利润前提下使用户享受到低价，如此良性循环，让用户获得高性价比产品。②新技术优先使用，手机从首发到真正量产，中间需要四个月的产能爬坡。多数厂家会选择在量产后再发布新手机，这样对供应链的压力更小，承担的风险也小，但用户使用新技术的时间也要推迟四个月。而小米公司通过在线抢购，会让最想尝鲜的部分用户试用，并参与手机的完善过程。

稀缺性：当竞争对手还在卖手机的时候，小米公司已经在卖参与感，这是独特而稀缺的。无论是新手机的研发、MIUI 的迭代升级，还是硬件配置的选择，很大程度上都是用户参与的结晶。据估计，MIUI 的功能 1/3 由"米粉"决定，2/3 由小米公司自己决定。这种参与感是用户独一无二的收获，说得直白一点，小米公司销售的是参与感。

不可模仿：对用户来说，小米不仅是手机产品，更是不可模仿的用户体验。一是炫耀需求和存在感，2011 年小米公司刚开始做手机时，通过社交网络平台，组织"我是手机控"的活动，让用户晒自己用过的手机，向朋友炫耀。类似的活动满足了用户的炫耀需求和存在感，小米公司每年都有很多。二是成就感，在小米论社区，很多板块是用户帮着管理，他们通过帮助其他用户，觉得自己很有成就感。小米公司满足了用户的成就感，这才是小米公司的精髓。

不可替代：用户忠诚和用户口碑已经成为小米公司不可替代的最好说明。①用户忠诚：用户多次购买产品的比例是用户忠诚度的最好说明，而"米粉"重复购买 3 部小米手机的比例是 42%。②用户口碑：MIUI 用户从最初的一百人开始积累，通过口碑传播，一个"米粉"可以影响几十甚至上百个普通用户。

3.3.2 基于信息交互能力获取竞争优势路径分析

企业获取的竞争优势可以从优势强度和持续时间两方面衡量（Barney，1991；Grant，1991），企业获取竞争优势的基本目标就是完成从第Ⅰ区域到第Ⅳ区域的跨越，大致可以形成三条路径，如图3-2所示。

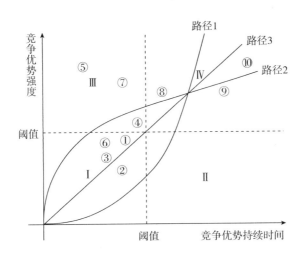

图3-2　企业基于信息交互能力获取竞争优势路径分析

注：①面向用户的 IICs；②面向员工的 IICs；③面向合作伙伴的 IICs；④面向研发设计的 IICs；⑤面向营销的 IICs；⑥面向供应链的 IICs；⑦面向客户服务的 IICs；⑧面向智能手机网络的 IICs；⑨面向智能家居网络的 IICs；⑩面向大健康网络的 IICs。

路径1：以构建第Ⅱ区域的 IICs 为主，短期优势不明显，长期优势的可能性较高。选择路径1的企业一般走得不快但走得稳，导致的结果是活得不好但是活得久。

路径2：以构建第Ⅲ区域的 IICs 为主，短期优势明显，长期优势有较大不确定性。选择路径2的企业一般走得快但可能走得不稳，导致的结果是活得好但不一定活得久。

路径3：初期以构建第Ⅰ区域的 IICs 为主，后期逐步构建第Ⅳ区域的 IICs，整个过程强调短期优势与长期优势相结合。选择路径3的企业一般既走得快又走得稳，既活得好又活得久。

从短期看，小米公司主要还是偏向于路径2。小米公司构建的面向研发设计的 IICs 主要以微创新为主，突破性创新和核心技术较少；小米公司构建的面向营销的 IICs 也主要是以年轻群体为主，忠诚度和稳定性不强；

小米公司构建的面向供应链的 IICs 也是以短期合作为主,长期稳定性不强,如表 3-6 所示。总之,小米公司基于 IICs 获取竞争优势的路径偏向路径 2 居多,未来是否有更多 IICs 成功到达第 IV 区域,还存在诸多不确定性。从长期看,小米公司未来如果能兼顾好长期优势的获取,尤其是构建起更多网络层的 IICs,可能会从路径 2 偏向路径 3,这样将获得更持续的竞争优势,既走得快又走得稳,既活得好又活得久。

表 3-6　小米信息交互能力与竞争优势分析

	信息交互能力	竞争优势
核心层	面向用户的 IICs、面向员工的 IICs、面向合作伙伴的 IICs	短期竞争优势与持续性竞争优势相结合
展现层	面向研发设计的 IICs、面向营销的 IICs、面向供应链的 IICs、面向客户服务的 IICs	短期竞争优势(活得好)很明显,表现为良好的财务绩效、市场表现和资产收益等方面;持续性竞争优势(活得久)不明显
网络层	面向智能手机网络的 IICs、面向智能家居网络的 IICs、面向大健康网络的 IICs	短期竞争优势和持续性竞争优势皆明显(既活得好又活得久)

3.3.3　案例分析小结

在智能手机这一红海市场,小米公司作为行业的后进者,敏锐地认识到新趋势和新机遇,通过专注、配置、应用和整合信息交互资源,构建形成初步成熟、比较强大的信息交互能力体系。正是基于 IICs,小米公司实现了企业、用户、员工、合作伙伴等价值网络成员相互之间的价值共创,最终获取了显著的竞争优势(如图 3-3 所示)。这种竞争优势在企业市场份额、财务绩效、企业市值、企业声誉等方面的表现非常明显。美国波士顿商业集团发布了 2014 年全球企业高管眼中最具创新力的 50 强企业榜单,小米公司获得全球"最具创新力企业 50 强"和"最快成长企业第一名"殊荣。这些都从侧面说明了小米模式的成功,说明了小米公司竞争优势明显,说明了小米公司 IICs 比较强大。同时也要指出,今天的成功不代表明天依然成功,尤其是在竞争很残酷、发展很快的智能手机行业,小米公司还需要持续增强自身的 IICs,小米公司未来能否获取持续的竞争优势,实现智能手机全球第一的目标,也取决于小米公司 IICs 是否更加强大、更加成熟,未来拭目以待。

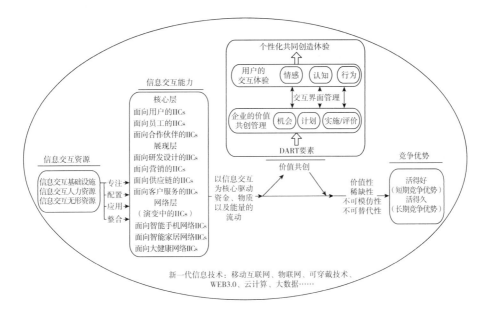

图3-3　小米公司基于信息交互能力获取竞争优势分析框架模型

3.4　本章小结

本章以小米公司为例，采用规范的探索性案例分析方法初步验证前文提出的信息交互能力的概念及其理论分析框架，探析信息交互能力、价值共创与竞争优势之间的作用机制。通过案例分析，可以看出IICs是小米公司在深刻洞察智能手机行业趋势，应用新一代信息技术，顺应新的商业趋势，构建新核心能力，创造巨大商业价值，最终获取显著竞争优势的重要原因。小米公司不仅在崛起过程中主动去构建IICs，并在发展中持续不断地完善IICs，这些都说明IICs是客观存在的核心能力。总之，无论从理论研究，还是从企业实践来看，面对新一轮的技术革命和产业变革，面对新的商业趋势，企业需要发展新的核心能力。

4 信息交互能力的分类与量表开发

本章将在前文探索性案例分析基础上对信息交互能力做更深入的理论分析。信息交互能力是新一代信息技术环境下，能够给企业带来长期竞争优势的一种全局性、战略性核心能力。因此，揭示信息交互能力对竞争优势的影响机制，对企业具有重要的理论和现实意义。那么，辨析信息交互能力的分类及其量表开发工作就是首要解决的问题。本章结合探索性案例分析的结果，在规范的理论分析基础上，初步提出信息交互能力的分类。然后，采用质性研究方法，经过一系列访谈、归纳、分类和总结，验证并修正理论上对信息交互能力的界定和分类，使其符合中国企业实践。在此基础上开发问卷，经过一系列规范的量表开发程序，确定信息交互能力的最终量表。

4.1 信息交互能力的初始分类

4.1.1 价值链视角

目前，能力理论主要有以下几种测量方法：对能力特性进行测量、从能力的构成要素进行测量、综合生产要素与经营活动对能力进行测量。Day（1994）认为，企业能力的分类应该与创造价值的核心流程一致，Ngo 和 O'Cass认为，基于创新、基于营销和基于生产业务流程的能力是基本的核心价值创造能力，能够不断为用户创造更高的价值，是企业的核心能力。Prahalad 和 Ramaswamy（2005）认为，价值产生于消费者参与的产品设计和开发、营销和销售、渠道、制造、物流及供应链各个环节的交互点中，这说明信息交互能力是贯穿于整个业务流程的企业核心能力。因此，本书首先基于价值链视角对信息交互能力进行分类。

价值链理论提供了一种良好的机制用来描述工业时代传统产业，特别是制造业的一系列创造价值的活动，具有非常强的实用性。众多学者和机构纷纷致力于开发价值链的分析工具，其中麦肯锡管理咨询公司的价值链框架及波特构建的价值链框架是比较有代表性的。借助麦肯锡公司构建的价值链框架，企业价值链包括技术研发、产品设计、生产制造、营销、分销和服务六种行为。那么，按照综合生产要素与经营活动分类准则，IICs 包括上述六个维度，即包括面向技术研发的 IICs、面向产品设计的 IICs、面向生产制造的 IICs、面向营销的 IICs、面向分销的 IICs 和面向服务的 IICs，如图 4-1 所示。

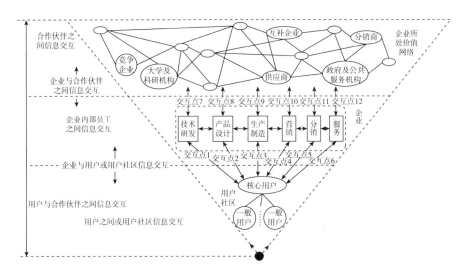

图 4-1 信息交互能力的倒金字塔模型

首先，用户所处位置。用户与企业是共同创造价值的核心主体。用户与员工越接近，员工和用户社区的互动程度越高，企业信息交互能力就越强，因此用户在信息交互活动中处于非常重要位置。故模型中，一方面，用户或用户社区处在金字塔模型顶端；另一方面，用户是企业信息交互的"源点"，故模型采用倒金字塔形状，表示信息交互从用户开始到企业及其价值网络，然后再回到用户的信息交互过程。

其次，用户与企业之间的交互点，即共同创造价值的主要场所。基于价值链视角，用户与企业的信息交互涉及企业全流程，包括技术研发、产品设计、生产制造、营销、分销和服务。因此，本书将用户与企业之间交互点细分为交互点 1、交互点 2、交互点 3、交互点 4、交互点 5 和交互点 6，分别表示技术研发、产品设计、生产制造、营销、分销和服务各环节与用户之间的信息交互场所。也就是说，企业对用户的信息交互能力就表现为上述交互点所拥有的信息交互能力。

最后，价值网络成员（除用户外）所处的位置。模型中价值网络成员（除用户外）位于金字塔模型的最底层，这是因为价值网络是由企业及其合作伙伴等利益相关者组成，这是实现用户与企业共同创造价值的重要基础。同样，本书将合作伙伴与企业之间交互点细分为交互点7、交互点8、交互点9、交互点10、交互点11和交互点12，分别表示技术研发、产品设计、生产制造、营销、分销和服务各环节与合作伙伴之间的信息交互场所。因此，企业与合作伙伴之间的信息交互能力就表现为上述交互点所拥有的信息交互能力。

综上所述，企业、用户以及合作伙伴在交互点1到交互点12上面形成了六种信息交互能力，分别是面向技术研发的IICs、面向产品设计的IICs、面向生产制造的IICs、面向营销的IICs、面向分销的IICs和面向服务的IICs。

（1）面向技术研发的IICs

本书认为面向技术研发的IICs是指企业通过配置、应用和整合各种信息交互基础设施、信息交互人力资源和信息交互无形资源，与用户、用户社区以及合作伙伴等价值网络成员共同参与企业的技术研发活动，共同创造用户体验，实现价值共创，获取创新优势等竞争优势。

（2）面向产品设计的IICs

本书认为面向产品设计的IICs是指企业通过配置、应用和整合各种信息交互基础设施、信息交互人力资源和信息交互无形资源，与用户、用户社区以及合作伙伴等价值网络成员共同参与企业的产品设计活动，共同创造用户体验，实现价值共创，获取产品优势等竞争优势。

（3）面向生产制造的IICs

本书认为面向生产制造的IICs是指企业通过配置、应用和整合各种信息交互基础设施、信息交互人力资源和信息交互无形资源，与用户、用户社区以及合作伙伴等价值网络成员共同参与企业的生产制造活动，共同创造用户体验，实现价值共创，获取优于竞争对手的生产率等竞争优势。

（4）面向营销的IICs

本书认为面向营销的IICs是指企业通过配置、应用和整合各种信息交互基础设施、信息交互人力资源和信息交互无形资源，与用户、用户社区以及合作伙伴等价值网络成员共同参与企业营销活动，共同创造用户体验，实现价值共创，获取超越竞争对手销售利润、用户感知、用户忠诚等竞争优势。

（5）面向分销的IICs

本书认为面向分销的IICs是指企业通过配置、应用和整合各种信息交互基础设施、信息交互人力资源和信息交互无形资源，与用户、用户社区以及合作伙伴等价值网络成员共同参与企业的分销活动，共同创造用户体验，实现价值共创，获取营销优势等竞争优势。

（6）面向服务的 IICs

本书认为面向服务的 IICs 是指企业通过配置、应用和整合各种信息交互基础设施、信息交互人力资源和信息交互无形资源，与用户、用户社区以及合作伙伴等价值网络成员共同参与企业的客户服务活动，共同创造用户体验，实现价值共创，获取用户忠诚等竞争优势。

4.1.2　多主体视角

IICs 是一项多元能力。IICs 主体包括节点企业、用户及其合作伙伴（除用户之外的其他价值网络成员，包括供应商、分销商、竞争企业、互补企业、大学及科研机构、政府及公共服务机构等），如图 4-1 所示。因此，从主体来说，IICs 分类包括与用户相关的 IICs、与合作伙伴相关的 IICs 和与企业相关的 IICs，如图 4-2 所示。其中，用户与用户之间的 IICs、合作伙伴之间的 IICs、合作伙伴与用户之间的 IICs 对企业来说是间接参与构建，其他为直接的 IICs。这三种 IICs 企业不直接参与信息交互，实际上，却是 IICs 形成的基础，能够影响 IICs 强弱。

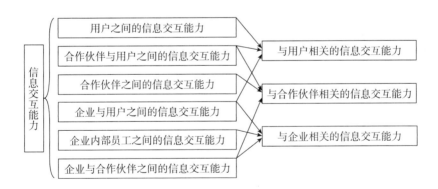

图 4-2　按照不同主体的信息交互能力的分类

与用户相关的信息交互能力是信息交互能力中最核心的组成，主要表现为用户与企业利用各种媒介进行信息交互的能力，包括产品、流程和员工。用户与企业产品的信息交互能力类似于传统价值创造系统中，企业向用户销售产品传递企业价值主张；用户与企业流程的信息交互能力是指企业拥有的用户与企业内部全流程进行信息交互的能力；用户与企业员工之间的信息交互能力包括用户与一线员工、用户与管理者、用户与股东之间的信息互动能力。新一代信息技术手段的不断涌现，极大地缩短了员工与用户信息交互的渠道，为企业带来了前所未有的成本和过程效率，使企业可以以成本最小化、效率最大化获取用户真实的体验或需求，从而更加准确地开发出面向用户的产品和服务。

与企业相关的信息交互能力是企业信息交互能力的重要组成，主要表现为企业股东与管理者、管理者与员工、员工与员工之间的信息互动能力。美国一项以网络为基础的调查显示，管理者认为企业最需要与顾客改进交流互动（50%以上），接下来就是员工（25%）和供应商或合作伙伴（15%）。这一方面说明用户在企业信息交互中的核心地位，同时也表明企业内部信息交互的重要性。另外，拥有高效内部信息交互能力的企业，其组织结构一般具备两个特点：组织结构扁平化和小团队，这是许多移动互联网企业普遍采取的管理模式。例如 Facebook 是典型的"小团队、扁平化"管理模式；为避免公司科层化、官僚化，实现扁平化管理，奇虎 360 彻底改变公司内部治理结构和工作流程，将公司分解成大小团队共 400 余个。

与合作伙伴相关的 IICs 是企业信息交互能力的基础。价值网络成员包括节点企业、用户、供应商、分销商等利益相关者，价值网络立足于整个网络的适应性和可持续性，整合了传统的价值链，不只是对流程、产品、信息的简单连接，还运用互动社区把供应商、经销商、企业员工和用户等紧密地联系起来，并在用户之间建立起密切的联系，价值网络成员之间的信息交互能力是实现用户与企业共同创造价值的重要基础。

总之，通过配置、应用和整合三种信息交互资源，企业构建多层次、多方面的 IICs，形成 IICs 的能力体系。本书认为，信息交互能力分为三个层级：核心层、展现层和网络层。根据 IICs 所涉及的范围不同，核心层 IICs 包括与用户相关的 IICs、与企业相关的 IICs 和与合作伙伴相关的 IICs。在核心层 IICs 基础上，企业逐渐形成贯穿于整个业务流程的 IICs，即展现层 IICs，包括面向技术研发的 IICs、面向产品设计的 IICs、面向生产制造的 IICs、面向营销的 IICs、面向分销的 IICs 和面向服务的 IICs。最终，企业根据自身情况在未来将会构建面向价值网络生态系统 IICs，因为 IICs 本身就是一项企业面向未来的核心能力，是面向价值网络生态构建的核心价值创造能力，如图 4-3 所示。

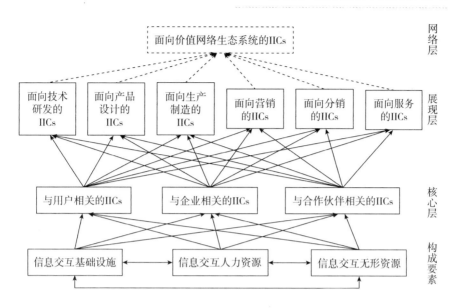

图 4-3　信息交互能力的能力体系

4.2　信息交互能力分类的预测试

本书基于用户体验的价值共创理论和资源基础理论定义了信息交互能力。接下来，采用质性研究方法，检验 IICs 的理论表述以及分类是否符合企业实践。

访谈对象分为三组：第一组来自哈尔滨工业大学、北京大学和华南农业大学管理领域对信息交互感兴趣的专家学者（3 位教授和 3 位副教授）；第二组分别来自深圳华为技术有限公司、顺丰速运（集团）有限公司、小米科技有限责任公司和深圳市中兴云服务有限公司四家不同行业的科技企业的总经理、总经理助理、部门经理、研发主管和 IT 经理（10 位）；第三组来自北大纵横管理咨询集团管理领域的资深顾问（6 位）。每组访谈时间控制在 2 小时左右，不超过 3 小时。根据访谈对象不同，第一组访谈对象采用专家访谈法，后两组访谈对象采用焦点小组访谈法。整个访谈从 2014 年 8 月 12 日开始持续到同年 10 月 20 日。

首先向访谈对象简要介绍信息交互能力的概念、内涵和分类。其次，以访谈提纲（见表 4-1）的方式将一系列开放式问题引入访谈，供访谈对象自由地对此作答。整个访谈过程用录音笔录下全部内容。访谈结束后，由课题组人员将录音资料转为文本存档。最后，反复阅读访谈资料，力求在不改变访谈对象原话的基础上，甄选出企业信息交互能力的要点；涉及IICs的内容挑选出来并进行分类，即相同或类似的主题归为一类。

表 4-1　量表开发的访谈提纲

层次	关键问题	主要目标
总体层面	您认为新一代信息技术包括哪些？	企业对信息交互能力和竞争优势的理解
	您认为新一代信息技术给企业带来了哪些影响？	
	在您看来，信息交互能力是什么？	
	在您看来，贵公司的信息交互能力包括哪几个方面？	
	在您看来，企业竞争优势是什么？	
	相比于同行企业，贵企业的竞争优势是什么，体现在什么方面？	
	您认为企业如何才能获取持续的竞争优势？	
具体层面	贵企业的技术研发活动有何特点？	面向技术研发的IICs
	贵企业的产品设计活动有何特点？	面向产品设计的IICs
	贵企业的生产制造活动有何特点？	面向生产制造的IICs
	贵企业的营销活动有何特点？	面向营销管理的IICs
	贵企业的分销活动有何特点？	面向分销管理的IICs
	贵企业的服务活动有何特点？	面向服务的IICs
	贵企业的企业文化和核心价值观是什么？	信息交互无形资源
	贵企业基于信息交互的无形资源有哪些？	
	贵企业的企业文化对信息交互的影响有哪些？	
	贵企业的核心价值观对信息交互的影响有哪些？	信息交互基础设施
	贵企业在哪些方面尝试新一代信息技术？	
	贵企业能够促进信息交互的基础设施有哪些？	
	贵企业基于信息交互的基础设施有什么特点？	信息交互人力资源
	贵企业基于信息交互的人力资源有哪些？	
	贵企业基于信息交互的人力资源有什么特点？	

结果显示，目前在高科技企业中，信息交互的主体、频率、内容等方面都非常丰富，调研结果验证了从理论上对IICs的界定和分析符合实践特征。

4.3 信息交互能力的分类

访谈资料一方面验证了IICs符合实践特征，同时，实践中对IICs的分类与上文有关IICs的理论分类存在一些差异：实践中倾向于从价值链层面对IICs分类，但是侧重点不同，即更强调研发设计、营销和供应链的IICs；另一方面，实践中也表现出价值链之外，或者说超越价值链层面的IICs，即面向供应链的IICs、演变中的IICs。因此根据上文的理论分析，结合企业实践，本书对IICs的分类包括：面向研发设计的IICs、面向营销的IICs、面向供应链的IICs和演变中的IICs。

面向研发设计的IICs是指企业通过配置、应用和整合各种信息交互基础设施、信息交互人力资源和信息交互无形资源，与用户、用户社区以及合作伙伴等价值网络成员共同参与企业的研发设计活动，共同创造用户体验，实现价值共创，获取创新优势、产品优势、服务优势等竞争优势。其中研发设计活动主要是指各种创新相关的活动，包括技术型创新，如产品或服务、生产制造流程的创新等，和非技术型创新，如管理模式、营销模式的创新等（Ngo and O'cass，2009）。

面向营销管理的IICs，其定义同上文的理论分类。其中营销活动是一切与市场营销相关的活动，包括定价、会计、支付结算、渠道管理、品牌管理、分销、市场交流、销售、市场情报管理、市场计划、市场执行、售后服务等（Ngo and O'cass，2009；Prahalad and Ramaswamy，2004）。

面向供应链管理的IICs是指企业通过配置、应用和整合各种信息交互基础设施、信息交互人力资源和信息交互无形资源，与用户、用户社区以及合作伙伴等价值网络成员共同参与企业供应链活动，共同创造用户体验，实现价值共创，获取快速响应的供应链优势、零库存、低成本以及充裕的现金流等竞争优势。其中供应链活动包括供应链物流相关的所有活动。

演变中的IICs是指企业为了共同创造用户体验，通过配置、应用和整合各种信息交互基础设施、信息交互人力资源和信息交互无形资源，与用户、用户社区以及合作伙伴等价值网络成员共同构建面向未来的核心价值创造能力，从而获取竞争优势的一类信息交互能力。IICs是一项企业面向未来的核心能力，是面向价值网络生态构建的核心价值创造能力。因此，除了价值链层面的IICs，未来将会展现出其他IICs，例如价值网络层面的

IICs、面向价值网络生态系统的 IICs。

4.4 信息交互能力的量表开发

根据 Hinkin 等的量表开发程序，IICs 量表开发遵循下列几个规范步骤：题项生成、初始量表开发与问卷编制、数据收集、项目分析、探索性因子分析和验证性因子分析。

4.4.1 初始量表开发与问卷编制

通过文献回顾和对预测试资料的整理，结合归纳法和演绎法，收集 37 个备选题项（见表 4-2）。接下来，由参与预测试的 6 位高校专家和 16 位企业专家推荐 5 位长期从事服务营销、信息交互、价值共创相关领域研究和实践的专家，他们分别来自哈尔滨工业大学（1 位教授和 1 位副教授）、北京大学（1 位教授）和北大纵横管理咨询集团（2 位资深顾问）。首先向专家介绍经过预测试后归纳总结的 IICs 定义和分类，然后请 5 位专家分别对 37 个题项进行评价，评价步骤和标准如下：①进一步验证 IICs 的定义和分类是否合理；②根据 IICs 的定义，判断每个题项的相关性，删除语义重复的题项；③要求每个题项必须语义清晰，不可含糊其辞，删除语义模糊的题项；④被删除的题项必须是经过 5 位专家同意的，有争议的题项暂时保留；⑤列出遗漏分类和遗漏题项。5 位专家认为本书对 IICs 的定义和分类是合理的，没有补充分类和题项，删除 12 个题项，保留 25 个题项，得到初始量表。最后，请 5 位专家依次对 25 个题项进行逐条润色和修饰，最终得到信息交互能力的初始量表，如表 4-3 所示。

表 4-2 题项库（37 个）

序号	题项	专家评价
1	为实现企业与用户之间信息交互，研发设计环节构建的基础设施，包括各种硬件、软件、数据管理服务与设施、网络通信服务等，例如用户社区、个性化体验环境	保留
2	为实现企业与合作伙伴的共同研发设计，而构建的基础设施，包括各种硬件、软件、数据管理服务与设施、网络通信服务等	保留
3	为实现企业与用户之间的信息交互，生产制造环节构建的基础设施，包括各种硬件、软件、数据管理服务与设施、网络通信服务等	保留

序号	题项	专家评价
4	为实现企业与合作伙伴的共同生产制造，而构建的基础设施，包括各种硬件、软件、数据管理服务与设施、网络通信服务等，例如交互导向的物流/供应链系统等	保留
5	为实现企业与用户之间的信息交互，营销环节构建的基础设施，包括各种硬件、软件、数据管理服务与设施、网络通信服务等，例如用户社区、个性化体验环境	保留
6	为实现企业与合作伙伴的共同营销，而构建的基础设施，包括各种硬件、软件、数据管理服务与设施、网络通信服务	保留
7	为实现用户与用户之间的信息交互而构建的基础设施，包括各种硬件、软件、数据管理服务与设施、网络通信服务等，例如用户社区、QQ群、微博、微信	语义重复1~6
8	为实现合作伙伴与用户之间的信息交互而构建的基础设施，包括各种硬件、软件、数据管理服务与设施、网络通信服务等，例如用户社区、云计算平台、B2C商城	语义重复1~6
9	为实现内部员工间信息交互而构建的基础设施，包括各种硬件、软件、数据管理服务与设施、网络通信服务等，例如QQ群、微信群、跨部门/跨区域的交互平台	语义重复1~6
10	为方便合作伙伴之间的信息交互，而构建的各种基础设施，包括各种硬件、软件、数据管理服务与设施、网络通信服务等，例如B2B商城、价值网络生态系统	语义重复1~6
11	能够有效利用信息交互方法、软件、工具及平台，例如有效运用微博、微信、论坛等一系列新兴的社会化营销手段与用户进行互动等	语义重复1~6
12	有利用新一代信息技术构建的体验环境	语义含糊
13	研发设计环节，有负责与用户信息交互的专职人员	保留
14	研发设计环节，有负责与合作伙伴信息交互的专职人员	保留
15	供应链环节，有负责与用户信息交互的专职人员	保留
16	供应链环节，有负责与合作伙伴信息交互的专职人员	保留
17	营销环节，有负责与用户信息交互的专职人员	保留
18	营销环节，有负责与合作伙伴信息交互的专职人员	保留
19	用户社区的信息交互效果，例如用户人数、上线频率、用户活跃度、用户黏性、信息量、用户口碑以及用户专业程度	保留

续表

序号	题项	专家评价
20	贵企业所在价值网络的网络成员间的信息交互效果，例如成员数量、成员间的异构程度、网络的开放度等	保留
21	企业内部员工之间信息交互的效果	保留
22	用户参与共同研发设计的模式/流程	保留
23	合作伙伴参与共同研发设计的模式/流程	保留
24	基于信息交互的研发设计模式，例如用户体验设计模式、用户参与研发模式、不断试错及快速迭代设计理念	语义重复 22~23
25	用户参与共同生产制造的模式/流程	保留
26	合作伙伴参与共同生产制造的模式/流程	保留
27	基于信息交互的供应链模式，例如期货供应链管理模式	语义重复 25~26
28	用户参与共同营销的模式/流程	保留
29	合作伙伴参与共同营销的模式/流程	保留
30	基于信息交互的营销模式，例如用户口碑	语义重复 28~29
31	基于信息交互的企业文化，例如互联网思维、用户思维、交互导向	保留
32	基于信息交互的组织结构	保留
33	基于信息交互的无形资产，例如域名	语义重复 34
34	基于信息交互的知识资产，例如专利	保留
35	具有应用新一代信息技术的创新意识和能力	保留
36	能够利用新一代信息技术创造出吸引人的体验环境	语义含糊
37	基于信息交互的管理模式	语义重复 32

表 4-3 信息交互能力的初始量表（25 个）

构念	题项
面向研发设计的 IICs（RDIIC，6）	1. 用户参与研发设计的 IT 基础设施，例如用户社区论坛、开放平台等
	2. 用户参与研发设计的流程，例如用户体验设计模式、不断试错及快速迭代设计等
	3. 用户参与研发设计的效果，包括用户参与人数、参与频率以及黏性等
	4. 合作伙伴参与研发设计的 IT 基础设施，例如社区、开放研发平台等
	5. 合作伙伴参与研发设计的流程或机制，例如开放创新联盟等
	6. 合作伙伴参与研发设计的效果，包括合作伙伴参与的数量、频率、力度等

构念	题项
面向营销 管理的 IICs （MAIIC，6）	7. 用户参与营销的 IT 基础设施，例如论坛、自媒体、社交平台、APP、微信等
	8. 用户参与营销的流程，例如网络口碑营销等
	9. 用户参与营销的效果，包括用户参与人数、参与频率以及黏性等
	10. 合作伙伴参与营销的 IT 基础设施，例如合作营销平台等
	11. 合作伙伴参与营销的流程或机制，例如联盟合作营销
	12. 合作伙伴参与营销的效果，包括合作伙伴参与的数量、频率、力度等
面向供应链 管理的 IICs （SCIIC，6）	13. 用户参与供应链的 IT 基础设施，例如电商平台、物流信息追踪等
	14. 用户参与供应链的流程，例如柔性供应链模式等
	15. 用户参与供应链的效果，例如实时共享数据、能快速响应需求等
	16. 合作伙伴参与供应链的 IT 基础设施，例如物流信息共享平台等
	17. 合作伙伴参与供应链的流程，例如柔性物流/供应链系统等
	18. 合作伙伴参与供应链的效果，例如能快速资源配置和应对需求变化、零库存等
演变中的 IICs （EVIIC，7）	19. 用户在社区论坛上的信息交互效果，例如用户量、活跃度、黏性、专业程度等
	20. 合作伙伴在价值网络内的信息交互效果，例如合作伙伴数量和沟通频率、网络质量等
	21. 员工之间的信息交互效果，包括频率、反馈速度、信息管理效率、信息积累程度等
	22. 应用新一代信息技术的创新意识和能力
	23. 基于信息交互的企业文化，例如互联网思维、用户思维、交互导向等
	24. 基于信息交互的组织结构，例如扁平化、小团队等
	25. 基于信息交互的知识资产，例如专利、域名等

接下来，根据信息交互能力的初始量表（见表 4-3）设计问卷：问卷采用李克特 7 点记分方法（1 = "非常差"，7 = "非常好"），题项全部采用非反向记分的题项。

4.4.2 数据收集

本书共发放两轮问卷，发放问卷的对象企业主要分布在 IT/通信/电子/互联网、金融业、生产/加工/制造、生物医药、能源/矿产、房地产等行业，企业所在地集中在深圳市、广州市、上海市、河南省、山东省等省市，企业类型包括国有及国有控股企业、合资企业、外资企业、私有企业、民营企业。问卷的发放方式包括通过面对面直接发放、通过电子邮件间接发送以及微信和 QQ 发送链接。问卷的发放途径包括以下四种方式：①委托政府部门相关机构发放问卷，本书在深圳市经济贸易和发展委员会信息处、深圳市高新技术产业园区服务中心综合管理部和河南省发展和改革委员会高技术产业处相关人员的协助下发放问卷；②借助企业实地调研的机会，现场发放问卷；③邀请汇丰商学院的 MBA 和 EMBA 部分学员参与问卷调研；④借助老师、同学、朋友和亲戚关系发放问卷。

本书对样本企业的特征无要求，但是为了保证有效问卷性，要求每家企业发放 1 份问卷。同时对问卷填写者的职务有要求，调研对象必须是企业的总经理、研发主管或经理、IT 主管或经理、业务经理以及负责研发或信息技术的中层以上管理人员。问卷内容涉及企业的整个业务流程，因此问卷发放过程中，要求总经理在所有调研对象中应该占多数。

第一轮问卷调查：从 2014 年 10 月 30 日开始课题组共发放问卷 164 份。截至 2014 年 12 月 20 日，回收问卷 107 份，问卷回收率为 65.24%。剔除无效问卷，第一轮问卷调查共取得有效问卷 93 份，有效问卷率为 86.92%[①]。无效问卷的剔除标准是：①所有题目空白；②一半以上题目没有填写；③量表题型中所有题项填写同一分数，满足上述任何一项条件的问卷就视为无效问卷。所得数据用于探索性因子分析。

第二轮问卷调查：根据第一轮问卷调查的统计性检验结果，修改完善量表，形成正式问卷（见附表）。从 2015 年 1 月 20 日至 2 月 20 日课题组开展了第二轮问卷调查，共发放问卷 344 份，回收问卷 260 份，问卷回收率为 75.58%。剔除空白、填写不完整等无效问卷，第二轮问卷调查共取得有效问卷 220 份，有效问卷率为 84.62%。所得数据用于验证性因子分析。

4.4.3 项目分析

项目分析的主要目的在于测验个别题项的可靠程度，其结果可以作为个别题项修改和编制正式问卷的依据。本书根据第一轮问卷调查的结果采用以下指标对量表进行项目分析：①极端组比较，采用独立样本 t 检验法删除临界比值的 t 统计量未达到标准值的题项（$t<3.000$），或者删除临界比检验未达显著性水平的题项（$p>0.05$）；②题项与总分的相关，删除个别题项

---

① 问卷回收率=回收问卷数量/问卷发放数量；问卷有效率=有效问卷数量/回收问卷数量。

与总分的相关系数未达到显著的题项，或者删除两者为低度相关的题项（相关系数小于 0.4）；③信度检验，采用内部一致性 α 系数，若题项删除后的量表整体 α 系数增加，可删除该题项；④共同性与因子负荷量，删除题项在萃取共同因素的因子负荷量小于 0.45 或共同性值低于 0.20 的题项。

根据分析结果，本量表所有题项的临界比值的 t 统计量的标准值都在 8.325 以上（p<0.001）；总分与个别题项的相关系数矩阵中显示所有相关系数均在 0.817 以上；量表 α 系数值为 0.983，题项删除后的量表整体 α 系数均比原先的 α 系数低；所有题项的共同性均在 0.659 以上且因子负荷量都在 0.80 以上。故经项目分析，保留预测问卷中的 25 个题项。

4.4.4　探索性因子分析

4.4.4.1　第一次探索性因子分析

当 KMO（Kaiser-Meyer-Olkin Measure of Sampling Adequacy）值大于 0.90 表示题项变量间非常适合进行因素分析。本书对第一轮问卷调查所得样本进行取样适切性量数 KMO 和巴特莱特球体检验（Bartlett's Test of Sphericity），如表 4-4 所示，KMO 值为 0.934，表明变量间的共同因素很多，变量间的净相关系数很低，非常适合进行因素分析；巴特莱特球体检验的 χ^2 值为 3350.351，达到显著性水平（p<0.001），代表总体的相关矩阵间有共同因素存在，适合进行因素分析。

表 4-4　样本的 KMO 样本测度和巴特莱特球体检验

检验		结果
KMO 取样适切性量数		0.934
Bartlett 球形检验	近似卡方分布	3350.351
	自由度	300
	显著性	0.000

采用主成分分析法抽取主成分的结果，转轴方法采用最大变异法。鉴于前文对信息交互能力分类的理论推导，限定萃取因子个数为 4。如表 4-5 所示，第二个因子包含面向供应链的 IICs 和演变中的 IICs 的测量题项，其中 IICs19 在两个共同因素转轴后的共同因子负荷量均大于 0.45，且不符合原来的理论构建，删除 IICs19；第二个因子中主要的题项是面向供应链管理的 IICs 构面，只有一个演变中的 IICs 题项，第四个因子全部是演变中的 IICs 构面，故删除因子 2 中的 IICs20。

表 4-5　第一次探索性因素分析（主成分分析 & 最大变异法）

题项	最大变异法直交转轴后因子负荷量			
	因子 1	因子 2	因子 3	因子 4
面向研发设计 IICs3	0.801	0.362	0.231	0.299
面向研发设计 IICs2	0.790	0.356	0.198	0.338
面向研发设计 IICs5	0.782	0.223	0.385	0.271
面向研发设计 IICs1	0.760	0.392	0.208	0.236
面向研发设计 IICs4	0.716	0.259	0.422	0.292
面向研发设计 IICs6	0.649	0.241	0.429	0.433
面向供应链管理 IICs14	0.367	0.753	0.370	0.198
面向供应链管理 IICs15	0.358	0.714	0.265	0.377
面向供应链管理 IICs17	0.288	0.698	0.346	0.377
面向供应链管理 IICs18	0.310	0.675	0.410	0.370
面向供应链管理 IICs13	0.495	0.662	0.291	0.181
面向供应链管理 IICs16	0.320	0.635	0.349	0.464
演变中 IICs20	0.306	0.610	0.439	0.425
演变中 IICs19	0.462	0.505	0.407	0.410
面向营销管理 IICs7	0.397	0.243	0.761	0.271
面向营销管理 IICs8	0.300	0.343	0.758	0.244
面向营销管理 IICs9	0.225	0.368	0.744	0.389
面向营销管理 IICs11	0.294	0.404	0.658	0.365
面向营销管理 IICs10	0.360	0.455	0.641	0.314
面向营销管理 IICs12	0.272	0.503	0.580	0.354
演变中 IICs23	0.302	0.301	0.365	0.742
演变中 IICs25	0.413	0.374	0.222	0.722
演变中 IICs22	0.328	0.282	0.477	0.693
演变中 IICs24	0.378	0.382	0.282	0.671
演变中 IICs21	0.344	0.318	0.417	0.660
特征值	5.704	5.566	5.256	4.741
解释变异量（%）	22.816	22.265	21.024	18.964
累计解释变异量（%）	22.816	45.081	66.106	85.070

4.4.4.2　第二次探索性因子分析

删除题项 IICs19 和 IICs20 后，KMO 为 0.938，表明变量间的共同因素很多，变量间的净相关系数很低，非常适合进行因素分析；巴特莱特球体检验的 χ^2 值为 3010.214（自由度 253，显著性水平 p<0.001），结果表明保留的 23 个题项变量间有共同因素存在，适合进行因素分析。另外，从因子分析的结果看，IICs12 在因子 2 和因子 3 上的因子负荷均大于 0.45，查看语义后，综合考虑，仍依据原先题项归属的构面将之归类，类似的还有题项 IICs13、IICs16 和 IICs22。最终保留 23 个题项，第二次探索性因子分析结果，如表 4-6 所示，4 个因子构念分别命名为面向研发设计的 IICs（因子 1）、面向营销管理的 IICs（因子 2）、面向供应链管理的 IICs（因子 3）和演变中的 IICs（因子 4）。

表 4-6　第二次探索性因素分析（主成分分析 & 最大变异法）

题项（简略内容）	最大变异法直交转轴后因子负荷量				共同性
	因子 1（RDIIC）	因子 2（MAIIC）	因子 3（SCIIC）	因子 4（EVIIC）	
面向研发设计 IICs3	0.799	0.235	0.362	0.303	0.916
面向研发设计 IICs2	0.786	0.203	0.356	0.342	0.902
面向研发设计 IICs5	0.785	0.388	0.207	0.275	0.885
面向研发设计 IICs1	0.758	0.214	0.390	0.239	0.829
面向研发设计 IICs4	0.724	0.426	0.236	0.296	0.849
面向研发设计 IICs6	0.652	0.433	0.225	0.437	0.854
面向营销管理 IICs7	0.393	0.762	0.234	0.276	0.865
面向营销管理 IICs8	0.298	0.762	0.329	0.247	0.840
面向营销管理 IICs9	0.222	0.749	0.360	0.392	0.894
面向营销管理 IICs11	0.294	0.673	0.380	0.368	0.819
面向营销管理 IICs10	0.367	0.659	0.418	0.316	0.844
面向营销管理 IICs12	0.284	0.602	0.459	0.355	0.780
面向供应链管理 IICs15	0.348	0.283	0.730	0.379	0.878
面向供应链管理 IICs14	0.375	0.397	0.721	0.198	0.857
面向供应链管理 IICs17	0.284	0.363	0.699	0.378	0.844
面向供应链管理 IICs18	0.310	0.428	0.672	0.371	0.868
面向供应链管理 IICs16	0.318	0.365	0.640	0.466	0.860
面向供应链管理 IICs13	0.500	0.319	0.634	0.182	0.787
演变中 IICs23	0.308	0.378	0.271	0.743	0.863
演变中 IICs25	0.409	0.229	0.375	0.724	0.885

续表

题项（简略内容）	最大变异法直交转轴后因子负荷量				共同性
	因子1（RDIIC）	因子2（MAIIC）	因子3（SCIIC）	因子4（EVIIC）	
演变中 IICs22	0.328	0.482	0.268	0.695	0.895
演变中 IICs24	0.369	0.290	0.386	0.673	0.822
演变中 IICs21	0.348	0.426	0.292	0.662	0.826
特征值	5.405	5.114	4.706	4.436	19.661
解释变异量（%）	23.499	22.237	20.463	19.287	85.486
累计解释变异量（%）	23.499	45.736	66.199	85.486	

4.4.4.3 量表信度检验

为了保证量表工具所测得结果的稳定性及一致性，需要对量表各层面与总量表进行信度检验。本书采用内部一致性 α 系数来检验样本数据信度的指标。当 α 系数越大代表量表的信度越高，量表越稳定，一般认为 α 系数为 0.70 是一个可以接受的量表边界值。根据探索性因子分析的结果，共萃取了四个因素构念：面向研发设计的 IICs（包括题项 IICs1、IICs2、IICs3、IICs4、IICs5、IICs6）、面向营销管理的 IICs（包括题项 IICs7、IICs8、IICs9、IICs10、IICs11、IICs12）、面向供应链管理的 IICs（包括题项 IICs13、IICs14、IICs15、IICs16、IICs17、IICs18）和演变中的 IICs（包括题项 IICs21、IICs22、IICs23、IICs24、IICs25）。以下是对四个因素构念及总量表的信度检验结果，如表 4-7 所示。

表 4-7 信息交互能力的各层面—总量表的信度检验结果

构念	题项（简略内容）	CITI	删除该题项后的 Cronbach's α	Cronbach's α
面向研发设计的 IICs	IICs1 用户参与研发设计的 IT 基础设施	0.839	0.964	0.965（题项数 6）
	IICs2 用户参与研发设计的流程	0.910	0.956	
	IICs3 用户参与研发设计的效果	0.929	0.954	
	IICs4 合作伙伴参与研发设计的 IT 基础设施	0.881	0.959	
	IICs5 合作伙伴参与研发设计的流程	0.905	0.957	
	IICs6 合作伙伴参与研发设计的效果	0.870	0.960	

续表

构念	题项（简略内容）	CITI	删除该题项后的 Cronbach's α	Cronbach's α
面向营销管理的 IICs	IICs7 用户参与营销的 IT 基础设施	0.874	0.951	0.959（题项数 6）
	IICs8 用户参与营销的流程	0.868	0.951	
	IICs9 用户参与营销的效果	0.909	0.947	
	IICs10 合作伙伴参与营销的 IT 基础设施	0.882	0.950	
	IICs11 合作伙伴参与营销的流程	0.869	0.952	
	IICs12 合作伙伴参与营销的效果	0.823	0.956	
面向供应链管理的 IICs	IICs13 用户参与供应链的 IT 基础设施	0.794	0.961	0.960（题项数 6）
	IICs14 用户参与供应链的流程	0.871	0.952	
	IICs15 用户参与供应链的效果	0.898	0.949	
	IICs16 合作伙伴参与供应链的 IT 基础设施	0.889	0.950	
	IICs17 合作伙伴参与供应链的流程	0.883	0.951	
	IICs18 合作伙伴参与供应链的效果	0.902	0.949	
演变中的 IICs	IICs21 员工之间的信息交互效果	0.863	0.949	0.956（题项数 5）
	IICs22 应用新一代信息技术的创新意识和能力	0.900	0.942	
	IICs23 基于信息交互的企业文化	0.885	0.945	
	IICs24 基于信息交互的组织结构	0.862	0.949	
	IICs25 基于信息交互的知识资产	0.882	0.945	

表 4-7 的检验结果表明，上述四个层面构念各个题项的修正的题项—总体相关系数（Corrected Item-Total Correlation，CITI）介于 0.794 至 0.929，表示在每个层面上每个题项与该层面其余题项加总的一致性高；四个层面构念的内部一致性 α 系数均在 0.950 以上，表示各层面的内部一致性很好；每个题项删除后的 Cronbach's α 系数值均不高于该层面的 Cronbach's α 值（除题项 IICs13 之外），这表明该题项（除题项 IICs13 之外）与其他题项的内部一致性较好。就 IICs13 而言，删除该题项后其他三个题项的 Cronbach's α 系数变为 0.961 反而增大（删除前为 0.960）。由于删除该题项的统计意义并不大（删除前后 Cronbach's α 变化不大，且都在理想范围），而且从语义上来看，删除该题项会破坏量表的因素结构，

故保留题项 IICs13。

另外，量表的内部一致性 α 系数为 0.983（题项 23 个），表明该量表的内部一致性很高，总之，以上结果表明本书设计的信息交互能力量表具有非常好的信度。

4.4.5 验证性因子分析

4.4.5.1 一阶验证性因子分析

项目组合（Item Parceling）最大的好处是把题项数量缩小，可以帮助验证性因子分析减少随机误差、提高指标信度和模型的拟合度，故项目组合常用于验证性因子分析（罗胜强和姜嬿，2014）。受样本容量大小的限制（N = 220），并且每个构念包含 5~6 个题项，因此本书采用内容法（Content Method）组合项目，即按题项的内容把表面上相似的项目组合起来。

依据将语义相近的题项组合的原则，按照如下步骤对因子 1 做如下处理：IICs1 和 IICs4 加和平均得到新题项 NIICs1；IICs2 和 IICs5 加和平均得到新题项 NIICs2；IICs3 和 IICs6 加和平均得到新题项 NIICs3。经过处理后，因子 1 就包含三个题项 NIICs1、NIICs2 和 NIICs3。对因子 2 做同样处理，IICs7 和 IICs10 组合为新题项 NIICs4，IICs8 和 IICs11 组合为新题项 NIICs5，IICs9 和 IICs12 组合为新题项 NIICs6。同样，因子 2 包含三个题项 NIICs4、NIICs5 和 NIICs6。对因子 3 做同样处理，IICs13 和 IICs16 组合为新题项 NIICs7，IICs14 和 IICs17 组合为新题项 NIICs8，IICs15 和 IICs18 组合为新题项 NIICs9。同样，因子 3 包含三个题项 NIICs7、NIICs8 和 NIICs9。对因子 4 做同样处理，保留 IICs21 和 IICs22，名称分别改为 NIICs10 和 NIICs11。将语义相近的 IICs23、IICs24 和 IICs25 组合为一个新题项 NIICs12。

图 4-4 显示了验证性因子分析的标准化估计值模型图，验证了信息交互能力四个因子结构模型的合理性。各项拟合性指数均在可以接受范围内，故综合看，可以认为模型与数据的拟合程度是可以接受的。

4.4.5.2 量表收敛效度分析

效度检验是指量表的开发者从各个方面采集有关理论依据和实证证据，从而说明该量表是否真实度量了目标构念。通常认为内容效度（Content Validity）和构念效度（Construct Validity）可以作为效度证据。

为了提高量表的内容效度，本书通过大量文献回顾、专家访谈法和焦点小组访谈法等收集大量资料，采用规范分析法和逻辑推理法得出题项库（37 个）。然后，采用专家评估，从 IIC 定义和分类的准确性和简洁性，到

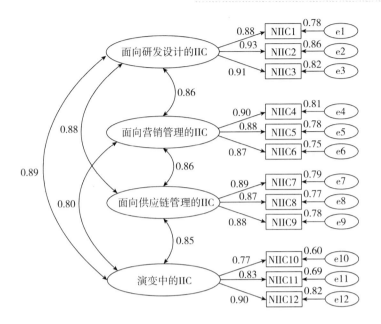

图 4-4　一阶验证性因子分析模型

每个题项的叙述、修辞等方面逐一提出修改意见并进行讨论慎重修改得到了初始量表。因此，可以认为 IIC 量表具有较高的内容效度。

　　构念效度包括收敛效度和区别效度两种。为了评估量表收敛效度，本书采用了 Hair 等的观点，采用每个测量指标的多元相关的平方（Squared Multiple Correlations，SMC）、潜在变量组合信度（Composite Reliability，CR）、平均变异量抽取值（Average Variance Extracted，AVE）。SMC 表示个别测量指标的信度系数，故 SMC 的值越大表示信度越高，一般的判别标准是 SMC 均大于 0.50，表述模型内在质量检验良好；在结构方程分析中，CR 表示模型潜在变量的信度系数，一般的判别标准是 CR 均大于 0.50，表示模型内在质量佳；AVE 是潜在变量可以解释其测量指标变异量的比值，AVE 越大，测量指标就越能有效反映其构念的潜在特质，一般的判别标准是 AVE 大于 0.50，表示模型的内在质量理想。如表 4-8 所示，各项指标都达到判别标准，因此，信息交互能力量表具有良好的收敛效度。再者非正态拟合优度指数（Non-Normal Fit Index，NNFI）的值为 0.977（见表 4-9），NNFI 在 Amos 中直接呈现为 TLI 的值，说明量表具有良好的收敛效度。

表4-8 测量变量的因子负荷、潜在变量的信度系数及平均变异量抽取值

维度	测量变量（简略内容）	SMC
面向研发设计的 IICs CR = 0.932 AVE = 0.820	NIICs1 参与研发设计的 IT 基础设施	0.782
	NIICs2 参与研发设计的流程	0.857
	NIICs3 参与研发设计的效果	0.819
面向营销管理的 IICs CR = 0.913 AVE = 0.778	NIICs4 参与营销的 IT 基础设施	0.806
	NIICs5 参与营销的流程	0.777
	NIICs6 参与营销的效果	0.748
面向供应链管理的 IICs CR = 0.912 AVE = 0.776	NIICs7 参与供应链的 IT 基础设施	0.785
	NIICs8 参与供应链的流程	0.765
	NIICs9 参与供应链的效果	0.778
演变中的 IICs CR = 0.875 AVE = 0.700	NIICs10 员工之间的信息交互效果	0.597
	NIICs11 应用新一代信息技术的能力	0.687
	NIICs12 信息交互无形资源	0.817

表4-9 竞争比较模型的验证性因子分析结果比较

模型	χ^2	df	χ^2/df	GFI	AGFI	TLI	CFI	RMSEA
四因子 M0	90.231	48	1.880	0.932	0.889	0.977	0.984	0.063
三因子 M1	190.705	51	3.739	0.858	0.783	0.930	0.946	0.112
三因子 M2	165.547	51	3.246	0.874	0.807	0.942	0.955	0.101
三因子 M3	138.080	51	2.707	0.898	0.845	0.956	0.966	0.088
三因子 M4	174.316	51	3.418	0.870	0.801	0.938	0.952	0.105
三因子 M5	192.575	51	3.776	0.859	0.784	0.929	0.945	0.113
三因子 M6	157.009	51	3.079	0.881	0.818	0.947	0.959	0.097
二因子 M7	248.048	53	4.680	0.827	0.745	0.905	0.924	0.130
二因子 M8	238.028	53	4.491	0.835	0.758	0.910	0.928	0.126
二因子 M9	241.499	53	4.557	0.833	0.754	0.908	0.927	0.127
二因子 M10	206.777	53	3.901	0.852	0.782	0.925	0.940	0.115
单因子 M11	293.627	54	5.438	0.805	0.718	0.886	0.907	0.142

4.4.5.3 量表区分效度分析

区分效度是某个构念与其他构念的测量指标之间的相关系数。根据 Anderson 和 Gerbing（1988）的研究方法，本书利用嵌套 CFA 模型（nested CFA model）配对比较检验量表的区分效度，验证四因子模型结构是否为 IICs 量表最佳的测量模型。除了原始模型（M0），本书假定 11 个竞争模型，如图 4-5 所示，包括 6 个三因子模型：合并 RDIIC/MAIIC（M1）、合并 RDIIC/SCIIC（M2）、合并 RDIIC/EVIIC（M3）、合并 MAIIC/

SCIIC（M4）、合并 MAIIC/EVIIC（M5）、合并 SCIIC/EVIIC（M6）；4 个二因子模型：合并 RDIIC/MAIIC/SCIIC（M7）、合并 RDIIC/MAIIC/EVIIC（M8）、合并 MAIIC/SCIIC/EVIIC（M9）、合并 RDIIC/SCIIC/EVIIC（M10）；1 个单因子模型，合并 RDIIC/MAIIC/SCIIC/EVIIC（M11）。

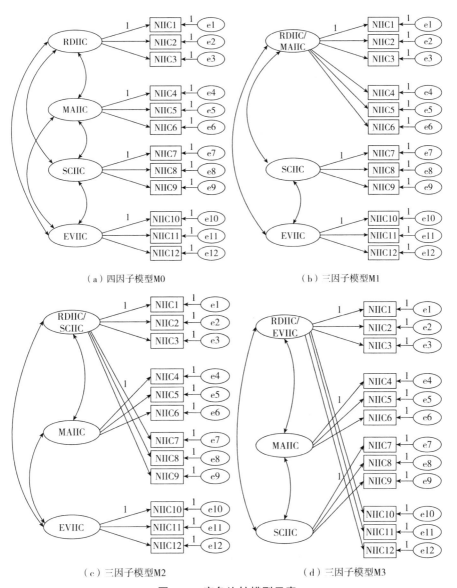

图 4-5　竞争比较模型示意

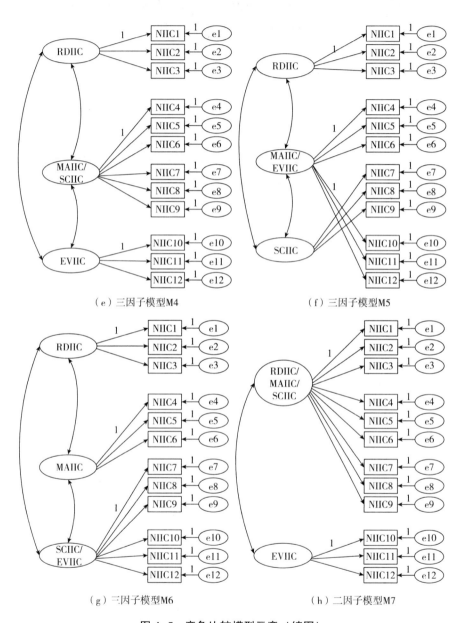

（e）三因子模型M4　　　　　　　　　（f）三因子模型M5

（g）三因子模型M6　　　　　　　　　（h）二因子模型M7

图 4-5　竞争比较模型示意（续图）

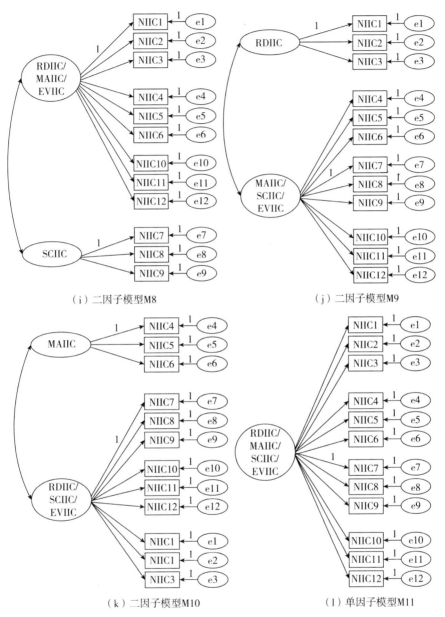

（i）二因子模型M8　　　　　　　　　（j）二因子模型M9

（k）二因子模型M10　　　　　　　　　（l）单因子模型M11

图4-5　竞争比较模型示意（续图）

　　评价模型拟合度有相对拟合指数和绝对拟合指数，有研究发现，RMSEA、TLI 和 CFI 对样本数影响较小（侯杰泰、温忠麟、成子娟，2004），故本书选取 RMSEA、TLI、CFI 和 χ^2/df 四个指标，分别以 RMSEA<0.08、TLI>

0.95、CFI>0.95 和 $\chi^2/df<3$ 为评价标准。如表4-9所示，对比其他模型，四因子 M0 模型，即原始模型符合评判标准，说明四个因子之间具有区分效度。

4.4.5.4 二阶验证性因子分析

从前文的分析来看，一阶验证性因子分析中四个因子（RDIIC、MAIIC、SCIIC、EVIIC）之间的高度相关，这说明它们均受到一个较高阶潜在变量的影响，假定这个高阶因子为信息交互能力（IICs）。为了验证该假设，本书采取第二轮问卷调查所得数据进行二阶验证性因子分析。二阶验证性因子分析的标准化估计值模型如图4-6所示。

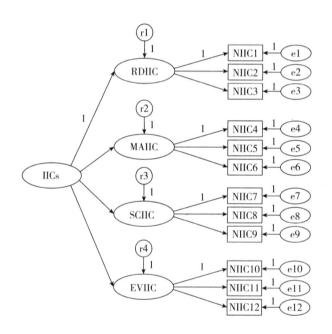

图4-6 二阶验证性因子分析模型

从分析结果看，首先，各项拟合性指数均在可以接受范围内（见表4-10），说明二阶因子模型的拟合度较好。其次，一阶因子的因子负荷和二阶因子的因子负荷都比较高，在 0.774~0.957，说明测量变量在一阶因子的因子负荷量、一阶因子在二阶因子的因子负荷量都非常理想；四个一阶因子的 SMC 分别为 0.915、0.812、0.870、0.840，二阶因子的 CR 和 AVE 分别为 0.961、0.860（见表4-11），说明本书所假设的面向研发设计的 IICs、面向营销管理的 IICs、面向供应链管理的 IICs 和演变中的 IICs

可以很好地收敛于 IICs 这一更高阶的概念。

表 4-10　一阶模型与二阶模型拟合指数比较

模型	χ^2	df	RMSEA	TLI	CFI	χ^2/df	GFI
一阶因子模型	90.231	48	0.063	0.977	0.984	1.880	0.932
二阶因子模型	94.199	50	0.063	0.977	0.983	1.884	0.930
一阶因子模型（未进行项目组合）	626.781	224	0.091	0.884	0.897	2.798	0.771

表 4-11　二阶因子模型中信度系数及平均变异量抽取值

题项	SMC	CR	AVE
NIICs1 参与研发设计的 IT 基础设施	0.784		
NIICs2 参与研发设计的流程	0.859		
NIICs3 参与研发设计的效果	0.816	0.932	0.820
NIICs4 参与营销的 IT 基础设施	0.801		
NIICs5 参与营销的流程	0.781		
NIICs6 参与营销的效果	0.751	0.913	0.778
NIICs7 参与供应链的 IT 基础设施	0.787		
NIICs8 参与供应链的流程	0.762		
NIICs9 参与供应链的效果	0.779	0.912	0.776
NIICs10 员工之间的信息交互效果	0.600		
NIICs11 应用新一代信息技术的能力	0.689		
NIICs12 信息交互无形资源	0.811	0.875	0.700
RDIIC 面向研发设计的 IICs	0.915		
MAIIC 面向营销管理的 IICs	0.812		
SCIIC 面向供应链管理的 IICs	0.870		
EVIIC 演变中的 IICs	0.840	0.961	0.860

4.4.6　结果分析

采用第一轮问卷调查所得数据进行探索性因子分析时，IICs19 原本是因子 4 的测量指标，但因子分析的结果显示 IICs19 在因子 1 和因子 2 的因子负荷量均大于 0.45，故删除 IICs19。从语义上来说，IICs19 包含 IICs3、IICs9 和 IICs15 的部分内容，因此可以删除。IICs20 原本是因子 4 的测量指标，但因子分析的结果显示 IICs20 在因子 2 上面的因子负荷量最大，为

0.610，在其余共同因子上面的因子负荷量均小于 0.45。从语义来看，IICs20 包含 IICs6、IICs12 和 IICs18 的部分内容，并且语义上不能表现因子 2，故删除 IICs20。IICs19 和 IICs20 被删除的原因，可能是因为用户的信息交互效果和合作伙伴的信息交互效果在前三个因子中都有体现，因此这两个题项对信息交互能力的表现就不是很明显了。删除题项后的量表各项测量指标更具代表性，故最终编制的信息交互能力量表为 23 个题项。

采用第二轮问卷调查所得数据进行验证性因子分析，样本容量 N 为 220。探索性因子分析得到的正式量表包含 4 个构念，每个构念 5~6 个题项，共 23 个测量指标。那么，做验证性因子分析时需要估计 23 个因子权数，23 个随机误差的方差，6 个因子相关系数，共 52 个参数。本书采取的策略是将内容相似的题项组合，减少题项数量，从而有效减少参数。如表 3-10 所示，没有进行项目组合前的 IICs 量表一阶验证性因子分析结果。研究表明，实施了项目组合后，模型拟合得比较好，该研究结果同时也验证了关于项目组合能够改善模型拟合程度的论断。

4.5 本章小结

本章在规范理论分析基础上构建 IICs 能力体系，企业通过配置、应用和整合三种信息交互资源，构建多个层次多个方面的 IICs 能力体系，分为三个层级：核心层、展现层和网络层。核心层 IICs 包括与用户相关的 IICs、与企业相关的 IICs 和与合作伙伴相关的 IICs，并分别阐述核心层 IICs 的内涵；在核心层 IICs 基础上，企业逐渐形成贯穿于整个业务流程的 IICs，即展现层 IICs，包括面向技术研发的 IICs、面向产品设计的 IICs、面向生产制造的 IICs、面向营销的 IICs、面向分销的 IICs 和面向服务的 IICs，并分别定义展现层六种 IICs；在此基础上企业根据自身情况将会在未来构建面向价值网络生态系统 IICs。然后，立足中国企业实情，通过调研访谈和资料整理，归纳提炼出四种类型 IICs：面向研发设计的 IICs、面向营销的 IICs、面向供应链的 IICs 和演变中的 IICs。接下来，通过专家评价，形成初始量表，并编制问卷、收集数据。最后，经过项目分析、探索性因子分析、验证性因子分析，证明 IICs 量表是合理且有效的。IICs 量表开发不仅为进一步的理论研究提供了基础，也为企业构建 IICs 的实践提供了启示与借鉴。

5 信息交互能力对价值共创及竞争
优势的影响机制模型

前文研究发现，各种信息交互能力对价值共创及竞争优势的影响是有差别的。因此，本章通过理论推演，对前文提出的理论框架进行更深入的理论分析，深入探析各种信息交互能力对价值共创及竞争优势的影响机制，构建各种信息交互能力对价值共创及竞争优势影响的理论模型，提出研究假设。

5.1 信息交互能力对竞争优势的影响机制

5.1.1 面向研发设计的信息交互能力与竞争优势

面向研发设计的 IICs 是指企业通过配置、应用和整合各种信息交互基础设施、信息交互人力资源和信息交互无形资源，与用户、用户社区以及合作伙伴等价值网络成员共同参与企业的研发设计活动，共同创造用户体验，实现价值共创，获取创新优势、产品优势、服务优势等竞争优势。具体而言，面向研发设计的 IICs 对竞争优势的影响表现在以下三个方面：

5.1.1.1 员工参与研发设计的 IICs 对竞争优势的影响

Von Hippel（1986）认为，企业竞争优势的获取和持续来自全体员工的知识、技术、技能等资源。Durmuşoğlu 和 Barczak（2011）认为，利用 IT 工具，例如电子邮件、网络会议、产品设计软件、决策支持系统，能够促进、增强或扩大内部员工之间在研发设计流程上反复交流和信息交互，例如规划、设计、决策制定和执行等流程，一方面为企业积累了大量的知识、技能，另一方面通过反复的沟通和交互，能够增强团队的沟通能力和创新氛围，增强全体员工创新的动机和意识，能够有效提升创新绩效，获取优于竞争对手的竞争优势。可见，企业内部员工之间频繁、深度的沟通和交流，能够激发出内部员工的创造力，帮助为企业获取创新优势。

5.1.1.2 用户参与研发设计的 IICs 对竞争优势的影响

在研发设计过程中，用户借助企业交互平台/基础设施，通过重复、深度的沟通、交互，一方面用户能时刻了解产品的研发设计进度，用户能够把自己的想法放进正在研发设计的产品，能够有效提高用户满意度。另一方面研发设计阶段企业与用户的深度交互过程中，能够有效提升企业对用户需求的满足程度，在保证产品质量同时，有效提高在产品或者项目交付时的可靠性。用户参与研发设计流程能够明显改进产品质量、降低风险、提升产品在市场上的可接受度，从而提升企业绩效，同时将用户创意融入产品，产品更有可能获得用户的认可，提高新产品的成功率比较容易获取优于竞争对手的竞争优势。而员工通过与用户的反复、深度沟通交流过程中，不断满足用户需求、为客户解决问题的同时，不断改进研发设计和产品设计流程，从而会积累大量的微创新，长期下来，这对企业来说是不可替代、难以模仿的资源，在带来企业绩效提升的同时，还能够给企业带来长期竞争优势（Guthrie，2001）。例如，华为公司经过 20 多年的发展积累下来数千个大大小小面向用户需求的产品微创新，这些微创新都来自华为公司全体员工不断与用户深度、重复的沟通交流过程中得来的，从而也奠定了今天华为公司在通信产品市场上的优势地位和相对于竞争对手的竞争优势。

另外，领先用户在创新早期阶段中的作用更重要（Von Hippel，1986）。由于领先用户通常能在大量用户需求形成之前的数月甚至若干年，就提前察觉到这种用户需求，并且领先用户还可以从满足这种用户需求的解决方案中获得超额收益，因此，当领先用户参与新产品研发设计的过程时，通过反复、深度的信息交互，企业能够以更快的速度、更有效的方式进行新产品的开发和设计。而新产品的开发与设计并快速推向市场，一直被认为是企业创造新利润以及获取持续性竞争优势的来源（Leenders and Dolfsma，2016）。

再者，用户参与研发设计的 IICs 除了研发设计流程中企业与用户的 IICs，还包括用户之间或者用户社区的 IICs。随着互联网的发展，用户社区是用户之间进行信息交互的主要手段和媒介。用户参与用户社区本身被认为是一种公民行为，具有社会责任感和忠诚度（Franke and Von Hippel，2003）。在用户社区中，用户会根据某个用户的需求问题展开激烈的讨论，从而对产品或服务提出创新性的建议，从而提升企业的创新绩效，使企业获取竞争优势。

5.1.1.3 合作伙伴参与研发设计的 IICs 对竞争优势的影响

随着市场环境日趋网络化、开放化，关键的创新资源在企业外部，企业需要系统地从合作伙伴那里交流、收集和整理信息、知识、技术等进行创新。为了提高新产品的市场接受程度、产品的销售量和销售额，在新产品开发过程中，要重视供应商的早期参与、供应商参与新产品研发与设计，与大学、研发机构建立多种联接方式，通过共同创建技术创新价值网络（Chesbrough and Prencipe，2008；何郁冰，2015）。因为，合作伙伴参与产品研发与设计的过程，是合作伙伴各种知识、专业技能和技术等资源投入的过程。通过企业与合作伙伴的深入、反复交流、沟通和信息交互，能够充分整合和利用合作伙伴的特有资源，从而提升新产品开发的速度。同时，企业与合作伙伴在研发设计流程中的信息交互是企业获取最新的科技发展动向及其相关知识的重要途径之一，这对企业获取创新方面的竞争优势尤为重要。另外，通过与合作伙伴的信息交互，也能够更全面地掌握客户需求，及时发现并解决新产品开发过程中的潜在问题，提升对创新不确定性的管理，从而快速、有效地完成新品开发，提升企业竞争优势。再者，合作伙伴参与研发设计的信息交互过程，通过信息共享，企业能够充分了解供应商的供应能力，从而提升企业在成本方面的竞争优势。不仅是企业与合作伙伴，供应商上下游企业与用户之间交互对企业渐进性创新和根本性创新都有重要影响。

基于上述分析，本书认为面向研发设计的 IICs 对竞争优势有正向影响。另外，需要说明的是，前文第 2 章结合理论和实践论述了竞争优势主要表现在"活得好"与"活得久"两个方面，并对两者做了定义。"活得好"是指相对于竞争对手，企业具有更好的经济效益，即具有短期竞争优势，直观反映企业当下是不是活得好；"活得久"是指相对于竞争对手，企业具有更高的技术创新优势、更高的用户满意度和用户忠诚度、更高的员工满意度和更高的合作伙伴满意度，即具有长期（持续性）竞争优势，直观反映企业未来能够走多远，即是不是健康长寿的企业。

基于上述讨论与逻辑推演（如图 5-1 所示），提出以下研究假设：

图 5-1　面向研发设计的 IICs 与竞争优势关系概念模型

H_{111}：面向研发设计的信息交互能力对活得好有正向影响。

H_{112}：面向研发设计的信息交互能力对活得久有正向影响。

5.1.2　面向营销管理的信息交互能力与竞争优势

营销管理环节的信息交互不仅是销售信息、销售量等交易相关信息的传递、交换，还包括产品、服务以及相关的用户体验，这涉及企业员工（不仅是一线员工）、用户和合作伙伴等主体。面向营销管理的 IICs，通过各种交互手段、交互界面，在企业员工、用户以及合作伙伴之间进行持续、反复和深度的信息交互，能够实现用户满意度、用户参与感、用户忠诚和用户口碑，从而建立长期的用户关系。因此，本书认为，面向营销管理的 IICs 对竞争优势的影响表现在提升用户满意度、用户参与感、用户忠诚和用户口碑，从而建立长期的用户关系等方面。

Melián Alzola 和 Padrón Robaina（2010）认为，通过 B2C 电子商务平台企业、用户进行信息交互，对用户的感知价值和用户满意度有着重要的显著影响，例如通过减少中间环节，直接降低销售成本，保证用户获得高性价的产品，提升用户满意度。在使用产品的过程中，通过与用户持续、反复和深度的沟通和信息交互，提出对新产品的改进意见，在用户看来，通过交互用户在产品的改进过程中融进了自己的心血；在企业看来，通过跟用户交朋友，从而形成用户口碑和用户忠诚，提升企业竞争优势。并且Lee、Pi 和 Ron 等（2003）认为用户参与、交互过程中付出得越多，贡献越大，那么用户最终所接受的服务以及服务质量也越大，相应地，用户对这个过程的认同感也越强。总之，凭借面向营销管理的 IICs 企业能够建立长期的用户关系。Ramani 和 Kumar（2008）认为，长期的用户关系被认为是企业的重要资源，是获取竞争优势和持续性竞争优势的重要来源。

基于上述讨论与逻辑推演（如图 5-2 所示），提出以下研究假设：

图 5-2　面向营销管理的 IICs 与竞争优势关系概念模型

H_{121}：面向营销管理的信息交互能力对活得好有正向影响。

H_{122}：面向营销管理的信息交互能力对活得久有正向影响。

5.1.3 面向供应链管理的信息交互能力与竞争优势

面向供应链管理的 IICs 对竞争优势的影响表现在快速响应的供应链、低成本等方面，另外通过面向供应链管理的 IICs 企业能够形成柔性供应链模式，从而获取竞争优势。

企业凭借面向供应链管理的 IICs，在用户、企业、合作伙伴之间实现信息共享和信息交互，打通中间环节，通过企业的交互平台，产品直接面向用户。若遇到突发情况，也能够及时与上游合作伙伴快速沟通、交流，并进行信息交互。通过建立快速响应的供应链，企业获取了在供应链方面的竞争优势。同时，大幅度减少渠道费用，实现低成本优势。Lowson、King 和 Hunter（1999）认为，企业建立在短时间内相应客户需求的快速响应机制能够提升用户满意度，改善企业绩效，降低供应链管理成本，使企业始终处于比竞争对手更高利润水平的位置上。另外，通过供应链各方信息共享和信息交互，企业能够根据用户需求的变化适时调整生产计划，不断满足市场变化和用户需求变化，从而有效降低由于市场复杂性和不确定性带来的风险，提高企业快速的资源配置和反应能力，为企业带来持续性竞争优势。

再者，面向供应链管理的 IICs 能有效促进柔性供应链模式，从而使企业获取竞争优势。企业通过优化提升信息交互的内容、形式、频率，以信息交互驱动信息、资金和物流的传递，减少信息失真，实现企业、用户、合作伙伴三方的信息一致或信息增值，从而实现柔性供应链。通过打通从用户到上游合作伙伴整个供应链的信息交互，通过供应链各方及时、反复、持续的信息交互，实现需求信息与生产信息的高度一致，建立从终端用户拉动上游生产的柔性模式，减少了整个供应链浪费、降低了供应链整体成本。从信息视角看，柔性供应链的核心解决了传统供应链由于信息不对称而导致的供应链整体成本高、浪费严重的大问题。

基于上述讨论与逻辑推演（如图 5-3 所示），提出以下研究假设：

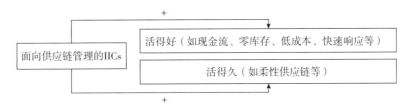

图 5-3　面向供应链管理的 IICs 与竞争优势关系概念模型

H_{131}: 面向供应链管理的信息交互能力对活得好有正向影响。

H_{132}: 面向供应链管理的信息交互能力对活得久有正向影响。

5.1.4 演变中的信息交互能力与竞争优势

演变中的 IICs 是由价值网络成员共同构建，企业面向未来的核心能力。企业通过构建各个核心价值链层面上的信息交互能力，形成价值网络层面的演变中的 IICs，这是一种与时俱进的信息交互能力。本书认为，演变中的 IICs 对竞争优势的影响主要表现在价值网络层面的 IICs 对竞争优势的影响。

价值网络是企业为了实现多方互利共赢的效果，由企业、用户、合作伙伴以及竞争对手组成的共生网络，是对价值链的重构、整合之上所形成的，交互性和生态特性是价值网络的显著特点。事实上，对价值网络的理解越来越倾向于以用户为中心。Kothandaraman 和 Wilson（2000）认为，价值网络是以用户为中心的价值共创系统，其目的是实现为用户共同创造价值。价值网络能够给企业带来竞争优势，具体表现在能够给用户创造更多的价值组合，降低客户成本，为用户创造更稳定的价值让渡，节省用户时间，提升用户忠诚度。Berger、Kurz 和 Sturgeon（2001）认为，价值网络通过各个利益相关者主体之间的交互，在满足用户需求前提下，在最大范围内以最低的成本获取企业所需要的各种信息、知识和技能，提升企业的竞争力，并使网络其他成员从交互中获取利益。演变中的 IICs 通过企业与用户、用户社区以及合作伙伴等价值网络成员之间反复、持续、深度的信息交互，一方面获取来自用户、合作伙伴多方面具有互补性的异质性知识、专业技能和技术等资源，另一方面，企业、用户和合作伙伴之间形成具有异质性的网络关系以及网络结构，这对企业来说都是能够带来竞争优势的资源。因此，构建面向价值网络生态的 IICs，形成完善、成熟的价值网络生态，是未来获取竞争优势和可持续性竞争优势的关键。

基于上述讨论与逻辑推演，提出以下研究假设：

H_{141}: 演变中的信息交互能力对活得好有正向影响。

H_{142}: 演变中的信息交互能力对活得久有正向影响。

5.2 信息交互能力对价值共创的影响机制

5.2.1 面向研发设计的信息交互能力与价值共创

面向研发设计的 IICs 对价值共创的影响主要表现在用户参与研发设计

的 IICs 对价值共创的影响、合作伙伴参与研发设计的 IICs 对价值共创的影响、面向研发设计的 IICs 对共同创造体验的影响三个方面。

5.2.1.1 用户参与研发设计的 IICs 对价值共创的影响

用户参与新产品开发和服务创新过程中，通过与企业的深度、反复交互，用户向企业贡献了自己独有的知识和信息，同时用户也能够从企业获得专业的知识来丰富自身的知识体系，满足个性化需求，有利于提升用户的满意度以及服务质量，从而产生对用户外在有利的价值（Kelley，Donnelly and Skinner，1990）。另外，用户参与研发设计还能给用户带来内在的有用的价值，例如，通过用户参与研发设计的信息交互过程，用户会感受到来自企业的尊重，从与企业的深度交互中获得认同感，更重要的是，用户通过参与研发设计过程可以获得独特的体验。上述分析是用户参与研发设计的信息交互能力对用户价值的影响。

对企业而言，在用户参与服务创新和新产品开发过程中，员工与每个用户、供应商展开持续、深入、密切的对话，一方面借助用户社区、论坛、微博、微信等信息交互资源，另一方面凭借高效的信息交互人力资源和无形资源，企业、供应商与用户通过对话过程形成有序、富有效率的交互规则（显性与隐性的规则），确保彼此之间的交互质量，除了获取新创意、提升用户满意度、用户忠诚度之外，企业通过提升信任感、服务质量、新产品开发的速度，能够从多方面获得价值。

总之，用户参与研发设计流程已经被认为是一种重要的价值共创活动。而且基于服务主导逻辑的价值共创理论认为用户是价值共同创造者。用户参与新产品开发和服务创新过程表现为用户与企业的沟通、交流，即信息交互过程。为了满足需求，用户愿意通过互联网、电子邮件、社交网络、用户社区等 IT 工具、交互手段和交互平台分享自己有关新产品和服务的创意，提升创新效率。并且用户参与研发设计过程中，企业与用户的交互质量高低直接决定了新产品开发以及服务创新过程的质量，甚至影响新产品开发和服务创新的成功，从而影响价值共创（Alam and Perry，2002）。另外，在用户社区中，用户之间的信息共享和信息交互更加自由（彭程，2014），用户与用户可以相互对话，有利于解决有关产品研发中的技术问题，强化用户体验，促进实现价值共创。因此，无论在新产品开发过程中还是服务创新过程中，用户参与的 IICs 对价值共创有显著影响。

5.2.1.2 合作伙伴参与研发设计的 IICs 对价值共创的影响

随着开放式创新成为企业创新的主要范式，合作伙伴同用户一样，逐渐成为企业重要的创新动力和参与者。合作伙伴参与研发设计的 IICs 对价值共创的影响，与用户参与研发设计的 IICs 对价值共创的影响有很多类似之处。合作伙伴在参与研发设计过程中，通过与企业的知识交换和知识转移过程，企业和合作伙伴都能够从这个交互过程中获益，双方共赢，实现价值共创。企业通过与具有互补性的合作伙伴的深度、持续的信息交互，以规模效应和最经济的手段获取互补者的优势，提高创新效率，并最终实现价值的增值。同时，互补者也能够从激励措施中获益。

5.2.1.3　面向研发设计的 IICs 对体验环境创新的影响

Prahalad 和 Ramaswamy（2004）认为，价值共创就是实现企业与用户共同创造体验，构建各种共同创造体验的环境。那么，随着价值创造方式从企业为主转变为企业与用户共同创造体验，企业的研发设计也应该从产品和服务创新转变为体验环境的创新。体验环境不仅包括产品或服务，还包括企业与用户交互的各种方式、手段和效果。可以认为，体验环境的创新最终取决于企业与用户、合作伙伴交互的能力。只有企业、用户和合作伙伴保持持续、反复、深度的信息交互，才能够实现体验环境的创新，实现在特定情境下个性化用户体验。因此，企业的研发设计环节具有强的信息交互能力，则意味着具有强的体验环境创新。

基于上述讨论与逻辑推演，提出以下研究假设：

H_{21}：面向研发设计的信息交互能力对价值共创有正向影响。

5.2.2　面向营销管理的信息交互能力与价值共创

面向营销管理的 IICs 具体指员工参与营销管理、用户/用户社区参与营销管理以及合作伙伴参与营销管理的信息交互能力。本书认为，面向营销管理的 IICs 对价值共创的影响主要是用户或用户社区、企业、合作伙伴参与营销管理的 IICs 对价值共创的影响，具体表现在以下方面：

首先，营销关系中的交互活动是价值共创活动的一个关键维度，是价值的重要来源。在营销流程中，通过关系、交流和了解一系列交互活动能够实现价值共创，例如关系为创造和应用知识资源提供了支撑，交流性交互能够形成上述关系，需要知道改进用户的服务体验的知识，等等。因此，可以认为面向营销管理的 IICs 通过主体之间的信息交互活动，在用户与企业、价值网络成员之间建立长期稳定的关系，从而获取用户价值，实现价值共创。

其次，面向营销管理的 IICs 能够实现对话、获取、风险评估和透明性，从而实现价值共创。营销管理环节，在企业、用户和合作伙伴之间展开针对风险的积极对话，内容不仅包括有关风险的数据，还包括有关风险的评价方法，以便于用户对企业产品或服务相关的社会与个人风险进行管理，同时也有利于企业与用户之间达成更高水平的信任程度。对用户来说，一方面让用户增加了风险意识，注意风险防范，另一方面也相当于默许在事前愿与风险共担，一旦发生风险，基于企业的风险管理办法进行管理，给用户带来较好的销售体验，最终增加了用户感知价值。对企业而言，通过与用户持续、反复、深度的信息交互，企业与用户在事前确定双方的风险承担责任、权利和费用，实现风险共担和风险管理。风险评估是价值共创的核心要素之一，通过面向营销管理的IICs，企业能够实现风险管理，同时又为用户提供良好的消费体验，实现多方共赢。

总之，用户或用户社区参与营销管理被认为是具有交互性的参与行为，用户在参与过程中付出了时间、精力和情感等，但同时也能够给企业和用户同时带来价值（Auh，Bell and McLeod，2007）。实际上，用户参与营销管理就是通过用户与企业及其合作伙伴之间的深度、持续、频繁的信息交互，强化用户体验（Cova，Pace，2006），从而实现价值共创。就用户而言，价值源于通过信息交互实现的独特的个性化体验；对企业而言，价值源于通过信息交互提升企业的品牌价值和品牌资产（李朝辉，2013），特别是对于那些新成立的企业，构建强大的面向营销管理的IICs能够短时间内迅速提升品牌价值。

基于上述讨论与逻辑推演，提出以下研究假设：

H_{22}：面向营销管理的信息交互能力对价值共创有正向影响。

5.2.3 面向供应链管理的信息交互能力与价值共创

对合作伙伴来说，面向供应链管理的IICs能够降低运营成本；对企业来说，高效的面向供应链管理的IICs能够提升企业财务绩效、创新绩效等；对用户来说，面向供应链管理的IICs通过构建体验网络来有效地提升用户的个性化用户体验，从而实现价值共创。本书认为，面向供应链管理的IICs对价值共创的影响主要表现为以下三个方面：

首先，面向供应链管理的IICs通过信息共享和信息增值，实现价值共创。有效的供应链信息流的管理要通过"信息"在供应链上各个节点企业之间可以有效传递、交换、共享，即信息的无缝衔接，避免由于信息不一致所带来的各种负面问题，最终实现信息增值（简兆权、李雷、柳仪，2013）。供应链管理流程中，用户、企业和合作伙伴之间反复、深度、持续的信息交互，实际上是，订单（需求信息）和产能（生产信息）的持续、反复、深度互动，能够有效实现需求信息和生产信息的高度一致，这既有利于合作伙伴的产能爬坡，也有利于降低"牛鞭效应"导致的生产波动（Croson and Donohue，2006），让合作伙伴减少了生产波动，实现了平稳生产，从而大大降低合作伙伴的运营成本，同时企业提高了资源配置能力和市场响应能力，达到了供应链整体利益最大化，达到了企业、用户、供应链合作伙伴等多方利益的协调，实现了多方互利共赢，实现价值共创。

其次，面向供应链管理的 IICs 能够实现供应链整合，形成价值创造网络。Vargo 和 Lusch（2011）认为，供应链是价值共创型网络。供应链不仅由产品和供应商构成，还包括供应链各方整合，包括供应链所有上、中、下游，从用户到供应商再到最终用户的物流、产品流和信息流，及其相关的知识和技能的相互交互，最终与用户共同创造并能够吸引用户的产品或服务，从而实现价值共创。其中，供应链各方信息交互是实现供应链各方直接和间接整合的基础（Maas，Herb and Hartmann，2014）。随着新一代信息技术的发展，企业的各个职能部门与合作伙伴以及用户凭借 ICT进行沟通、交流、信息交互，打破地域和时间限制，实现信息流、资金流和物流的无缝连接，从而实现供应链整合（Pagell，2004）。另外，服务供应链管理中，随着 ICT 的快速发展和网络环境的完善，服务供应链上游、中游、下游间通过两两信息交互，内外整合（Chiarini，2014），实现合作生产服务产品、交换服务产品，最终获取共同创造价值。

最后，面向供应链管理的 IICs 能够实现对话、获取、风险评估和透明性，从而实现价值共创。第一，Gambetti 和 Giovanardi（2013）认为，对话有利于供应链上各方相互学习、深刻理解协作的目的，并达成共识，有利于实现价值共创。企业利用、整合和配置各种信息交互资源，形成面向供应链管理的 IICs 是促成对话的基础，有助于企业与合作伙伴构建基于共同的意愿的平台，从而为双方互惠互利的合作提供一个便利的环境，形成实现价值共创的基本原则。供应链上游、下游和中游的合作者通过反复、持续和深入的交互、交流构建供应链上的协作环境，并理解网络成员各自的需求和期望，从而使各方能够顺利对话（Chakraborty and Dobrzykowski，2014）。第二，面向供应链管理的 IICs 能够实现信息共享，从而使用户和合作伙伴可以及时、准确地获取信息（Datta and Christopher，2011）。大量研究表明，供应链各方的供应信息和需求信息的协调共享能够降低成本和缩短订购时间、提升供应链响应、增强产品、生产和交付的灵活性

（Sezen，2008）。第三，供应链各方通过信息交互，能够对决策进行充分评估，减低风险。企业通过与用户、合作伙伴之间及时、反复、深入的信息交互，一方面能够更快、更准确地响应不确定用户需求，另一方面有利于共同制定决策，实现合作伙伴间的共同库存管理以及订货协调（Ta，Esper and Hofer，2015），从整体上降低供应链成本和风险。第四，供应链各方充分借助新一代信息技术进行信息交互和信息共享，能够实现透明性。供应链透明性是供应链各方在其网络中表现出的信任，揭示供应链各方在合作中的真实动机和目标，在供应链合作中非常重要（Su，Fang and Young，2013）。面向供应链的 IICs 凭借信息技术，通过供应链各方深入、反复、持续地信息交互，实现在企业、用户和合作伙伴之间实时联系、数据同步、改善效率，实现各方相互理解各自的需求和期望，促进各方之间的信任，从而增强供应链透明性。

基于上述讨论与逻辑推演，提出以下研究假设：

H_{23}：面向供应链管理的信息交互能力对价值共创有正向影响。

5.2.4 演变中的信息交互能力与价值共创

有关演变中的 IICs 对价值共创的影响，现有文献还很少讨论。价值共创理论认为，价值网络本身是一种以用户价值为导向的价值创造体系，通过价值网络成员之间的相互互动实现价值共创。根据上文的分析，演变中的信息交互能力是在面向研发设计的 IICs、面向营销管理的 IICs 和面向供应链管理的 IICs 基础上形成的，具有网络特性的信息交互能力。企业通过构建各个核心价值链层面上的 IICs，形成价值网络层面的 IICs，演变中的 IICs 可以表现为价值网络层面的 IICs。

演变中的 IICs 通过整合企业、用户和合作伙伴在各个核心价值链层面的 IICs，形成价值网络层面的 IICs。Normann 和 Ramirez（1993）认为，企业、用户、合作伙伴等价值网络成员共同参与、相互互动、沟通交互能够产生价值。Prahalad 和 Ramaswamy 认为，价值共创实现的基本方式是价值网络成员之间的交互、互动。通过构建体验网络，有利于用户与体验环境之间的信息交互，从而实现价值共创。体验网络是通过用户的独特体验来有效地实现价值共创的基础设施。体验网络在整合传统供应链基础上，采用用户社区把供应商、经销商、内部员工以及用户联系在一起，不是信息的简单连接，而是企业、合作伙伴、用户之间在核心价值链层面上的深度、持续、反复的信息交互（VanVactor，2011）。通过构建体验网络，实现用户与体验环境之间的信息交互，让用户在具体情景中获取个性化体验，为用户创造独一无二的价值。简兆权和肖霄（2015）甚至认为服务集成商、供应商、顾客等网络成员之间的互动过程就是价值共创的过程。因此，价值网络层面的 IICs 越强，企业就越能够实现价值共创。

另外，演变中 IICs 也可以表现为面向价值网络生态系统的 IICs。价值网络成员之间的地位都是平等的，通过资源整合和互相服务交换共同创造价值，并最终发展成为价值网络生态系统（Jaakkola, Helkkula and Aarikka-Stenroos, 2015）。也就是说，信息交互不仅是发生在服务提供者与用户之间，更多发生在价值网络成员构成的生态系统中，有着共同兴趣的用户所组成的群体或者用户社区中的信息交互能够实现用户共享和共同创造各自的体验，企业与价值网络成员共同协作能够创造用户体验（Tax, McCutcheon and Wilkinson, 2013）。价值网络成员在各种用户论坛、社区等为用户、合作伙伴和企业提供的交互平台上，通过用户口碑、用户推荐、社交媒体等交互工具或者交互场所，实现用户服务体验的共同创造（Jaakkola and Alexander, 2014），从而实现价值共创。可见价值网络生态系统的信息交互能力对于价值共创具有重要影响。

基于上述讨论与逻辑推演，提出以下研究假设：

H_{24}：演变中的信息交互能力对价值共创有正向影响。

5.3 价值共创对竞争优势的影响机制

价值共创对竞争优势的影响已经不是什么新的研究命题，大量理论研究和实证研究认为价值共创是企业获取竞争优势的新源泉。本书认为，价值共创对竞争优势的影响表现为两个方面：企业具有比竞争对手更高的利润率，以及企业具有比竞争对手更高的技术创新优势、更高的用户满意度和用户忠诚度、更高的员工满意度和更高的合作伙伴满意度。

Prahalad 和 Ramaswamy（2004）认为，价值共创活动能够使企业获取短期竞争优势和持续性竞争优势。Polo Peña、Frías Jamilena 和 Rodríguez Molina（2012）认为，在 B2C 环境下，价值共创对用户满意度和用户忠诚度都有正向影响（Gallarza and Saura, 2006）。更进一步的研究表明，价值共创对用户忠诚度的影响是通过用户感知价值实现的。同样，Hoyer、Chandy 和 Dorotic 等（2010）认为，价值共创的结果包括两方面，与企业相关的是通过减少员工和供应商的资源投入，能够有效降低成本，通过贴近用户需求，提升产品或服务效率；与用户相关的是与用户建立联系，使用户获得参与感，提升用户满意度，从而获取差异化竞争优势。Karpen、Bove 和 Lukas 等（2015）认为，价值共创能力是企业提供更好服务和共同创造有价值用户体验的能力，是企业获取竞争优势的重要来源。从用户的角度来说，价值共创能够提升用户感知价值、信任和情感承诺；从企业的角度来说，价值共创能够提升企业的市场绩效和财务绩效。

基于上述讨论与逻辑推演，提出以下研究假设：

H₃₁：价值共创对活得好有正向影响。

H₃₂：价值共创对活得久有正向影响。

5.4 价值共创的中介作用

Polo Peña、Frías Jamilena 和 Rodríguez Molina（2014）认为，交互要以价值共创为导向，只有这样企业才能够通过信息交互获取知识、信息，从而掌握用户偏好和用户需求。并且 Polo Peña 等学者实证研究证明了价值共创在 ICT 与竞争优势之间具有中介作用。Prahalad 和 Ramaswamy 认为，用户与企业通过持续的对话和交互创造价值，共同创造价值形成于用户与价值网络各节点企业之间的异质性交互，因此提高企业与用户的交互质量和为用户提供独特的体验环境是促进价值共创的重要战略。Vargo 和 Lusch（2008）强调交互是使用价值的发生器，交互是企业实现价值共创的更好选择。因此可以认为，只有以共同创造用户体验为目标的信息交互才是有意义的交互，才是能够创造价值的交互。

Ramaswamy 基于信息技术环境和以共同创造体验为核心的价值共创理论，提出信息技术是专为提高交互质量和共同创造体验而生的战略性能力。企业应该尽快将传统 IT 转变为以交互和共同创造体验为导向的 IT，即 IT 是构建系统、业务流程改造、提升管理效率、促进用户与企业信息沟通的工具，转变为 IT 是能够实现以用户为核心，企业与价值网络成员相互之间共同创造体验环境的战略性组织能力。实际上，Ramaswamy 的观点间接说明，企业就要把传统 IT 能力转变为能够共同创造用户体验的交互能力，通过实现创造体验从而获取竞争优势。也就是说，价值共创在信息交互能力获取竞争优势的关系中有促进作用。

实际上，现有文献研究中，价值共创在各种信息交互能力对竞争优势影响的中介作用的相关研究并不多见，其中理论研究和实证研究都非常少。具体而言，Chakraborty、Bhattacharya 和 Dobrzykowski（2014）结合健康看护领域的实际情况，提出价值共创在供应链交互（Supply Chain Mn-teractions）与企业绩效关系中具有中介作用。

信息交互能力包括面向研发设计的 IICs、面向营销管理的 IICs、面向供应链管理的 IICs 和演变中的 IICs，前文分析了每种信息交互能力对竞争优势和价值共创的关系。基于上述分析，本书认为价值共创在各种信息交互能力与竞争优势之间的关系中具有显著的中介作用，因此，提出以下研究假设：

H_4：价值共创在 IICs 与竞争优势之间的关系中起显著的中介作用。

H_{411}：价值共创在面向研发设计的 IICs 与活得好之间的关系中起显著中介作用。

H_{412}：价值共创在面向研发设计的 IICs 与活得久之间的关系中起显著中介作用。

H_{421}：价值共创在面向营销管理的 IICs 与活得好之间的关系中起显著中介作用。

H_{422}：价值共创在面向营销管理的 IICs 与活得久之间的关系中起显著中介作用。

H_{431}：价值共创在面向供应链管理的 IICs 与活得好之间的关系起显著中介作用。

H_{432}：价值共创在面向供应链管理的 IICs 与活得久之间的关系起显著中介作用。

H_{441}：价值共创在演变中的 IICs 与活得好之间的关系中起显著中介作用。

H_{442}：价值共创在演变中的 IICs 与活得久之间的关系中起显著中介作用。

基于上述研究假设以及第 5.1 节、第 5.2 节、第 5.3 节和第 5.4 节各种信息交互能力对竞争优势、各种信息交互能力对价值共创、价值共创对竞争优势以及价值共创中介作用的理论分析，构建信息交互能力对价值共创及竞争优势的影响机制模型，如图 5-4 所示。

5.5 本章小结

本章基于逻辑推演，对各种信息交互能力对价值共创及竞争优势的影响机制进行了更加深入的分析论述，探索构建理论模型来解释各种信息交

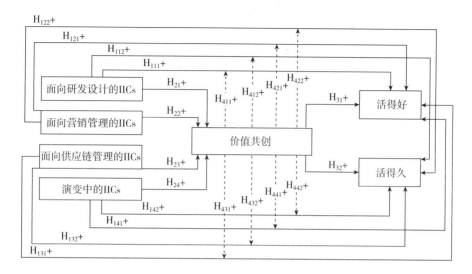

图 5-4　信息交互能力对价值共创及竞争优势的影响机制模型

互能力对价值共创以及竞争优势内部深层次的关系以及变量之间的影响路径。最终提出 23 个研究假设,其中包括不同类型的信息交互能力对竞争优势的影响、不同类型的信息交互能力对价值共创的影响、价值共创对竞争优势的影响,以及价值共创在不同类型的信息交互能力与竞争优势之间的中介作用。

6 信息交互能力对价值共创及竞争 优势影响机制的实证研究

为了对信息交互能力对价值共创以及竞争优势的影响机制进行深入分析，本书在探索性案例分析和规范的理论推理基础上，进一步运用大样本实证研究方法对前文构建的信息交互能力对价值共创及竞争优势影响机制的理论模型进行验证。本章首先详细描述实证研究设计，然后综合采用相关分析、阶层回归分析和结构方程建模等方法，借助 SPSS 22.0 和 Amos 20.0 统计分析软件，利用大规模问卷调查收集的企业样本数据对理论模型进行检验，并根据检验结果展开分析与讨论。

6.1 实证研究设计

6.1.1 问卷设计

本书属于企业层面的研究，模型中涉及的信息交互能力、价值共创以及竞争优势等变量的值无法从公开资料中直接获得，故本书主要采取大规模问卷调查的方法来收集数据。信息交互能力是本书提出的一个核心概念，目前国内外学者几乎没有开展 IICs 量表开发的相关研究，本章采用第 3 章开发的信息交互能力量表进行后续研究。相对来说，价值共创和竞争优势都是比较成熟的概念。在开发价值共创和竞争优势的量表时，主要采用来自国内外重要期刊已发表学术论文和著作中已有题项。所以，相对于第 3 章中 IICs 问卷设计过程，价值共创和竞争优势的问卷设计过程没有那么复杂，但是本书也是严格遵照问卷设计的基本原则（Churchill Jr., 1979），具体设计过程如下：

首先，主要利用 Google Scholar 搜索引擎、Web of Knowledge 平台、ProQuest 学位论文全文数据库和中国期刊全文数据库四种方式，检索价值共创、竞争优势相关文献，为确保量表的内容效度，尽量采取国内外权威期刊已发表相关学术论文中的成熟量表。初步形成量表题项。

其次，邀请分别来自哈尔滨工业大学、北京大学和华南农业大学管理领域的专家学者（1 位教授和 2 位副教授）、来自国内四家不同行业的科技企业（深圳华为技术有限公司、顺丰速运（集团）有限公司、小米科技有限责任公司和深圳市中兴云服务有限公司）的总经理助理、总监、部门经理、研发主管和 IT 经理（共 5 位）和来自国内某知名管理咨询公司（北大纵横管理咨询公司）战略管理领域的资深顾问（共 2 位）阅读问卷中的问题，就问卷是否合理、是否能够涵盖需要测量的内容、是否符合企业的实际情况等问题逐一征询专家意见，从问卷整体逻辑结构、内容的准确性和简洁性到具体每个题项的叙述、修辞等方面逐一提出修改意见并进行讨论。汇总修改意见，对问卷题目进行修改后，形成问卷。

最后，对修改后的问卷进行小样本测试，利用收集回来的数据对题项进行信度和效度检验，剔除不合理的题项，形成最终的正式问卷。

总的来说，本书设计的问卷包括 5 部分内容。问卷内容分别是：①引言，向问卷填写者简要介绍本次问卷调查的背景、问卷调查的目的以及问卷中涉及的核心概念。②企业基本信息，问卷填写者根据所在企业的实际情况填写，题目类型包括填空、单项选择和多项选择。③信息交互能力，问卷填写者根据所在企业的实际情况填写，题型采用李克特 7 点记分方法（具体说明 1 = "非常差"；2 = "差"；3 = "有点差"；4 = "普通"；5 = "有点好"；6 = "好"；7 = "非常好"），全部题项采用非反向记分的题项。④价值共创，问卷填写者根据所在企业的实际情况填写，题型采用李克特 7 点记分方法（具体说明 1 = "完全不同意"；2 = "基本不同意"；3 = "少许不同意"；4 = "中立"；5 = "少许同意"；6 = "基本同意"；7 = "完全同意"），全部题项采取非反向记分题项。⑤竞争优势，问卷填写者根据所在企业的实际情况填写，题型采用李克特 7 点记分方法（具体说明 1 = "完全不同意"；2 = "基本不同意"；3 = "少许不同意"；4 = "中立"；5 = "少许同意"；6 = "基本同意"；7 = "完全同意"），全部题项采用非反向记分的题项。

6.1.2　变量测量

本书第 5 章构建了信息交互能力对价值共创及竞争优势影响机制的理论模型，其所涉及的变量包括信息交互能力（解释变量）、竞争优势（被解释变量）与价值共创（中介变量），以及企业规模、年龄、所有权性质、主营业务所属行业控制变量等。本章所要测量竞争优势和价值共创变量都为潜在变量，为了保证测度的信度和效度，本书将采用多个题项对每个潜在变量进行测度，优先使用已有研究中的成熟量表，同时根据本书的研究目的，进行适当的精练和加工处理。信息交互能力是本书的解释变量。

有关信息交互能力的测量，本书在第3章信息交互能力的量表开发中有详细的讨论，这里沿用第3章开发的信息交互能力量表，此处不再赘述。

6.1.2.1　被解释变量

竞争优势是本书的被解释变量。国内外研究竞争优势测度的文献非常丰富。总的来说，竞争优势的测度指标包括两类：客观指标，以企业绩效作为竞争优势的代理变量，例如资产收益率（ROA），企业绩效的客观指标值越高，说明竞争优势越大；感知指标，竞争优势本身表示相对于其竞争对手的一种相对态势（格兰特，2004），因此采用企业相对于竞争对手的"相对绩效"来对竞争优势测度（Morgan and Berthon，2008；赵立龙，2012）。客观指标尽管最直接，可信度最高，但是因为竞争优势是衡量企业整体经营状况的构念，采用客观指标很难全面衡量一个企业的竞争优势。因此，目前对竞争优势的测度中，感知指标成为比较主流的对竞争优势测度的指标。

从竞争优势指标的内容看，通常包括相对财务绩效和相对非财务绩效两类。相对财务绩效通常包括销售额（Leonidou，Fotiadis and Christodou-lides，2015）、企业行为效率（Schulte，1999）等。相对非财务绩效通常包括创新绩效（李玉芳，2014）、市场绩效（Karpen，Bove and Lukas et al.，2015）、顾客满意度（Feng，Sun and Zhang，2010）等。

从竞争优势指标体系的维度看，大多数研究通常都是单一维度，但是也有采用多维度的，例如一般竞争优势和持续性竞争优势二维度（李文丽，2011）；客户市场绩效和财务绩效二维度（赵立龙，2012）；运营成本、财务绩效、市场绩效和顾客绩效四维度（杨慧、宋华明、俞安平，2014）；等等。

综上所述，通常竞争优势一般都是作为研究模型中的结果变量。尽管竞争优势是个由来已久的概念，不过对竞争优势的测度还没有统一的指标体系，学者一般都会根据研究的需要，有偏向性地选取衡量指标。根据第2章对竞争优势的定义，竞争优势表现在短期竞争优势和长期竞争优势两方面。而"活得好"和"活得久"非常直观地反映了竞争优势的这两个方面。因此，本书从"活得好"与"活得久"两方面构建了竞争优势测度指标。"活得好"考虑以下三个指标来测度：①销售额增长速度；②资产收益率；③利润率。"活得久"考虑以下四个指标来测度：①创新优势；②用户满意度；③员工满意度；④利益相关者满意度。

如表6-1所示，问卷采用李克特7点记分方法，全部采用非反向记分的题项。要求问卷填写者根据本人所在企业最近三年内的表现，与行业平均水平或者主要竞争对手对比后，按照实际情况填写。

表6-1 竞争优势题项

维度	题项	来源
活得好	CA1 贵企业销售额增长更快	Leonidou，Fotiadis and Christodoulides（2015）
	CA2 贵企业的资产收益率更高	
	CA3 贵企业的利润率更高	
活得久	CA4 贵企业的创新优势更高	Schulte（1999）；李文丽（2011）
	CA5 贵企业的用户满意度更高	
	CA6 贵企业的员工满意度更高	
	CA7 贵企业的利益相关者满意度更高	

6.1.2.2 中介变量

价值共创（Value Co-Creation，VCC）是本书的中介变量。有关价值共创的测量和量表开发，国内外学者做了一些有益的尝试。价值共创本身是一个非常抽象的概念，因此价值共创通常被视为一种过程，学者通过测量价值共创活动来反映价值共创，以达到测量价值共创的目的。目前，国外学者对价值共创的维度划分和测度研究包括以下两个方面：

第一，客户参与视角下的价值共创过程或者行为。Yi 和 Gong（2013）认为，顾客参与价值共创行为是包括顾客参与行为和顾客公民行为两个维度的多维构念，客户参与行为包括信息搜寻、信息共享、反应行为和互动，客户公民行为包括反馈、倡导、帮助和容忍，并开发了顾客参与价值共创行为量表，共29个题项；Ngo 和 O'Cass（2009）从客户参与价值共创的全过程来划分价值共创的维度，包括客户参与企业共同生产制造、客户在设计阶段与企业互动、企业与顾客互动以提供更好的服务等方面，设计6个题项对价值共创进行测量；Oh 和 Teo（2010）通过评价客户在指定零售店内参与多渠道销售活动的体验，测量消费者个人消费价值；Nambisan 和 Baron（2009）通过计算客户一个月内使用在线产品平台发布帖子的数量，来测量顾客参与价值共创的程度。

第二，能力视角的价值共创过程或行为。Karpen、Bove 和 Lukas（2012）从服务主导逻辑视角，认为价值共创是一种共同创造能力，将价值共创分定义为用户与服务提供者之间价值创造交互（Value Creation Interaction) 能力, 包括个体型、关系型、授权型、道德型、发展型和协作型六种类型; Neghina、Caniels 和 Bloemer 等 (2014) 在 Karpen、Bove 和 Lukas (2012) 研究的基础上, 认为价值共创是共同参与的活动, 采取 Karpen 提出的 6 种交互, 从微观层面提出 6 种员工与用户之间的交互活动是价值共创的维度, 即个体型共同活动、关系型共同活动、授权型共同活动、道德型共同活动、发展型共同活动和协作型共同活动; 之后, Karpen、Bove 和 Lukas 等 (2015) 在其 2012 年研究的基础上, 实证检验了价值共创能力对竞争优势 (企业市场绩效和企业财务绩效) 的影响效果, 在这个研究中, Karpen 等认为, 价值共创能力由个体型互动能力、关系型互动能力、授权型互动能力、道德型互动能力、发展型互动能力和协作型互动能力构成, 并开发了量表。

另外, 随着信息与网络通信技术的发展, 供应商与顾客之间互动和关系管理逐渐受到关注, 学者进行了供应商与顾客价值共创的量表开发研究。例如 Walter、Ritter 和 Gemünden (2001) 通过考察供应商从与客户合作关系的获益情况, 测量供应商感知的客户价值; Möller (2006) 从顾客和供应商的感知价值和评价供给方面, 测量供应商与顾客的价值共创。

国内学者对价值共创的测量研究起步较晚, 主要集中在顾客价值共创、企业间价值共创等领域。例如张祥和陈荣秋 (2009) 从顾客是否参与营销、售后、新产品开发活动以及是否成为部分员工等方面, 测量价值共创活动。任际范等 (2014) 基于 DART 模型, 从对话、获取、风险管理和透明度四个维度开发企业间 (企业与其上游企业) 价值共创量表, 共 13 个题项, 并进行实证验证。张明立、涂剑波和王崇彩 (2013) 在价值共创的研究框架中引入广义虚拟经济的二元价值容介态理论, 基于顾客价值创造和顾客资源管理研究视角, 将价值共创分为实用价值、享乐价值和顾客资产三个维度, 并从这三个方面设计量表, 包括 22 个题项, 对价值共创进行测量, 实证研究表明该量表具有较好的信度与效度。郭国庆和姚亚男 (2013) 从生产率角度衡量价值 (Gummesson, 1998), 基于服务主导逻辑的价值共创过程, 通过双方共同价值创造过程中产生的共同生产率收益测量服务主导逻辑下的价值共创, 为价值共创的测量提供了一个全新视角。马双 (2014) 研究用户与供应商的价值共创, 并开发量表对其进行测度。简兆权和肖霄 (2015) 以携程旅行网为例, 基于服务创新和服务主导逻辑的价值共创理论, 认为价值共创系统由服务集成商与服务供应商的互动、服务集成商与顾客的互动和服务集成商的内外部整合三个要素构成, 设计了共 19 个题项的价值共创量表。

总的来说，价值共创尚属于一个新兴的研究领域，现有研究大多基于服务主导逻辑的价值共创理论，而对基于用户体验的价值共创理论的研究还比较欠缺。基于服务主导逻辑的价值共创认为价值产生于消费者使用和消费阶段；而基于用户体验的价值共创认为价值可以产生于消费者参与研发设计、生产制造、营销、物流供应链以及客户服务的各个环节。目前，价值共创的测量和量表开发大多基于服务主导逻辑的价值共创理论，指标不够全面，题项不能反映复杂的价值共创活动。同时，受到价值共创理论强调顾客参与共同创造价值的观点影响，大部分研究都是关于顾客共创价值的测量。由于价值最终取决于终端客户如何感知和评价，因此有些学者直接采用客户感知价值和忠诚度来测量价值共创。Prahalad 和 Ramaswamy认为，价值共创的核心思想是构建由企业与顾客、供应商、经销商等利益相关者组成的体验网络，以便消费者可以方便地与体验环境进行互动，实现价值共创。那么，只考虑顾客行为的价值共创量表明显是不全面的，还需要考虑供应商、合作伙伴等价值网络成员。

本书基于 Prahalad 和 Ramaswamy 提出的价值共创四个基本构成要素，即 DART 模型，设计了价值共创的初始量表。通过对 VCC 四种基本要素相关活动的测度来反映 VCC，从而达到测度 VCC 的目的。具体测量过程中，本书主要依托 Prahalad 和 Ramaswamy 提出的 DART 模型，从对话、获取、风险评估和透明性四个维度价值共创进行测度。在测量指标的选取方面，参考国内外学者的研究，如表 6-2 所示。问卷采用李克特 7 点记分方法，全部采取非反向记分题项。要求问卷填写者根据本人所在企业与行业平均水平或者主要竞争对手对比后，按照实际情况填写。

表 6-2　价值共创的题项

维度	题项	来源
对话	对于感兴趣的问题，企业能够与用户进行持续、反复、深度的对话交流	Prahalad and Ramaswamy（2004）
	企业能设身处地地理解、认识用户体验及其背后的情感、社会和文化背景等	
	为了解决问题，企业与用户能平等地相互沟通和知识分享	
	有关产品或服务的收益和风险，企业会与用户展开积极对话	

续表

维度	题项	来源
获取	用户很容易访问企业的信息平台（呼叫中心、微信、微博、官方网站等），获取用户想要的产品或服务信息	任际范、徐进和梁新弘（2014）
	用户能在多种渠道上与企业互动（呼叫中心、微信、微博、官方网站等），可以获取一致良好的体验质量	
	企业构建体验环境帮助用户获取他们想要的体验，而不仅仅是产品所有权	
风险评估	企业时刻关注与用户相关的风险，会根据不同的风险级别，建立赔偿机制	Zhang、Chen（2008）
	企业时刻关注与用户相关的风险，投入各种资源不断为用户降低风险	
	企业向用户提供全部风险信息，包括相关数据、评价方法等	
	企业会邀请用户，与企业共同评估风险并共担风险	
透明性	企业总是努力为用户创造更高水平的透明性	Prahalad and Ramaswamy（2004）
	企业与用户之间具有信任感	
	企业会把用户视为合作者，坦诚对话	
	企业不会向用户隐瞒关键信息，尽量避免用户的潜在风险	

6.1.2.3 控制变量

基于相关文献，本书将对信息交互能力变量、价值共创变量和竞争优势变量影响较大的几个变量进行控制，把以下变量作为控制变量：企业规模、企业年龄、产权性质和企业行业（见表6-3）。上述变量虽然不是本书的研究重点，但是对信息交互能力和竞争优势可能会产生影响，因此需要在回归模型中进行控制。

表6-3 控制变量

控制变量	测量值
企业规模	企业人数的自然对数值
企业年龄	企业成立之日至2015年的企业经营年份
产权性质	1或0
企业行业	1或0

　　企业规模可能在一定程度上会影响其信息交互能力，从而影响竞争优势。以往研究中通常采用企业人数来代表企业规模，以企业人数的自然对数值作为企业规模的代理变量，具有普遍的适用性（Leonidou，Fotiadis and Christodoulides，2015）。本书同样采取上述方法测量企业规模。

　　从上文分析可以看出，信息交互能力是新的核心能力，是最先从新兴互联网企业中构建并形成的战略能力。相对于传统行业企业，新兴互联网企业从出现到现在也不过几年时间。因此，企业年龄可能也是影响其信息交互能力的另一个变量。企业年龄通常以企业成立之日至今（调查之日）的企业经营年份为依据进行测度（吴航，2014）。本书以企业成立之日至2015年的企业经营年份作为企业年龄的测度方法。

　　国有企业与非国有企业在管理模式和企业文化等方面存在很大差异，这可能会影响国有企业和非国有企业，在新一代信息技术环境下，能否构建信息交互能力以及能够获取持续性竞争优势。因此，本书使用哑元变量测量"产权性质"，企业的产权性质为国有时，取值为1，若不是国有，取值为0。

　　信息交互能力是企业在新一代信息技术环境下，为了应对复杂市场变化、满足用户需求而构建的战略能力，通常在新兴互联网企业中表现得最为明显。因此，企业的主营业务所属行业在一定程度上会影响其信息交互能力。故本书使用哑元变量测量"企业行业"，企业的主营业务所属行业若为IT｜通信｜电子｜互联网，取值为0，若不是，取值为1。

6.1.3　前测试

　　为了对变量测度的有效性进行分析，在进行大规模问卷发放之前，本书首先对问卷进行小样本测试，并根据测试结果修改问卷，力求使问卷达到精简有效。

6.1.3.1　小样本数据分析方法

　　在前测试中，需要利用第6.1.2节得到的题项，初步形成问卷，收集小样本数据，利用数据对量表进行信度检验和效度检验，这里主要采用探索性因子分析方法，剔除不合理题项，最终形成正式的问卷。

　　（1）效度检验

　　效度是指量表是否真的可以度量这个构念。效度检验是一个论证过程，是指量表的开发者从各个方面采集相关的理论依据和实证依据，以说明该测量的确可以有效测出目标构念。通常从内容效度、结构效度等方面作为效度证据（罗胜强、姜嬅，2014）。

内容效度主要从三个方面考虑：所测量的内容是否充分并准确地覆盖了想要测量的目标构念，指标是否具有代表性，问卷的形式和措辞对于应答者是否妥当、是否符合文化背景和语言习惯。本书理论模型中的三个构念信息交互能力、价值共创和竞争优势的指标体系，是在回顾大量文献研究的基础上，采用规范分析法和逻辑推理法得出来的。此后，又经过学者、专家、咨询顾问、企业经理从问卷整体逻辑结构、内容的准确性和简洁性到具体每个题项的叙述、修辞等方面逐一提出修改意见并进行讨论修改。因此，可以认为本书设计的问卷具有较高的内容效度。

对于结构效度的检验，本书采用探索性因子分析（Explorative Factor Analysis，EFA），具体方法如下：首先，进行 KMO 取样适切性量数（Kaiser-Meyer-Olkin Measure of Sampling Adequacy）和巴特莱特球体检验（Bartlett's Test of Sphericity），KMO 的值越大（接近 1）说明越合适进行因素分析，若 KMO 的值小于 0.50，说明不宜进行因素分析；其次，采用主成分分析法抽取主成分的结果，转轴方法采用最大变异法，检验指标的区分效度。只有当题项仅在一个共同因子上的负荷量大于 0.45，则可认为该题项具有聚合效度；若题项在两个共同因子上的负荷量都大于 0.45，且都不在原理论构建中，则考虑删除该题项。在删除题项时，笔者特别慎重，必须重新回到原问卷中考虑，数据分析结果只能提供参考意见。在删除某个题项后，需要再进行 EFA，这个过程需要反复测试，直到所有题项具有区分效度和聚合效度。

（2）信度检验

信度是用来评价量表的稳定性。管理学研究常用内部一致性信度评估量表内部指标之间的同质性，即采用内部一致性 α 系数作为检验样本数据信度的指标，分别对量表各层面与总量表进行信度检验。α 系数越大代表量表的信度越高，量表越稳定，α 系数等于 0.70 是一个可以接受的量表边界值（吴明隆，2010）。另外，每个题项修正的题项—总体相关系数（Corrected Item-Total Correlation，CITI）越高，表示在每个层面上每个题项与该层面其余题项加总的一致性高；每个题项删除后的 Cronbach's α 系数值应均不高于该层面的 α 值，这表明该题项与其他题项的内部一致性较好。反之，应该考虑删除。不过还要看 α 值，综合考虑。

6.1.3.2 小样本数据收集与数据分析

本书小样本的测试在深圳市高新技术产业园区服务中心综合管理部相关人员的协助下，采取简单随机抽样的方式，抽取 60 家深圳市高新技术产业园区内企业发放问卷，共发放问卷 60 份。问卷填写者是企业的总经理、研发主管或经理、IT 主管或经理、业务经理以及负责研发或信息技术的中层以上管理人员。本次共回收问卷 60 份，每份问卷均完整作答，其中有 3 份问卷的量表题型中的 45 个题项填写的内容一致，被视为无效问卷，因此被剔除。最后，本此测试共得到有效问卷 57 份，有效问卷率为 95%。本书需要处理 3 个变量，通常认为，进行探索性因子分析的最低样本数量是变量数量的 5~10 倍（吴航，2014），本次收集的数据（样本量为 57，需要处理的变量是 3 个，样本量是变量数量的 19 倍）能够比较好地满足探索性因子分析对样本数量的要求。

采用上文所述的小样本数据分析方法对收集到的数据进行分析。需要说明的是，前文在第 3 章信息交互能力的分类与量表开发中，已经对模型中的解释变量信息交互能力量表进行了信度分析和效度分析，这里采用上述的分析结果，不再另外分析。需要说明的是，本书的小样本测试与信息交互能力量表的第一轮问卷调查（见第 3 章）同时进行。本次小样本测试只针对被解释变量和中介变量进行分析。

（1）被解释变量

首先对被解释变量竞争优势分量表进行探索性因子分析的效度检验。利用 SPSS 22.0 软件对小样本数据进行处理，KMO（Kaiser-Meyer-Olkin）值和 Bartlett 球形检验的结果，如表 6-4 所示。KMO 值越大（越接近 1），表示变量之间的共同因素越多，越适合进行因子分析，通常认为 KMO 值应至少大于 0.6 才适合进行因子分析（吴明隆，2010）。分析结果显示 KMO 取样适切性量数为 0.858，表明适合进行因子分析；Bartlett 球形检验的 χ^2 值为 134.185，达到显著性水平（$p<0.001$），代表总体的相关矩阵间有共同因素存在，适合进行因子分析。

表 6-4　竞争优势量表样本的 KMO 和 Bartlett 球形检验（N=57）

检验		结果
KMO 取样适切性量数		0.858
Bartlett 球形检验	近似卡方分布	134.185
	自由度	21
	显著性	0.000

采用主成分分析法抽取主成分的结果，转轴方法采用最大变异法。前

文基于企业实践与相关文献,将竞争优势分为"活得好"和"活得久"两个维度(详细说明可见2.2.1)。鉴于前文的理论推导,本书具有充分的理论依据,限定萃取因子个数为2。探索性因子分析结果如表6-5所示,从每个题项的共同性(都在0.566以上)可看出,适合进行因子分析。本次因子分析限定萃取2个共同因子,2个因子共解释了总体方差的65.466%,以达到60%的标准(吴明隆,2010)。以因子负荷量大于0.45为选取标准,CA4在因子1和因子2上的因子负荷量分别是0.615和0.452,CA4在因子1上的因子负荷量较大,与理论分析一致,故CA4仍然归属原构面活得久;同理,CA5也是归属原构面。根据因子分析的结果(见表6-5),因子1包含四个题项(CA4、CA5、CA6和CA7),很明显这四个题项描述企业的长期竞争优势,该因子被命名为活得久;因子2包含三个题项(CA1、CA2和CA3),很明显这三个题项描述企业的短期竞争优势,该因子被命名为活得好。

表6-5 竞争优势量表的探索性因素分析结果(主成分分析 & 最大变异法)

题项(简略内容)	最大变异法直交转轴后因子负荷量		共同性
	因子1(活得久)	因子2(活得好)	
CA7 贵企业的利益相关者满意度更高	0.838	0.169	0.566
CA6 贵企业的员工满意度更高	0.819	0.162	0.631
CA5 贵企业的用户满意度更高	0.639	0.525	0.692
CA4 贵企业的创新优势更高	0.615	0.452	0.582
CA3 贵企业的利润率更高	0.191	0.810	0.684
CA2 贵企业的资产收益率更高	0.213	0.765	0.697
CA1 贵企业销售额增长更快	0.234	0.715	0.731
特征值	2.295	2.288	4.583
解释变异量(%)	32.785	32.681	65.466
累计解释变异量(%)	32.785	65.466	

接下来,对被解释变量竞争优势分量表进行信度检验。利用SPSS 22.0软件对小样本数据进行处理,分析结果见表6-6所示,各个层面中每个题项删除后的Cronbach's α系数值均不高于该层面的Cronbach's α值,这表明该题项与其他题项的内部一致性较好;每个层面的内部一致性α系数均在0.80以上,表示各层面的内部一致性好,信度高,整体量表

可以接受；分量表的内部一致性 α 系数等于 0.842（共题项 7 个），这说明该信度指标表明该量表的内部一致性很高。总之，以上检验结果表明本书设计的竞争优势量表的信度理想。

表 6-6　竞争优势量表的各层面的信度检验结果（N=57）

构念	题项（简略内容）	CITI	删除该题项后 Cronbach's α	Cronbach's α
活得好	CA1 贵企业销售额增长更快	0.489	0.690	0.717
	CA2 贵企业的资产收益率更高	0.573	0.604	
	CA3 贵企业的利润率更高	0.569	0.590	
	CA4 贵企业的创新优势更高	0.606	0.774	
活得久	CA5 贵企业的用户满意度更高	0.666	0.746	0.818
	CA6 贵企业的员工满意度更高	0.610	0.773	
	CA7 贵企业的利益相关者满意度更高	0.649	0.759	

（2）中介变量

首先对中介变量价值共创分量表进行探索性因子分析的效度检验。利用 SPSS22.0 软件对小样本数据进行处理，表 6-7 显示了 KMO 值和 Bartlett 球形检验的结果，KMO 取样适切性量数为 0.872，表明适合进行因子分析；Bartlett 球形检验的 χ^2 值为 948.144，达到显著性水平（p<0.001），代表总体的相关矩阵间有共同因素存在，适合进行因子分析。

表 6-7　价值共创量表样本的 KMO 和 Bartlett 球形检验（N=57）

检验		结果
KMO 取样适切性量数		0.872
Bartlett 球形检验	近似卡方分布	948.144
	自由度	105
	显著性	0.000

采用主成分分析法抽取主成分的结果，转轴方法采用最大变异法。前文基于 DART 模型将价值共创分为四个构念，因此，本书具有充分的理论依据。鉴于前文的理论推导，限定萃取因子个数为 4。探索性因子分析结果，如表 6-8 所示，从每个题项的共同性（都在 0.700 以上）可看出，适

合进行因子分析。本次因子分析限定萃取 4 个共同因子，四个因子共解释
了总体方差的 85.615%。以因子负荷量大于 0.45 为选取标准，VCC11 在
因子 1 和因子 3 上的因子负荷量分别为 0.641 和 0.538，且在原构面上的
因子负荷量最大，查看语义后，综合考虑，仍依据原先题项归属的构面将
之归类，类似处理还有题项 VCC3、VCC4、VCC5、VCC12。题项 VCC15
原属于透明性维度，因子分析的结果在风险评估构念上的因子负荷量最大
(0.590)，在其他因子上的因子负荷量都比较低，故删除 VCC15。VCC15 含
有否定的词语，从语义看，前半句"不向用户隐瞒信息"描述"透明性"，
后半句"尽量避免用户的潜在风险"可以描述"风险评估"，如果归为风险
评估维度，明显与该维度的题项重复了，因此将题项 VCC15 删除。

表 6-8　价值共创分量表的第一次探索性因素分析结果（主成分分析 & 最大变异法）

题项（简略内容）	最大变异法直交转轴后因子负荷量				共同性
	因子 1（RA）	因子 2（DI）	因子 3（AC）	因子 4（TR）	
VCC10 向用户提供全部风险信息	0.773	0.227	0.496	0.169	0.924
VCC9 投入各种资源为用户降低风险	0.743	0.308	0.039	0.507	0.905
VCC8 根据风险级别建立赔偿机制	0.699	0.411	0.161	0.385	0.832
VCC11 邀请用户共同评估共担风险	0.641	0.214	0.538	0.197	0.785
VCC15 不会向用户隐瞒关键信息	0.590	0.210	0.388	0.397	0.700
VCC2 理解认识用户体验	0.176	0.887	0.121	0.178	0.865
VCC1 与用户深度反复持续对话交流	0.162	0.770	0.237	0.378	0.818
VCC4 与用户展开收益和风险对话	0.513	0.698	0.355	0.078	0.883
VCC3 与用户相互沟通和知识分享	0.511	0.673	0.427	0.145	0.916
VCC6 用户在多种渠道上与企业互动	0.238	0.186	0.832	0.302	0.875
VCC5 用户访问企业的信息平台获取	0.208	0.456	0.737	0.225	0.844
VCC7 构建体验环境帮助用户获取体验	0.481	0.251	0.515	0.505	0.814
VCC13 为用户创造更高水平的透明性	0.251	0.266	0.286	0.840	0.921
VCC12 为用户创造更高水平的透明性	0.455	0.201	0.545	0.597	0.901
VCC14 把用户视为合作者坦诚对话	0.506	0.286	0.409	0.595	0.859
特征值	3.834	3.224	3.139	2.645	12.842
解释变异量（%）	25.563	21.493	20.928	17.630	85.615
累计解释变异量（%）	25.563	47.056	67.985	85.615	

剔除题项 VCC15 后，第二次进行探索性因子分析结果，如表 6-9 所示，KMO 值为 0.924，Bartlett 球形检验的 χ^2 值为 2870.679，达到显著性水平（p<0.001），因子的累积解释变差为 87.009%，适合进行因子分析。VCC7 在因子 3 和因子 4 上的因子负荷量分别为 0.512 和 0.528，相差不大，VCC7 原属于"获取"维度，但是因子分析结果在因子 4 上的因子负荷量相对较大，这说明 VCC7 在因子 3 和因子 4 上的区分度不高，故删除 VCC7。从语义上理解，VCC7 测度信息不够准确，相对于同构念的另外两个题项，比较难理解，故删除 VCC7。

表6-9　价值共创分量表的第二次探索性因素分析结果（主成分分析 & 最大变异法）

题项（简略内容）	最大变异法直交转轴后因子负荷量				共同性
	因子 1（RA）	因子 2（DI）	因子 3（AC）	因子 4（TR）	
VCC10 向用户提供全部风险信息	0.778	0.223	0.480	0.213	0.931
VCC9 投入各种资源为用户降低风险	0.693	0.318	0.034	0.556	0.981
VCC8 根据风险级别建立赔偿机制	0.684	0.407	0.155	0.433	0.844
VCC11 邀请用户共同评估共担风险	0.663	0.200	0.524	0.232	0.809
VCC2 理解认识用户体验	0.175	0.882	0.122	0.184	0.700
VCC1 与用户深度反复持续对话交流	0.139	0.772	0.243	0.379	0.858
VCC4 与用户展开收益和风险对话	0.509	0.702	0.347	0.103	0.818
VCC3 与用户相互沟通和知识分享	0.506	0.675	0.420	0.169	0.882
VCC6 用户在多种渠道上与企业互动	0.230	0.189	0.835	0.300	0.916
VCC5 用户访问企业的信息平台获取	0.203	0.458	0.739	0.223	0.876
VCC13 为用户创造更高水平的透明性	0.206	0.265	0.298	0.849	0.847
VCC14 把用户视为合作者坦诚对话	0.470	0.289	0.412	0.620	0.922
VCC12 为用户创造更高水平的透明性	0.427	0.201	0.547	0.616	0.859
VCC7 构建体验环境帮助用户获取体验	0.476	0.242	0.512	0.528	0.902
特征值	3.324	3.178	2.964	2.716	12.182
解释变异量（%）	23.740	22.698	21.170	19.401	87.009
累计解释变异量（%）	23.740	46.438	67.608	87.009	

剔除题项 VCC7 和 VCC15 后进行探索性因子分析的结果，如表 6-10 所示。KMO 值为 0.862，Bartlett 球形检验的 χ^2 值为 809.239，达到显著性

水平（p<0.001），因子的累积解释变差为 87.553%，适合进行因子分析。每个题项的因子负荷量都高于 0.50，这说明每个题项变量与因子之间的关联都比较大，分量表效度良好。因子 1 的 CR 为 0.8033，大于 0.60，AVE 为 0.5063，大于 0.50；因子 2 的 CR 为 0.8436，大于 0.60，AVE 为 0.5773，大于 0.50；因子 3 的 CR 为 0.7708，大于 0.60，AVE 为 0.628，大于 0.50；因子 4 的 CR 为 0.7664，大于 0.60，AVE 为 0.5264，大于 0.50。剔除 VCC7 和 VCC15 后，因此分析结果可以看到 4 个因子的含义非常明确（共包含 13 个题项）。因子 1 包含题项 VCC8、VCC9、VCC10 和 VCC11，描述企业的风险评估相关活动，该因子被命名为风险评估；因子 2 包含题项 VCC1、VCC2、VCC3 和 VCC4，描述企业的对话相关活动，该因子被命名为对话；因子 3 包含题项 VCC5 和 VCC6，描述企业的获取相关活动，该因子被命名为获取；因子 4 包含题项 VCC12、VCC13 和 VCC14，描述企业的透明性相关活动，该因子被命名为透明性。

表 6-10　价值共创分量表的第三次探索性因素分析结果（主成分分析 & 最大变异法）

题项（简略内容）	最大变异法直交转轴后因子负荷量				共同性
	因子 1（RA）	因子 2（DI）	因子 3（AC）	因子 4（TR）	
VCC10 向用户提供全部风险信息	0.790	0.220	0.465	0.211	0.933
VCC9 投入各种资源为用户降低风险	0.689	0.310	0.031	0.567	0.894
VCC8 根据风险级别建立赔偿机制	0.684	0.398	0.151	0.444	0.847
VCC11 邀请用户共同评估共担风险	0.677	0.204	0.505	0.217	0.802
VCC2 理解认识用户体验	0.177	0.891	0.115	0.175	0.869
VCC1 与用户深度反复持续对话交流	0.144	0.763	0.254	0.387	0.818
VCC4 与用户展开收益和风险对话	0.517	0.696	0.341	0.109	0.880
VCC3 与用户相互沟通和知识分享	0.515	0.670	0.413	0.171	0.915
VCC6 用户在多种渠道上与企业互动	0.250	0.178	0.839	0.295	0.885
VCC5 用户访问企业的信息平台获取	0.220	0.450	0.743	0.219	0.851
VCC13 为用户创造更高水平的透明性	0.210	0.260	0.307	0.844	0.918
VCC14 把用户视为合作者坦诚对话	0.478	0.277	0.417	0.625	0.870
VCC12 为用户创造更高水平的透明性	0.439	0.196	0.546	0.690	0.900
特征值	3.188	3.073	2.682	2.439	
解释变异量（%）	24.524	23.637	20.628	18.764	87.553
累计解释变异量（%）	24.524	48.161	68.789	87.553	

接下来，对中介变量价值共创分量表进行信度检验。利用 SPSS 22.0 软件对小样本数据进行处理，结果如表 6-11 所示，价值共创每个层面构念中各个题项的 CITI 介于 0.751 至 0.884，表示在每个层面上各个题项与该层面其余题项加总的一致性高；四个层面构念的内部一致性 α 系数均在 0.885 以上，表示各层面的内部一致性好；各个层面中每个题项删除后的 Cronbach's α 系数值均不高于该层面的 Cronbach's α 值（除题项 VCC5 和 VCC6 外），这表明该题项（除题项 VCC5 和 VCC6 外）与其他题项的内部一致性较好。"获取"这个维度只有两个测量题项，两个题项都不能删除，因此这两个题项的"删除该题项后 Cronbach's α"值为空白。分量表内部一致性 α 系数等于 0.958（共题项 13 个），这说明该信度指标表明该量表的内部一致性很高。总之，以上检验结果表明本书设计的价值共创分量表的信度非常好。

表 6-11　价值共创分量表的各层面与分量表的信度检验结果

构念	题项（简略内容）	CITI	删除该题项后 Cronbach's α	Cronbach's α
对话	VCC1 与用户深度反复持续对话交流	0.787	0.909	0.921 (题项数 4)
	VCC2 理解认识用户体验	0.782	0.909	
	VCC3 与用户相互沟通和知识分享	0.876	0.883	
	VCC4 与用户展开收益和风险对话	0.844	0.888	
获取	VCC5 用户访问企业的信息平台获取	0.796	—	0.885 (题项数 2)
	VCC6 用户在多种渠道上与企业互动	0.796	—	
风险评估	VCC8 根据风险级别建立赔偿机制	0.835	0.887	0.919 (题项数 4)
	VCC9 投入各种资源为用户降低风险	0.794	0.902	
	VCC10 向用户提供全部风险信息	0.880	0.873	
	VCC11 邀请用户共同评估共担风险	0.751	0.915	
透明性	VCC12 为用户创造更高水平的透明性	0.884	0.879	0.931 (题项数 3)
	VCC13 企业与用户之间具有信任感	0.822	0.928	
	VCC14 把用户视为合作者坦诚对话	0.869	0.891	

6.1.3.3　最终问卷的形成

通过前文对解释变量（见第 3 章）、被解释变量和中介变量的信度和效度分析发现，剔除不合理的题项，形成了包括 43 个题项的最终问卷，问卷的详细内容见附录所示。下一步使用该问卷进行大规模的问卷发放，采集数据，为模型验证做准备。

6.1.4　大样本数据整理

本次大规模问卷调查与信息交互能力量表的第二轮问卷调查同时进行。有关数据收集工作开展的时间、地点、收集方式、收集途径等内容在第3章量表开发中有详细描述，这里不再介绍，详细内容见第4.2.2节。

本书通过多种途径发放问卷，每种途径发放和收集的问卷数量如表6-12所示。每家企业发放一份问卷，本次问卷调查共发放问卷344份，回收问卷260份，问卷回收率为75.58%，其中剔除无效问卷共得到有效问卷220份，问卷有效率为84.62%，其中剔除无效问卷的标准完全参照第4.2.2节中介绍的标准。可以认为，本次研究中有效企业样本数为220。

表6-12　各种途径的大规模问卷调查情况

途径	发放问卷数量	回收问卷数量	问卷回收率	有效问卷数量	问卷有效率
政府部门	70	58	82.86%	53	91.38%
企业实地调研	14	14	100%	14	100%
MBA/EMBA课堂	100	91	91%	77	84.62%
老师/同学/朋友/亲戚	160	97	60.63%	76	78.35%
总计	344	260	75.58%	220	84.62%

从问卷发放渠道来说，包括直接和间接。通过企业实地调研和在MBA/EMBA课堂上两种方式发放的问卷，是直接发放给调研对象，现场填写并回收的；而其他两种途径发放的问卷，是通过电子邮件发送问卷以及微信和QQ发送问卷链接的方式间接发放给调研对象的。通过多种途径和方式收集的样本数据，由于数据来源、数据获取渠道不同，就需要检验不同渠道得到的样本是否有显著差异。

6.1.4.1　数据合并的有效性

基于上述分析，本书采用方差分析，对现场直接发放和间接发放不同渠道收集的两种数据样本合并的有效性进行检验。通过企业实地调研和在MBA/EMBA课堂上直接获取的有效问卷数量91份，间接方式取得的有效问卷数量为129份。对两种收集渠道得到的数据样本中的竞争优势测量指标值进行方差同质性Levene检验的结果见表6-13。

表 6-13 不同渠道的数据样本的方差同质性分析

题项	Levene 检验的 F 统计量	df1	df2	显著性
CA1 贵企业销售额增长更快	0.088	1	218	0.767
CA2 贵企业的资产收益率更高	0.444	1	218	0.506
CA3 贵企业的利润率更高	2.425	1	218	0.121
CA4 贵企业的创新优势更高	2.181	1	218	0.141
CA5 贵企业的用户满意度更高	0.037	1	218	0.847
CA6 贵企业的员工满意度更高	0.112	1	218	0.738
CA7 贵企业的利益相关者满意度更高	0.056	1	218	0.814

分析结果，如表 6-13 所示，竞争优势每个测量指标的 Levene 检验的 F 统计量的显著性水平均大于 0.1，表示两组样本的方差差异均未达显著。也就是说，通过直接和间接方式收集的样本数据在竞争优势指标上具有方差同质性。表 6-14 显示了不同渠道数据样本中的竞争优势测量指标值的方差分析结果，每个测量指标的 F 统计量的显著检验的概率值 p 均大于 0.1，表明每个指标的 F 检验的 F 值都未达到显著差异（p>0.1）。因此，方差分析的结果表明不同渠道收集的数据样本在竞争优势指标上无显著差异，因此可以对上述不同渠道收集到的数据样本进行合并。

表 6-14 不同渠道的数据样本的方差分析

		平方和	df	平均值平方	F	显著性
CA1	群组之间	0.083	1	0.083	0.034	0.854
	在群组内	533.717	218	2.448		
	总计	533.800	219			
CA2	群组之间	0.383	1	0.383	0.172	0.679
	在群组内	487.048	218	2.234		
	总计	487.432	219			
CA3	群组之间	0.002	1	0.002	0.001	0.975
	在群组内	502.048	218	2.303		
	总计	502.050	219			
CA4	群组之间	1.552	1	1.552	0.554	0.457
	在群组内	610.248	218	2.799		
	总计	611.800	219			

续表

		平方和	df	平均值平方	F	显著性
CA5	群组之间	1.281	1	1.281	0.466	0.495
	在群组内	598.805	218	2.747		
	总计	600.086	219			
CA6	群组之间	0.424	1	0.424	0.161	0.689
	在群组内	574.504	218	2.635		
	总计	574.927	219			
CA7	群组之间	2.416	1	2.416	1.219	0.271
	在群组内	432.111	218	1.982		
	总计	434.527	219			

6.1.4.2 大样本的描述性统计分析

本节主要对企业规模、企业年龄、企业性质和企业主营业务所属行业等指标进行描述性统计分析，了解样本的构成情况。

企业规模：本书通过开展大规模问卷调查，共收集到有效问卷 220 份，得到 220 个有效样本。从企业规模看，86 家企业员工人数在 500 人以下（占 39.1%），如表 6-15 所示。本书研究对象是以新兴移动互联网企业为主，而这类企业一般来说员工人数都比较少，从企业规模的分布情况看，符合这一特征。

表 6-15 企业规模分布情况（N=220）

样本特征	样本数	百分比（%）	累计百分比（%）
500 人以下	86	39.1	39.1
500~1999 人	41	18.6	57.7
2000~4999 人	27	12.3	70.0
5000 人以上	66	30.0	100.0
总计	220	100.0	

企业年龄：从企业年龄看，成立 5 年以下的企业有 70 家，其次是成立 11~20 年的企业有 69 家，成立 6~10 年的企业有 30 家，成立 20 年以上的企业有 51 家（见表 6-16）。根据上面的描述，本书研究对象是以新

兴移动互联网企业为主，而这类企业一般来说员工人数都比较少，并且成立时间短，从企业年龄的分布情况看，符合这一特征。

表6-16 企业年龄分布情况（N=220）

样本特征	样本数	百分比（%）	累计百分比（%）
5年以下	70	31.8	31.8
6~10年	30	13.6	45.4
11~20年	69	31.4	76.8
20年以上	51	23.2	100
总计	220	100.0	

企业所有权性质：国有企业59家，合资企业4家，外商独资企业18家，民营和私有企业分别为38家和101家，占63.2%，是调研企业总数的一半以上（见表6-17）。这符合本书调研对象以新兴移动互联网企业为主的特点。

表6-17 企业所有权性质分布情况（N=220）

样本特征	样本数	百分比	累计百分比
私有	38	17.3	17.3
民营	101	45.9	63.2
国有	59	26.8	90.0
合资	4	1.8	91.8
外资	18	8.2	100.0
总计	220	100.0	

企业主营业务所属行业：从企业所属行业看，参加调研企业中IT|通信|电子|互联网行业企业数为85家，占38.6%（见表6-18）。远远多于其他行业企业，其他行业企业数量的分布基本上相差不是非常悬殊，如表6-18所示，在突出本书研究对象以新兴移动互联网企业为主的同时，也保证了调研对象的广泛性。

表 6-18   企业行业分布情况 （N=220）

样本特征	样本数	百分比	累计百分比
房地产｜建筑业	12	5.5	5.5
IT｜通信｜电子｜互联网	85	38.6	44.1
交通｜运输｜物流｜仓储	4	1.8	45.9
金融业	21	9.6	55.5
酒店｜餐饮｜旅游｜度假	6	2.7	58.2
贸易｜批发｜零售｜租赁业	12	5.5	63.7
能源｜矿产｜环保	8	3.6	67.3
其他	26	11.8	79.1
生产｜加工｜制造	24	10.9	90.0
医药｜生物工程｜医疗设备｜器械	10	4.5	94.5
商业服务｜专业服务｜咨询	12	5.5	100.0
总计	220	100.0	

6.1.5   大样本实证分析方法

为了验证信息交互能力对价值共创及竞争优势影响机制的理论模型，本书使用了一系列统计分析方法，分别是效度检验、信度检验、方差分析、描述性统计分析、相关分析、阶层回归分析和结构方程模型，共同构成了本书的实证研究方法。大样本实证分析中的效度检验和信度检验主要采用验证性因子分析。具体分析方法详细描述如下：

6.1.5.1   方差分析

本书实证研究中的大样本是通过两种渠道收集得到的数据：现场直接发放问卷和间接发放问卷。为了检验两种数据样本合并的有效性，采用方差分析，对两种收集渠道得到的数据样本中的竞争优势测量指标值进行方差同质性 Levene 检验。

6.1.5.2   描述性统计分析

为了描述样本的构成情况，本书主要对企业规模、企业年龄、企业性质和企业主营业务所属行业等指标进行描述性统计分析。

6.1.5.3   验证性因子分析

前测试中本书采用探索性因子分析的方法用小样本数据对量表进行了信度和效度检验，结果显示量表良好的信度和效度。具体研究方法，这里不再重复介绍。为了进一步观察变量的内部结构、验证各个指标的合理性，下面本书将用大样本数据对量表进行信度并采用验证性因子分析验证量表的收敛效度和区分效度。

对于量表的收敛效度，本书采取 Ahire、Golhar 和 Waller（1996）的观点，用非正态拟合优度指数（Non-Normal Fit Index，NNFI）来测量量表的收敛效度，在用 Amos 软件做验证性因子分析时，NNFI 直接呈现为 TLI 值。当 TLI>0.90 说明量表具有良好的收敛效度。

对于量表的区分效度，本书利用嵌套 CFA 模型（nested CFA model）配对比较检验量表的区分效度，通过比较原始模型和竞争模型 χ^2、RMSEA、TLI、CFI 和 χ^2/df 等指标，从而验证量表的区分效度。

6.1.5.4 相关分析

在回归分析和结构方程建模之前，为了证明变量之间存在一定的相关关系，本书采用 Pearson 相关分析验证理论模型所涉及的各个变量之间是否存在一定程度的相关关系。本书中的被解释变量竞争优势包括两个构念活得好和活得久，因此，在进行相关分析时，分别以活得好和活得久作为因变量做相关分析。

6.1.5.5 阶层回归分析

为了验证信息交互能力、价值共创和竞争优势的关系，以及价值共创的中介作用，本书采用阶层回归分析法。为了确保回归分析的结果是可信的，本书在进行阶层回归分析时，需要对多重共线性、异方差和自相关三个问题进行检验。

关于多重共线性，本书采用变异膨胀系数（Variance Inflation Factor，VIF）的值作为判断标准。VIF 越高，多重共线性就越严重。一般认为 VIF>10 是危险程度的多重共线性的临界值（罗胜强和姜嫚，2014）。

关于异方差，本书采用残差项的散点图（Scatter Plot）作为判断依据。若散点图上的点在 0 值上下呈现水平的无序、随机、均匀分布，表示不存在异方差问题（吴明隆，2010）。

关于自相关，本书采用 Durbin-Watson（DW）检验统计量数值作为判断标准。当 DW 统计量数值越接近 2，表示相关系数越接近 0，残差项间无自相关。当 DW 统计量数值越接近 1 或者 4，表示相关系数越接近 1 或者-1，此时，残差项间存在自相关。本书研究中的数据属于横断性数据，而非时间序列数据，事实上，DW 统计量的值对自相关影响不大（吴明隆，2010）。

6.1.5.6 结构方程模型

为了进一步深入分析信息交互能力对价值共创与竞争优势的影响机

制，本书采取结构方程建模的方法对上述变量之间的关系进行检验，采用
Amos 20.0 软件进行结构方程建模。具体执行步骤如下：绘制因果模型
图—界定各变量名称—勾选相关统计量—执行模型的估计—假设模型的检
验—模型修正—解释模型检验结果（吴明隆，2010）。

在选取评价模型拟合度指标方面，力求能够比较全面地反映模型的拟合
程度，因此本书绝对拟合指数和相对拟合指数，具体包括 χ^2（卡方值）、df
（卡方自由度）、RMSEA（渐进残差均方和平方根）、TLI（非规准适配指
数）、CFI（比较适配指数）、χ^2/df、GFI（适配度指数）、NFI（规准适配指
数）、IFI（增值适配指数）共九项（吴明隆，2010）。一般来说，各项模型
拟合度指标临界值为 $\chi^2/df<3$、RMSEA<0.080、TLI>0.90、CFI>0.90、GFI>
0.90、NFI>0.90。

为了提高模型的拟合程度，本书采用项目组合（Item Parceling）法。
项目组合（Item Parceling）最大的好处是把题项数量缩小（罗胜强、姜
嬿，2014），可以帮助验证性因子分析减少随机误差、提高指标信度和模
型的拟合度。本书采用的策略是将内容相似的题项组合。

6.2 变量的信度和效度检验

为了进一步观察变量的内部结构、验证各个指标的合理性，下面本书
采用大样本数据对量表进行信度和效度检验，采用验证性因子分析法。需
要说明的是，上文第 3 章已经完成了解释变量信息交互能力的信度和效度
检验，此处不再赘述。

6.2.1 竞争优势的信度和效度检验

首先对被解释变量竞争优势进行信度分析。分析结果如表 6-19 所示，
竞争优势的内部一致性 α 系数为 0.842，说明竞争优势分量表的信度非常
理想；各个测量指标的 CITI 都大于 0.5，表明每个题项与其余题项加总的
一致性比较高；每个题项删除后的 Cronbach's α 系数值均不高于分量表的
Cronbach's α 值，这表明每个题项与其他题项的内部一致性较好。总之，
竞争优势分量表的信度好。

然后采用 Amos 20.0 对被解释变量竞争优势做验证性因子分析，竞争
优势的测量模型如图 6-1 所示。竞争优势测量模型的拟合结果如表 6-20
所示，χ^2/df 为 1.177，小于 3；RMSEA 为 0.028，小于 0.05；TLI 为
0.992，CFI 为 0.995，大于 0.95，各路径系数在 p<0.001 的水平上显著，

总之，各项拟合指标均在可接受范围，模型拟合非常好。因此，本书对竞争优势的测度是有效的。

表 6-19 竞争优势量表各层面的信度检验结果（N=220）

构念	题项（简略内容）	CITI	删除该题项后 Cronbach's α	Cronbach's α
活得好	CA1 贵企业销售额增长更快	0.546	0.659	0.733 （题项数3）
	CA2 贵企业的资产收益率更高	0.569	0.632	
	CA3 贵企业的利润率更高	0.553	0.649	
活得久	CA4 贵企业的创新优势更高	0.538	0.755	0.783 （题项数4）
	CA5 贵企业的用户满意度更高	0.655	0.695	
	CA6 贵企业的员工满意度更高	0.606	0.721	
	CA7 贵企业的利益相关者满意度更高	0.563	0.744	

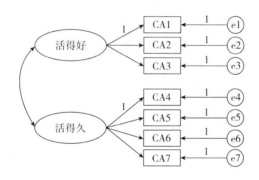

图 6-1 竞争优势的测量模型

表 6-20 竞争优势测量模型拟合结果

路径			路径系数	标准化路径系数	标准误	临界比 C.R.	P
CA1	<---	活得好	1.000	0.735			
CA2	<---	活得好	0.836	0.665	0.101	8.290	***
CA3	<---	活得好	0.881	0.669	0.107	8.227	***
CA4	<---	活得久	1.000	0.645			
CA5	<---	活得久	1.336	0.756	0.153	8.759	***
CA6	<---	活得久	1.181	0.687	0.147	8.034	***

续表

路径			路径系数	标准化路径系数	标准误	临界比 C. R.	P
CA7	<---	活得久	1. 028	0. 675	0. 129	7. 942	***
拟合结果	χ^2	df	RMSEA	TLI	CFI	IFI	χ^2/df	NFI
	15. 304	13	0. 028	0. 992	0. 995	0. 995	1. 177	0. 995

注：＊＊＊表明显著性水平 p<0.001。

另外，关于量表的收敛效度，采用 Ahire、Golhar 和 Waller（1996）的观点，用非正态拟合优度指数（Non-Normal Fit Index，NNFI）来测量量表的收敛效度，在 Amos 中 NNFI 直接呈现为 TLI 值。如表 6-20 所示，NNFI 为 0.992，说明竞争优势量表具有良好的收敛效度。

为了检验竞争优势量表的区分效度，除了原始模型（二因子 M0），本书另外假定了一个竞争模型单因子 M1，竞争优势量表的竞争比较模型如图 6-2 所示。分别选取 χ^2、RMSEA、TLI、CFI 和 χ^2/df 等指标，分别以 RMSEA<0.05、TLI>0.95、CFI>0.95 和 χ^2/df<3 为评价标准。如表 6-21 所示，对比两个模型，M1 中 RMSEA 值大于 0.05，故综合来看，M0 模型即原始模型拟合情况最佳，这说明本书开发的竞争优势量表具有区分效度。

表 6-21　竞争优势量表竞争比较模型验证性因子分析模型拟合指数比较

模型	χ^2	df	χ^2/df	GFI	AGFI	TLI	CFI	RMSEA
二因子 M0	15. 304	13	1. 177	0. 981	0. 958	0. 992	0. 995	0. 028
单因子 M1	29. 396	14	2. 100	0. 961	0. 921	0. 952	0. 968	0. 071

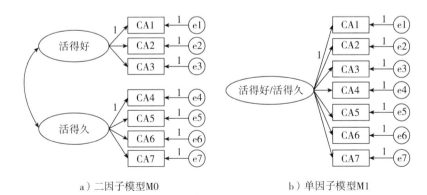

a）二因子模型M0　　　　　　b）单因子模型M1

图 6-2　竞争优势量表竞争比较模型

6.2.2　价值共创的信度和效度检验

首先对中介变量价值共创进行信度分析。分析结果如表 6-22 所示，很明显，价值共创每个层面构念中各个题项的 CITI 均在 0.675 以上，表示在每个层面上各个题项与该层面其余题项加总的一致性高；四个层面构念的内部一致性 α 系数均在 0.80 以上，表示各层面的内部一致性好；各个层面中每个题项删除后的 Cronbach's α 系数值均不高于该层面的 Cronbach's α 值，这表明该题项与其他题项的内部一致性较好。"获取"这个维度只有两个测量题项，两个题项都不能删除，因此这两个题项的"删除该题项后 Cronbach's α"值为空白。总之，以上检验结果表明对话（DI）、获取（AC）、风险评估（RA）和透明性（TR）的各题项之间具有较好的内部一致性。分量表的内部一致性 α 系数等于 0.947（共题项 13个），说明该信度指标表明该量表的内部一致性很高。

表 6-22　价值共创分量表的信度分析（N=220）

构念	题项（简略内容）	CITI	删除该题项后 Cronbach's α	Cronbach's α
对话	VCC1 与用户深度反复持续对话交流	0.784	0.807	0.869 (题项数 4)
	VCC2 理解认识用户体验	0.686	0.848	
	VCC3 与用户相互沟通和知识分享	0.701	0.841	
	VCC4 与用户展开收益和风险对话	0.724	0.834	
获取	VCC5 用户访问企业的信息平台获取	0.707	（该题项不能被删除）	0.829 (题项数 2)
	VCC6 用户在多种渠道上与企业互动	0.707	（该题项不能被删除）	
风险评估	VCC8 根据风险级别建立赔偿机制	0.694	0.824	0.859 (题项数 4)
	VCC9 投入各种资源为用户降低风险	0.725	0.812	
	VCC10 向用户提供全部风险信息	0.722	0.812	
	VCC11 邀请用户共同评估共担风险	0.675	0.832	
透明性	VCC12 为用户创造更高水平的透明性	0.703	0.782	0.841 (题项数 3)
	VCC13 企业与用户之间具有信任感	0.703	0.784	
	VCC14 把用户视为合作者坦诚对话	0.714	0.771	

其次采用 Amos 20.0 对中介变量价值共创做验证性因子分析，价值共创的测量模型如图 6-3 所示。价值共创测量模型的拟合结果如表 6-23 所

示，χ^2/df 为 1.359，小于 3；RMSEA 为 0.040，小于 0.05；TLI 为 0.985，CFI 为 0.989，大于 0.95，各路径系数在 $p < 0.001$ 的水平上显著，总之，各项拟合指标均比较理想，模型拟合非常好。因此，本书对价值共创的测度是有效的。

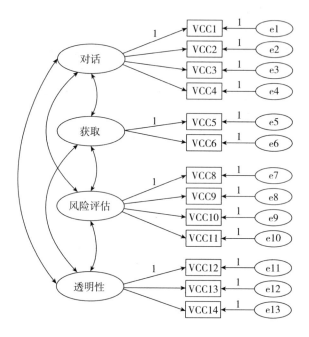

图 6-3　价值共创的测量模型

表 6-23　价值共创测量模型拟合结果

路径			路径系数	标准化路径系数	标准误	临界比	P
VCC1	<---	对话	1.000	0.847			
VCC2	<---	对话	0.774	0.729	0.062	12.417	***
VCC3	<---	对话	0.877	0.789	0.063	13.852	***
VCC4	<---	对话	1.013	0.803	0.072	14.057	***
VCC5	<---	获取	1.000	0.880			
VCC6	<---	获取	0.911	0.804	0.067	13.652	***
VCC8	<---	风险评估	1.000	0.780			
VCC9	<---	风险评估	1.113	0.815	0.086	12.937	***

续表

路径			路径系数	标准化 路径系数	标准误	临界比	P
VCC10	<---	风险评估	1.027	0.779	0.084	12.209	***
VCC11	<---	风险评估	0.948	0.732	0.084	11.230	***
VCC12	<---	透明性	1.000	0.795			
VCC13	<---	透明性	0.912	0.784	0.070	12.941	***
VCC14	<---	透明性	1.051	0.820	0.077	13.700	***
拟合结果	χ^2	df	RMSEA	TLI	CFI	IFI	χ^2/df	NFI
	80.17	59	0.040	0.985	0.989	0.989	1.359	0.960

注：*** 表明显著性水平 p<0.001。

另外，采用非正态拟合优度指数（NNFI）来测量量表的收敛效度，在 Amos 中 NNFI 直接呈现为 TLI 值。如表 6-23 所示，NNFI 为 0.985，说明价值共创量表具有良好的收敛效度。

为了检验价值共创量表的区分效度，除了原始模型（四因子 M0），本书假定了 11 个竞争模型，包括 6 个三因子模型：M1、M2、M3、M4、M5 和 M6，4 个二因子模型：M7、M8、M9 和 M10，以及 1 个单因子模型 M11。价值共创量表的竞争比较模型如图 6-4 所示。选取 RMSEA、TLI、CFI

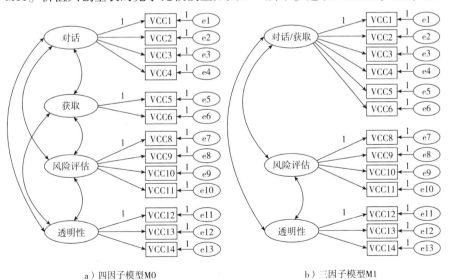

a）四因子模型M0　　　　　　　　　　b）三因子模型M1

图 6-4　价值共创量表竞争比较模型

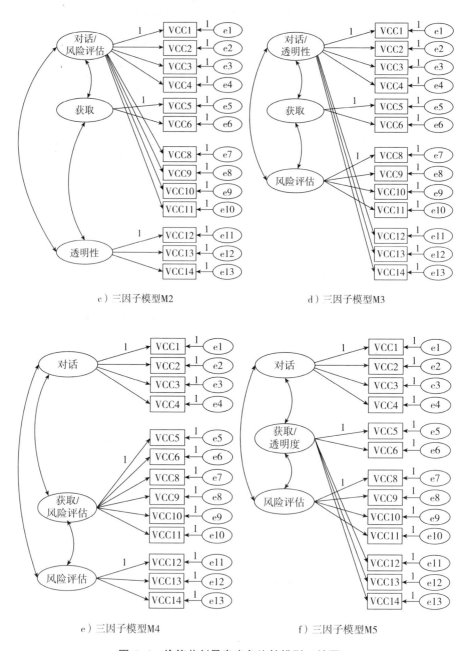

c）三因子模型M2

d）三因子模型M3

e）三因子模型M4

f）三因子模型M5

图6-4　价值共创量表竞争比较模型（续图）

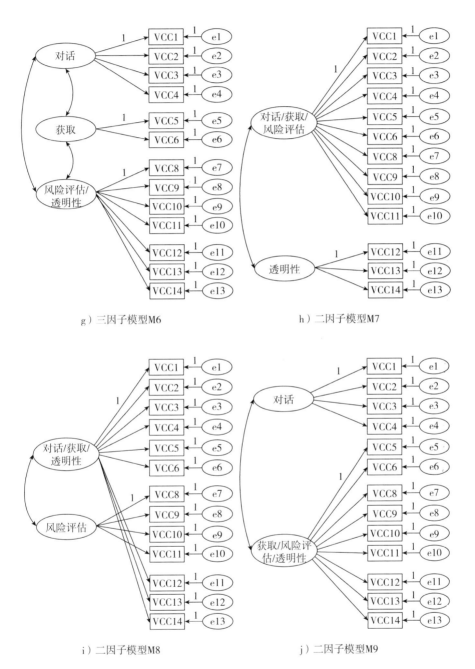

g）三因子模型M6

h）二因子模型M7

i）二因子模型M8

j）二因子模型M9

图6-4 价值共创量表竞争比较模型（续图）

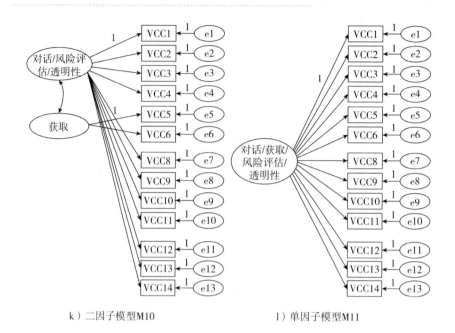

k）二因子模型M10   l）单因子模型M11

图6-4　价值共创量表竞争比较模型（续图）

和 χ^2/df 等指标，分别以 RMSEA<0.05、TLI>0.95、CFI>0.95 和 $\chi^2/df<3$ 为评价标准。如表6-24所示，对比两个模型，除 M0 之外，其他模型中 RMSEA 值均不小于0.05，故 M0 模型即原始模型拟合情况最佳，这说明本书开发的价值共创量表具有良好的区分效度。

表6-24　价值共创量表竞争比较模型验证性因子分析模型拟合指数比较

模型	χ^2	df	χ^2/df	GFI	AGFI	TLI	CFI	RMSEA
四因子 M0	80.166	59	1.359	0.949	0.922	0.985	0.989	0.040
三因子 M1	127.846	62	2.062	0.915	0.876	0.957	0.966	0.070
三因子 M2	113.418	62	1.829	0.924	0.888	0.966	0.973	0.062
三因子 M3	104.409	62	1.684	0.931	0.899	0.972	0.978	0.056
三因子 M4	122.895	62	1.982	0.919	0.882	0.960	0.968	0.067
三因子 M5	105.926	62	1.708	0.931	0.899	0.971	0.977	0.057
三因子 M6	96.048	62	1.549	0.939	0.910	0.978	0.982	0.050
二因子 M7	154.940	64	2.421	0.898	0.855	0.942	0.953	0.081

续表

模型	X2	df	X²/df	GFI	AGFI	TLI	CFI	RMSEA
二因子 M8	134.075	64	2.095	0.912	0.875	0.955	0.963	0.071
二因子 M9	125.273	64	1.957	0.919	0.884	0.961	0.968	0.066
二因子 M10	123.970	64	1.937	0.918	0.883	0.962	0.969	0.065
单因子 M11	155.561	65	2.393	0.898	0.857	0.943	0.953	0.080

6.3　相关分析

本节将对模型中各个变量进行相关分析，首先以活得好为因变量，分析结果如表 6-25 所示。面向研发设计的 IICs（相关系数为 0.670，$p<0.001$）、面向营销管理的 IICs（相关系数为 0.787，$p<0.001$）、面向供应链管理的 IICs（相关系数为 0.703，$p<0.001$）、演变中的 IICs（相关系数为 0.612，$p<0.001$）与活得好之间具有正向且显著的相关关系；价值共创（相关系数为 0.747，$p<0.001$）与活得好之间具有正向且显著的相关关系。另外，相关分析结果还显示，面向研发设计的 IICs、面向供应链管理的 IICs、演变中的 IICs 与价值共创之间具有正向且显著的相关关系。

其次以活得久为因变量，分析结果如表 6-26 所示。面向研发设计的 IICs（相关系数为 0.811，$p<0.001$）、面向营销管理的 IICs（相关系数为 0.713，$p<0.001$）、面向供应链管理的 IICs（相关系数为 0.731，$p<0.001$）、演变中的 IICs（相关系数为 0.834，$p<0.001$）与活得好之间具有正向且显著的相关关系；价值共创（相关系数为 0.787，$p<0.001$）与活得久之间具有正向且显著的相关关系。

相关分析的结果初步验证了前文所提出的研究假设，不过相关分析只能证明变量之间存在关系，而变量之间的因果关系和影响机制还需要更深入的实证分析。

表 6-25 相关分析（因变量为活得好）

变量	(1)	(2)	(3)	(4)	(5)	(6)	(7)	(8)	(9)	(10)	平均数	标准差
(1) 竞争优势——活得好	1.000										4.739	1.459
(2) 企业年龄	0.052***	1.000									17.732	20.720
(3) 企业规模	0.303***	0.448***	1.000								6.895	2.859
(4) 产权性质	-0.224***	0.193**	0.267***	1.000							0.277	0.449
(5) 企业行业	0.236***	-0.034	0.194***	-0.220***	1.000						0.386	0.488
(6) 面向研发设计的IICs	0.670***	-0.054	0.203***	-0.205**	0.263***	1.000					4.511	1.463
(7) 面向营销管理的IICs	0.787***	0.007	0.169***	-0.265***	0.210***	0.796***	1.000				4.575	1.339
(8) 面向供应链的IICs	0.703***	-0.013	0.226***	-0.255***	0.262***	0.818***	0.784***	1.000			4.299	1.227
(9) 演变中的IICs	0.612***	-0.028	0.219***	-0.191**	0.222***	0.815***	0.724***	0.768***	1.000		4.965	1.300
(10) 价值共创	0.744***	-0.006	0.251***	-0.249***	0.255***	0.797***	0.807***	0.818***	0.797***	1.000	4.974	1.237

注：***表示 p<0.001，**表示 p<0.05。

表 6-26 相关分析（因变量为活得久）

变量	(1)	(2)	(3)	(4)	(5)	(6)	(7)	(8)	(9)	(10)	平均数	标准差
(1) 竞争优势——活得久	1.000										4.644	1.240
(2) 企业年龄	-0.063	1.000									17.732	20.720
(3) 企业规模	0.165**	0.448***	1.000								6.895	2.859
(4) 产权性质	-0.183**	0.193**	0.267***	1.000							0.277	0.449
(5) 企业行业	0.224***	-0.034	0.194***	-0.220***	1.000						0.386	0.488
(6) 面向研发设计的IICs	0.811***	-0.054	0.203***	-0.205**	0.263***	1.000					4.511	1.463
(7) 面向营销管理的IICs	0.713***	0.007	0.169***	-0.265***	0.210***	0.796***	1.000				4.575	1.339
(8) 面向供应链的IICs	0.731***	-0.013	0.226***	-0.255***	0.262***	0.818***	0.784***	1.000			4.299	1.227
(9) 演变中的IICs	0.834***	-0.028	0.219***	-0.191**	0.222***	0.815***	0.724***	0.768***	1.000		4.965	1.300
(10) 价值共创	0.789***	-0.006	0.251***	-0.249***	0.255***	0.797***	0.807***	0.818***	0.797***	1.000	4.974	1.237

注：***表示 p<0.001，**表示 p<0.05。

6.4 阶层回归分析

前文分别做了解释变量、中介变量和被解释变量的信度、收敛效度和区别效度分析，各构面的组合信度、收敛效度和区别效度均已达到可接受标准范围。因此，以单一衡量指标取代多重横量指标是可行的。也就是说，可以采用各构面的衡量题项得分的平均值作为该构面的得分。本节将采用阶层回归分析法分析信息交互能力与价值共创以及竞争优势的关系，从而验证前文提出的研究假设。

在进行阶层回归分析时，依次对回归分析中的三大问题进行检验。下列回归模型中三大问题的检验结果简要说明如下，VIF 均大于 0 小于 10；DW 均小于 2 大于 1.8，且接近 2；从散点图的分布看，散点图上的点在 0 值上下呈现随机、均匀分布。总之，本书的阶层回归分析，不存在多重共线性、异方差和自相关问题。

首先以竞争优势为被解释变量，采用阶层回归分析验证信息交互能力与竞争优势、价值共创与竞争优势之间的关系，即验证 H_1、H_3、H_4。本次回归分析过程，模型 1 只放入控制变量，以验证企业年龄、企业规模、产权性质和企业所处行业对竞争优势的影响；在模型 1 的基础上，加入自变量信息交互能力形成模型 2，以验证信息交互能力对竞争优势的正效应；模型 3 是在模型 2 的基础上，放入中介变量价值共创，以检验价值共创的中介效果；模型 4 是在模型 1 的基础上，放入价值共创，以验证价值共创对竞争优势的正效应，如表 6-27 所示。

表 6-27 信息交互能力与竞争优势的回归分析结果（N = 220）

变量	模型 1	模型 2	模型 3	模型 4
控制变量				
企业年龄	−0.106	−0.013	−0.010	−0.022
企业规模	0.362***	0.089*	0.065+	0.075
产权性质	−0.276***	−0.034	−0.017	−0.035
企业行业	0.120+	0.007	0.006	0.025
解释变量				
信息交互能力		0.847***	0.598***	
中介变量				

续表

变量	模型1	模型2	模型3	模型4
价值共创			0.295***	0.809***
R^2	0.188	0.777	0.797	0.716
调整后的 R^2	0.173	0.772	0.791	0.709
ΔR^2	0.188	0.589	0.019	0.527
F	12.469***	149.270***	139.045***	107.682***
ΔF	12.469***	565.522***	20.368***	396.735***

注：模型1到模型4的被解释变量为竞争优势；回归系数为标准化回归系数；+表示 $p<0.10$，*表示 $p<0.05$，**表示 $p<0.01$，***表示 $p<0.001$。

其次以价值共创为被解释变量，采用阶层回归分析验证信息交互能力与价值共创之间的关系，即 H_2。模型5只放入控制变量，验证企业年龄、企业规模、产权性质和企业所处行业对价值共创的影响；在模型5的基础上，加入自变量信息交互能力形成模型6，验证信息交互能力对价值共创的正效应，如表6-28所示。

表6-28　信息交互能力与价值共创的回归分析结果（N=220）

变量	模型5	模型6
控制变量		
企业年龄	-0.104	-0.011
企业规模	0.354***	0.083*
产权性质	-0.298***	-0.057
企业行业	0.117+	0.005
解释变量		
信息交互能力		0.844***
R^2	0.194	0.777
调整后的 R^2	0.179	0.772
ΔR^2	0.194	0.584
F	12.900***	149.337***
ΔF	12.900***	560.747***

注：模型5、模型6的被解释变量为价值共创；回归系数为标准化回归系数；+表示 $p<0.10$，*表示 $p<0.05$，**表示 $p<0.01$，***表示 $p<0.001$。

由模型2可得，企业的信息交互能力对竞争优势具有显著的正向影响（标准化回归系数为0.847，$p<0.001$，见表6-27），假设 H_1 得到支持。由模型4可得，价值共创对竞争优势具有显著的正向影响（标准化回归系

数为 0.809，p<0.001，见表 6-27），假设 H₃ 得到支持。由模型 6 可得，信息交互能力对价值共创具有显著的正向影响（标准化回归系数为 0.844，p<0.001，见表 6-28），假设 H₂ 得到支持。

本书采取 Baron 和 Kenny（1986）提出的观点，有关中介效果的检验必须满足四个条件：①自变量必须对因变量有显著影响；②自变量必须对中介变量有显著影响；③自变量与中介变量同时作为解释变量，对因变量做回归分析时，中介变量必须对因变量有显著影响；④条件③的回归模型中，自变量对因变量的回归系数必须小于自变量单独预测因变量时的回归系数。根据上述分析，条件①和条件②皆满足。由模型 3 可得，信息交互能力和价值共创同时作为解释变量，对竞争优势做回归分析时，价值共创对竞争优势具有显著的正向影响（标准化回归系数为 0.295，p<0.001），且信息交互能力对竞争优势的回归系数小于信息交互能力单独预测竞争优势时的回归系数（0.596<0.847）。也就是说，在模型 2 中加入中介变量价值共创后，信息交互能力的预测力由 0.847 降低至 0.596（显著），且解释力 R^2 由 0.777 提升至 0.797（显著，F 值为 139.045），故条件③和条件④皆满足。从而验证了价值共创的中介效果，且其中介效果为部分中介效果，假设 H₄ 得到支持。

6.5 结构方程建模分析

通过回归分析，检验了前文提出的部分研究假设。为了进一步深入分析信息交互能力对价值共创与竞争优势的影响机制，本书采取结构方程建模的方法对上述各个变量之间的关系进行检验。本书采用 Amos 20.0 软件进行结构方程建模。

6.5.1 样本数据初步分析

结构方程建模之前，为了达到结构方程建模的要求，需要对样本数据的有效性进行检验。本书的有效企业样本数是 220。本书采用极大似然估计法对结构方程模型进行估计，样本量为 220。采用 ML 法必须满足以下基本条件：样本是多变量正太总体且是以简单随机抽样获取的。因此在进行结构方程建模之前，本书利用 SPSS 对样本数据的偏度和峰度进行分析，分析结果如表 6-29 所示。本书以中值与中位数相近、偏度小于 2 且峰度小于 5 为服从正太分布的样本数据应满足的条件。

表 6-29   题项的偏度和峰度分析

	RDIIC	MAIIC	SCIIS	EVIIC	DI	AC	RA	TR	活得好	活得久
偏度	-0.483	-0.463	-0.437	-0.782	-0.967	-0.638	-0.582	-0.791	-0.614	-0.787
峰度	-0.826	-0.662	-0.694	-0.101	-0.127	-0.624	-0.794	-0.533	-0.864	-0.604

分析结果表明，偏度系数和峰度系数的绝对值均小于1，可以认为样本数据符合正太分布。另外，前文分别做了解释变量、中介变量和被解释变量的信度、收敛效度和区别效度分析。总之，本书的有效样本（N = 220）达到结构方程建模的基本要求。

6.5.2   信息交互能力对竞争优势影响的实证分析

根据前文的理论分析，信息交互能力分为四类：面向研发设计的信息交互能力（RDIIC）、面向营销管理的 IICs（MAIIC）、面向供应链管理的 IICs（SCIIC）和演变中的 IICs（EVIIC）。竞争优势包括两类：活得好（CAGOOD）和活得久（CALONG）。接下来验证四个自变量与两个因变量之间的关系，即验证研究假设 H_{111}、H_{112}、H_{121}、H_{122}、H_{131}、H_{132}、H_{141} 和 H_{142}。建立结构方程模型，如图 6-5 所示。为了提高拟合程度，本书对自变量的题项做打包处理，即将内容相似的题项组合，以有效减少模型中的参数。项目组合方法在前文已经有详细说明，这里不再重复。

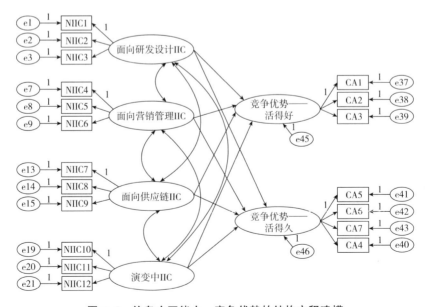

图 6-5   信息交互能力—竞争优势的结构方程建模

从分析结果看，如表6-30所示，模型的拟合指数均在可接受范围内，因此综合来看，模型与数据的拟合程度是可以接受的，模型得以确认。表6-30同时还列出了未进行项目组合的原始模型的各项拟合指数，可以看出，进行项目组合后明显提高了模型的拟合程度。

表6-30 信息交互能力—竞争优势模型的拟合结果

模型	χ^2	df	RMSEA	TLI	CFI	χ^2/df	GFI	NFI	IFI
项目组合后的模型	217.049	138	0.051	0.972	0.977	1.573	0.904	0.941	0.978
未进行项目组合的原始模型	861.429	391	0.074	0.893	0.904	2.203	0.769	0.838	0.905

从路径分析结果看，以显著性水平 $p<0.05$ 为标准，信息交互能力与竞争优势的八条路径中有三条路径显著，分别是活得久<---演变中的IICs（标准化路径系数为0.755，$p<0.001$）、活得久<---面向研发设计的IICs（标准化路径系数为0.349，$p<0.05$）、活得好<---面向营销管理的IICs（标准化路径系数为0.911，$p<0.001$），见表6-31。因此可以认为，面向营销管理的IICs对企业活得好有积极的促进作用，面向研发设计的IICs和演变中的IICs对企业活得久有积极的促进作用。其余路径不显著。同时，面向研发设计的IICs、面向营销管理的IICs、面向供应链管理的IICs和演变中的IICs四种信息交互能力间存在显著的相互影响。故研究假设 H_{121}、H_{112}、H_{142}通过验证，而研究假设 H_{111}、H_{122}、H_{131}、H_{132}、H_{141}没有通过验证，故假设 H_1 部分成立。

表6-31 信息交互能力—竞争优势模型的路径分析

路径			路径系数	标准化路径系数	标准误 S. E.	临界比 C. R.	显著性 P
CALONG	<---	SCIIC	-0.087	-0.085	0.132	-0.659	0.510
CALONG	<---	EVIIC	0.852	0.755***	0.158	5.401	***
CALONG	<---	RDIIC	0.325	0.349*	0.138	2.360	0.018
CAGOOD	<---	SCIIC	0.253	0.224	0.178	1.421	0.155
CALONG	<---	MAIIC	0.006	0.006	0.111	0.054	0.957
CAGOOD	<---	MAIIC	1.025	0.911***	0.164	6.242	***
CAGOOD	<---	RDIIC	-0.208	-0.204	0.185	-1.127	0.260

续表

路径			路径系数	标准化 路径系数	标准误 S. E.	临界比 C. R.	显著性 P
CAGOOD	<---	EVIIC	0.053	0.043	0.183	0.291	0.771
RDIIC	<-->	MAIIC	1.435	0.859	0.169	8.504	***
MAIIC	<-->	SCIIC	1.307	0.862	0.154	8.499	***
SCIIC	<-->	EVIIC	1.166	0.847	0.151	7.734	***
RDIIC	<-->	SCIIC	1.472	0.882	0.172	8.569	***
MAIIC	<-->	EVIIC	1.100	0.798	0.145	7.575	***
RDIIC	<-->	EVIIC	1.345	0.888	0.169	7.968	***

注：＊表示 $p<0.05$，＊＊表示 $p<0.01$，＊＊＊表示 $p<0.001$。

6.5.3　信息交互能力对价值共创影响的实证分析

根据前文的理论分析，接下来检验四种信息交互能力对价值共创的影响，即验证研究假设 H_{21}、H_{22}、H_{23} 和 H_{24}。建立结构方程模型，如图 6-6 所示。同样采取项目组合法，对四种信息交互能力的各个题项进行处理。

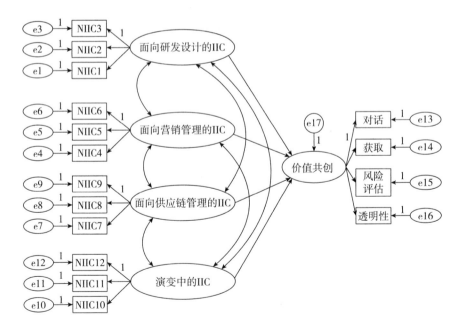

图 6-6　信息交互能力—价值共创的结构方程建模

从分析结果看，如表6-32所示，模型的拟合指数均在可接受范围内，因此综合来看，模型与数据的拟合程度是可以接受的，模型得以确认。同时，表6-32同时还列出了未进行项目组合的原始模型的各项拟合指数，可以看出，进行项目组合后明显提高了模型的拟合程度。

表6-32 信息交互能力—价值共创模型的拟合结果

	χ^2	df	RMSEA	TLI	CFI	χ^2/df	GFI	NFI	IFI
项目组合后的模型	152.833	94	0.053	0.979	0.984	1.626	0.916	0.959	0.984
未进行项目组合的原始模型	761.711	314	0.081	0.900	0.910	2.426	0.773	0.857	0.911

从路径分析结果看，如表6-33所示，以显著性水平p<0.05为标准，有三条路径显著，分别是价值共创<---演变中的IICs（标准化路径系数为0.360，p<0.001）、价值共创<---面向供应链管理的IICs（标准化路径系数为0.333，p<0.01）、价值共创<---面向营销管理的IICs（标准化路径系数为0.362，p<0.001）。因此可以认为，面向营销管理的IICs、面向供应链管理的IICs和演变中的IICs对企业价值共创活动有积极的促进作用。而面向研发设计的IICs对价值共创的影响不明显。故研究假设H_{22}、H_{23}和H_{24}通过验证，而研究假设H_{21}没有通过验证，故假设H_2部分成立。

表6-33 信息交互能力—价值共创模型的路径分析

路径			路径系数	标准化路径系数	标准误 S. E.	临界比 C. R.	显著性 P
VCC	<---	EVIIC	0.335	0.360	0.101	3.328***	***
VCC	<---	SCIIC	0.332	0.333	0.111	2.990**	0.003
VCC	<---	MAIIC	0.308	0.362	0.082	3.766***	***
VCC	<---	RDIIC	-0.054	-0.068	0.102	-0.530	0.596

注：＊表示p<0.05，＊＊表示p<0.01，＊＊＊表示p<0.001。

6.5.4 价值共创对竞争优势影响的实证分析

根据前文的理论分析，接下来检验价值共创对竞争优势的影响，即验证研究假设H_{31}和H_{32}。建立结构方程模型，如图6-7所示。

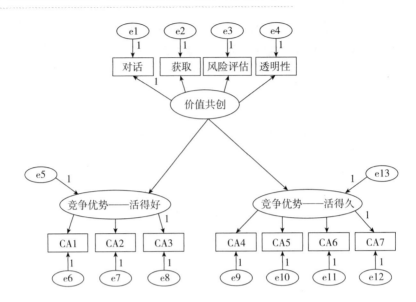

图 6-7　价值共创—竞争优势的结构方程建模

从分析结果看，如表 6-34 所示，模型的拟合指数均在可接受范围内，因此综合来看，模型与数据的拟合程度是可以接受的，模型得以确认。

表 6-34　价值共创—竞争优势模型的拟合结果

	χ^2	Df	RMSEA	TLI	CFI	χ^2/df	GFI	NFI	IFI
VCC-CA 的 Amos 模型	53.103	42	0.035	0.990	0.992	1.264	0.958	0.965	0.992

从路径分析结果看，如表 6-35 所示，以显著性水平 $p<0.05$ 为标准，两条路径都显著，分别是活得好<---价值共创（标准化路径系数为 0.915，$p<0.001$）、活得久<---价值共创（标准化路径系数为 0.926，$p<0.001$）。因此可以认为，价值共创对企业获取竞争优势有积极的促进作用。故研究假设 H_{31} 和 H_{32} 通过验证，假设 H_3 完全成立。

表 6-35　价值共创—竞争优势模型的路径分析

路径			路径系数	标准化路径系数	标准误 S.E.	临界比 C.R.	显著性 P
CAGOOD	<---	VCC	0.892	0.915 ***	0.092	9.665	***
CALONG	<---	VCC	0.791	0.926 ***	0.074	10.630	***

注：* 表示 $p<0.05$，** 表示 $p<0.01$，*** 表示 $p<0.001$。

6.5.5　总体模型的实证分析

本小节对前文构建的理论模型进行整体的结构方程建模，如图 6-8 所示。为了提高拟合程度，同样，本书对自变量信息交互能力的题项做打包处理，即将内容相似的题项组合，以有效减少模型中的参数。

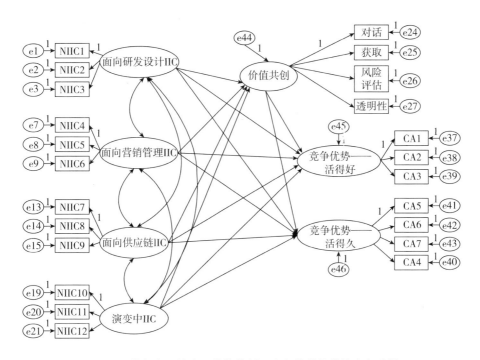

图 6-8　信息交互能力—价值共创—竞争优势的结构方程建模

从分析结果看，如表 6-36 所示，整体模型的拟合指数均在可接受范围内，因此综合来看，模型与数据的拟合程度是可以接受的，模型得以确认。同时，表 6-36 同时还列出了未进行项目组合的原始模型的各项拟合指数可以看出，进行项目组合后明显提高了模型的拟合程度。

表 6-36　信息交互能力—价值共创—竞争优势模型的拟合结果

模型	χ^2	df	RMSEA	TLI	CFI	χ^2/df	GFI	NFI	IFI
项目组合后的模型	325.031	210	0.050	0.970	0.975	1.548	0.900	0.932	0.975
未进行项目组合的原始模型	1054.187	507	0.070	0.899	0.909	2.079	0.761	0.839	0.910

从路径分析结果看（如表 6-37 所示），以显著性水平 p<0.05 为标

准，有八条路径显著，分别是价值共创<---演变中的 IICs（标准化路径系数为 0.348，p<0.001）、价值共创<---面向供应链管理的 IICs（标准化路径系数为 0.339，p<0.01）、价值共创<---面向营销管理的 IICs（标准化路径系数为 0.354，p<0.001）、活得久<---演变中的 IICs（标准化路径系数为 0.604，p<0.001）、活得好<---面向营销管理的 IICs（标准化路径系数为 0.734，p<0.001）、活得久<---面向研发设计的 IICs（标准化路径系数为 0.414，p<0.01）、活得好<---价值共创（标准化路径系数为 0.470，p<0.01）和活得久<---价值共创（标准化路径系数为 0.358，p<0.05），其余路径均不显著。那么，根据 Baron 和 Kenny（1986）的观点，可以认为价值共创在面向营销管理的信息交互能力与活得好之间的关系中起显著中介作用，价值共创在演变中的信息交互能力与活得久之间的关系中起显著中介作用。故研究假设 H_{421} 和 H_{442} 通过验证，其他有关价值共创中介作用的研究假设不成立，因此假设 H_4 部分成立。

表 6-37　信息交互能力—价值共创—竞争优势模型的路径分析

路径			路径系数	标准化路径系数	标准误 S.E.	临界比 C.R.	显著性 P
VCC	<---	EVIIC	0.361	0.348***	0.109	3.320	***
VCC	<---	SCIIC	0.317	0.339**	0.103	3.086	0.002
VCC	<---	MAIIC	0.331	0.354***	0.088	3.776	***
VCC	<---	RDIIC	-0.046	-0.054	0.108	-0.428	0.669
CALONG	<---	EVIIC	0.696	0.604***	0.163	4.265	***
CALONG	<---	SCIIC	-0.220	-0.213	0.143	-1.546	0.122
CAGOOD	<---	SCIIC	0.079	0.070	0.184	0.428	0.669
CALONG	<---	MAIIC	-0.142	-0.137	0.126	-1.130	0.258
CAGOOD	<---	MAIIC	0.827	0.734***	0.173	4.767	***
CALONG	<---	RDIIC	0.393	0.414**	0.138	2.838	0.005
CAGOOD	<---	VCC	0.567	0.470**	0.218	2.602	0.009
CAGOOD	<---	RDIIC	-0.158	-0.153	0.178	-0.886	0.376
CAGOOD	<---	EVIIC	-0.183	-0.146	0.200	-0.916	0.360
CALONG	<---	VCC	0.398	0.358*	0.167	2.376	0.017

注：* 表示 p<0.05，** 表示 p<0.01，*** 表示 p<0.001。

综上所述，基于上述实证分析，全部研究假设的检验结果汇总如表6-38所示。

表6-38　检验结果汇总

假设	内容	检验
H_1	信息交互能力对竞争优势有正向影响	通过
H_{111}	面向研发设计的 IICs 对活得好有正向影响	未通过
H_{112}	面向研发设计的 IICs 对活得久有正向影响	通过
H_{121}	面向营销管理的 IICs 对活得好有正向影响	通过
H_{122}	面向营销管理的 IICs 对活得久有正向影响	未通过
H_{131}	面向供应链管理的 IICs 对活得好有正向影响	未通过
H_{132}	面向供应链管理的 IICs 对活得久有正向影响	未通过
H_{141}	演变中的 IICs 对活得好有正向影响	未通过
H_{142}	演变中的 IICs 对活得久有正向影响	通过
H_2	信息交互能力对价值共创有正向影响	通过
H_{21}	面向研发设计的 IICs 对价值共创有正向影响	未通过
H_{22}	面向营销管理的 IICs 对价值共创有正向影响	通过
H_{23}	面向供应链管理的 IICs 对价值共创有正向影响	通过
H_{24}	演变中的 IICs 对价值共创有正向影响	通过
H_3	价值共创对竞争优势有正向影响	通过
H_{31}	价值共创对活得好有正向影响	通过
H_{32}	价值共创对活得久有正向影响	通过
H_4	价值共创在信息交互能力与竞争优势之间的关系中起显著的中介作用	通过
H_{411}	价值共创在面向研发设计的 IICs 与活得好之间的关系中起显著中介作用	未通过
H_{412}	价值共创在面向研发设计的 IICs 与活得久之间的关系中起显著中介作用	未通过
H_{421}	价值共创在面向营销管理的 IICs 与活得好之间的关系中起显著中介作用	通过

续表

假设	内容	检验
H_{422}	价值共创在面向营销管理的 IICs 与活得久之间的关系中起显著中介作用	未通过
H_{431}	价值共创在面向供应链管理 IICs 与活得好之间的关系中起显著中介作用	未通过
H_{432}	价值共创在面向供应链管理 IICs 与活得久之间的关系中起显著中介作用	未通过
H_{441}	价值共创在演变中的 IICs 与活得好之间的关系中起显著中介作用	未通过
H_{442}	价值共创在演变中的 IICs 与活得久之间的关系中起显著中介作用	通过

6.6 实证结果讨论

6.6.1 信息交互能力与竞争优势的关系

本书重要的理论贡献之一在于基于资源基础理论从组织能力观点提出信息交互能力是新兴信息环境下，企业获取竞争优势的一种新型战略能力。阶层回归分析的结果表明，一方面，信息交互能力对企业的竞争优势是正向影响，企业的信息交互能力越强，企业所表现出来的竞争优势也越强，与研究假设 H_1 一致，企业的信息交互能力与竞争优势呈现显著的正向相关关系，标准化回归系数为 0.847（p<0.001）。这一结果是对 Ramani（2006），Barrett、Davidson 和 Prabhu 等（2015），Karpen、Bove 和 Lukas 等（2015），Neghina、Caniels 和 Bloemer 等（2014）研究的有力补充与支持。另一方面，阶层回归分析的结果还表明，价值共创在信息交互能力与竞争优势之间的关系中起显著的中介作用。同样，Polo Peña 认为交互要以价值共创为导向，只有这样企业才能够通过信息交互获取知识、信息，从而掌握用户偏好和用户需求，获取竞争优势。本书的实证研究结果也是对 Polo Peña 等的观点的有力支持。随着新一代信息技术的发展，用户、企业和合作伙伴之间信息交互从频率、形式和手段等方面都发生了或者正在发展着剧烈变化，企业所拥有的信息交互能力越强，越能够满足用户需求、用户的个性化需求，从而使企业表现出优于竞争对手的竞争优势。

为了进一步深入了解四种信息交互能力对竞争优势的影响机制，本书采用结构方程建模分析四种信息交互能力对竞争优势的影响。结构方程模型分析的结果表明，四种信息交互能力分别通过四条路径影响竞争优势，具体分析如下：

（1）面向研发设计的信息交互能力对活得久有显著的正向影响（标准化路径系数为 0.349，p<0.05）

企业的面向研发设计 IICs 越强，会直接提升企业持续性竞争优势，即活得更久。本书实证研究的结果支持了 Guthrie（2001），Hoyer、Chandy 和 Dorotic 等（2010），Berger 和 Piller（2003），蔡俊亚、党兴华和冯泰文（2013）等的研究。事实上，已有研究表明用户参与和供应商参企业的研发设计和新产品开发对创新绩效有正向影响（例如，Von Hippel，1986；Franke and Von Hippel，2003；Chesbrough and Prencipe，2008；何郁冰，2015；Feng，Sun and Zhang，2010）。本书不仅支持了上述结论，还更进一步证明了面向研发设计的 IICs 对持续性竞争优势有显著影响，具体表现在提升用户、员工和合作伙伴满意度方面。通过员工、用户和合作伙伴共同参与研发设计流程，相互之间信息交互，一方面使企业能够获取外部关键创新资源和有价值的创意，从而使企业获取新产品开发成本和速度、产品交付等多方面的持续竞争优势；另一方面，通过企业与用户、合作伙伴的交互，企业能够尽快、全方位地了解用户需求变化，使企业在用户、合作伙伴的满意度，以及用户的忠诚度等方面获取持续竞争优势。

另外，面向研发设计的信息交互能力对活得好影响不显著（标准化路径系数为-0.204，p 为 0.260）。也就是说，面向研究设计的 IICs 越强，对实现短期竞争优势并没有直接的促进作用，即对企业活得好没有直接的促进作用，甚至面向研发设计的 IICs 对活得好有一定程度的负面影响。这是因为企业增强研发设计的信息交互能力是一项长期投资收益，短期回报不明显，甚至会造成成本升高、资源被占用，从而影响短期收益。所以企业要权衡短期效益和长期效益、短期优势和长期优势，兼顾统一两者的关系。

（2）面向营销管理的信息交互能力对活得好有显著的正向影响（标准化路径系数为 0.911，p<0.001）

企业的面向营销管理的 IICs 越强，会直接提升企业短期竞争优势，即活得更好，而且这种效果非常明显。另外，面向营销管理的信息交互能力对活得久影响不显著（标准化路径系数为 0.006，p 为 0.957）。面向营销管理的 IICs 越强，对实现持续性竞争优势并没有直接的促进作用，即对企业活得久没有直接的促进作用。Ramani 和 Kumar（2008）实证研究证明交互导向对基于顾客的盈利绩效有正向影响，并且对基于顾客关系的绩效也有正向影响，并且许政（2014）、刘艳彬和袁平（2012）、吴兆春和于洪彦（2013）的研究证明上述研究结论在中国企业同样存在。本书的实证研究结果支持上述研究的结论，但是又与上述研究结论并不完全一致。这是因为本书的竞争优势既包括短期竞争优势也包括长期竞争优势，这会表现出不同的影响效果。

（3）面向供应链管理的信息交互能力对活得好影响不显著（标准化路径系数为 0.224，p<0.155）

面向供应链管理的 IICs 越强，对实现短期竞争优势并没有直接的促进作用，即对企业活得好没有直接的促进作用。同时，面向供应链管理的信息交互能力对活得久影响也不显著（标准化路径系数为 -0.085，p 为 0.510）。也就是说，面向供应链管理的 IICs 越强，对实现持续性竞争优势并没有直接的促进作用，即对企业活得久没有直接的促进作用，甚至面向供应链管理的 IICs 对活得久有一定程度的负面影响。

这一实证研究结果与探索性案例分析的结果不一致。可能有以下两方面的原因：①理论上，竞争优势的获取需要同时满足价值性、稀缺性、难以模仿和组织利用四个条件，面向供应链的信息交互能力对价值共创具有正向影响，也就是对价值性的影响是正向且显著的，这一点是可以证实的。但是，对稀缺性、难以模仿和不可替代的影响可能是不显著或负相关，所以综合起来，面向供应链的信息交互能力对竞争优势的获取会出现不确定性。这也进一步说明，竞争优势的获取是四个条件的综合结果，需要综合考虑协同推进。②实践中，专业的第三方供应链管理公司的兴起，也使面向供应链的信息交互能力如同水、电、空气一样稀疏平常，难以成为企业竞争优势来源。而且，那些主要依靠自身的面向供应链信息交互能力的企业，相比专业的第三方供应链管理公司没有优势，反而有可能成为劣势。所以，如果面向供应链的信息交互能力不是竞争优势的核心要素，或者行业已经出现了优势明显的第三方供应链管理公司，企业自建可能不如外包更为合理。

（4）演变中的信息交互能力对活得久有显著的正向影响（标准化路径系数为 0.755，p<0.001）

企业的演变中 IICs 越强，会直接提升企业持续性竞争优势，即活得更久。本书的实证研究结果支持了 Prahalad 和 Ramaswamy（2004），Berger、

Kurz 和 Sturgeon（2001）等学者的研究。

演变中的信息交互能力以企业信息交互无形资源为主，本书更进一步证实了企业的信息交互无形资源，比如企业家精神、企业文化、企业无形资产等更能影响企业长期竞争优势，是企业活得久的关键因素。反过来，演变中的信息交互能力对短期竞争优势不具有显著影响，甚至可能具有部分的负面影响。实证检验也部分证实了这一观点，演变中的信息交互能力对活得好影响不显著（标准化路径系数为-0.043，p 为 0.771）。

6.6.2　信息交互能力与价值共创的关系

本书另一个重要的理论贡献是提出信息交互能力是实现价值共创的底层基础，丰富了价值共创理论，夯实了价值共创理论的基础。首先，阶层回归分析的结果表明，信息交互能力对价值共创具有显著的正向影响（标准化回归系数为 0.844，p<0.001）。也就是说，企业的信息交互越强，越能够实现价值共创。Prahalad 和 Ramaswamy 最早提出基于共同创造用户体验的价值共创理论时，就认为交互是实现价值共创的基础、重要方式和重要场所，没有交互就不可能实现价值共创。本书的实证研究是对 Prahalad 和 Ramaswamy 等学者提出的理论论述的有力支持。企业的信息交互能力，不仅是用户与企业的互动，而是企业通过配置、利用、整合各种信息交互资源形成的信息交互能力，比互动更全面、更深入，是企业实现价值共创的一个重要驱动力量。

为了进一步深入了解各种信息交互能力对价值共创的影响机制，本书采用结构方程建模分析四种信息交互能力对价值共创的影响。结构方程模型分析的结果表明：

（1）面向营销管理的信息交互能力对价值共创有显著的正向影响（标准化路径系数为 0.362，p<0.001）

企业面向营销管理的信息交互能力越强，就越能够实现价值共创。这与 Auh、Bell and McLeod（2007），Grönroos and Gummerus（2014），Neghina、Caniels and Bloemer 等（2014），Ballantyne and Varey（2006），李朝辉（2013）等学者的观点是一致的。

现有研究认为通过企业与用户在特有的营销情景中有关社会性和情感性的交流、联系、交互，形成一种具有异质性的关系，这种关系能够在企业和用户之间产生具有社会性、情感性的价值。本书认为，面向营销管理的 IICs 不仅仅是在用户和企业之间建立异质性关系，而是通过在营销环节，在用户及用户社区、合作伙伴和企业之间，利用各种信息交互资源、建立信息交互的机制和规则，增强用户的参与感，分享用户体验，通过实现对话、获取、风险评估、透明性和共同创造体验，从而实现价值共创。

（2）面向供应链管理的信息交互能力对价值共创有显著的正向影响（标准化路径系数为 0.333，p<0.01）

企业的面向供应链管理的 IICs 越强，越能够实现价值共创。实证研究的结果验证了 Pagell（2004）、简兆权、李雷和柳仪（2013）、Chakraborty 和 Dobrzykowski（2014）以及 Prahalad 和 Ramaswamy（2004）的理论观点，与 Datta 和 Christopher（2011）、Sezen（2008）、Su、Fang 和 Young（2013）的实证研究结果一致。不过，现有实证研究大多集中在 B2B 企业，本书的实证研究证明面向供应链管理的 IICs 对价值共创的正向影响在非 B2B 企业中同样存在（Maas，Herb，Hartmann，2014）。服务主导逻辑理论认为供应链是价值共创网络。通过用户与合作伙伴、专业的服务公司之间深入的信息交互，实现专业知识和技能在供应链各方之间的相互交流，整合不同的流程和各个部门的信息，能够为用户、企业和合作伙伴实现价值增值和价值共创。实际上，供应链各方一直存在相互的联系、授权和活动等形式的信息交互，Prahalad 和 Ramaswamy（2004）认为，用户通过与供应商企业越来越频繁的交互表达偏好，而供应商通过满足用户偏好的交互过程中共同创造价值。因此，可以认为面向供应链的信息交互能力对实现价值共创很重要。

（3）演变中的信息交互能力对价值共创有显著的正向影响（标准化路径系数为 0.360，p<0.001）

新一代信息技术环境下，演变中的信息交互能力主要表现是价值网络层面的信息交互能力，本书实证研究表明，企业具有的演变中的信息交互能力越强，越能够实现价值共创。这与 Prahalad 和 Ramaswamy（2004）、Jaakkola、Helkkula 和 Aarikka-Stenroos（2015）、简兆权和肖霄（2015）等的观点是一致的。价值网络层面的信息交互能力通过体验网络与环境之间的互动，实时配置资源协调变化的用户需求并实现个性化的共同创造体验，高度满足用户需求的同时，能够提升企业效率。价值网络的核心价值在于交互、联通，信息的核心价值在于有序的流通和共享。因此，价值网络成员的信息交互能力对于实现价值共创是非常重要的。价值网络层面的信息交互能力是现阶段信息交互能力的表现形态。未来随着新一代信息技术的发展，交互的手段、方式还在发生变化，演变中的信息交互能力还将有新的表现形态。

（4）面向研发设计的信息交互能力对价值共创的正向影响不显著

面向研发设计的信息交互能力对价值共创有负向影响，尽管这种负向影响并不显著（标准化路径系数为-0.068，p 为 0.596）。也就是说，企业面向研发设计的信息交互能力越强，对实现价值共创并没有直接的促进作用。尽管国外很多理论研究和实证研究表明（例如 Bolton、Saxena-Iyer，2009），用户参与和合作伙伴参与研发设计能够获取外部关键资源，提升新产品的开发速度；通过用户与企业的交互过程，能够满足用户的个性化需求，从而提升用户的个性化体验；通过用户社区中用户、企业、合作伙伴的交互，企业能够免费获取研发创意，降低对创新资源的外部搜索成本。很明显，本书的实证研究结果与上述国外学者的研究结果是不一致的。面向研发设计的 IICs 对价值共创没有显著影响，甚至面向研发设计的 IICs 对价值共创有一定程度的负面影响。

不过，国外学者 Laursen 和 Salter（2006）指出，研发设计过程中与外部合作是有局限性的，合作研发设计会带来一些负面效应，特别是合作伙伴参与研发设计会导致沟通协调成本和难度、企业自身关键技术泄露风险、超负荷的信息量和过度的外部创意所带来的管理问题等。更进一步地，Laursen 和 Salter（2006）研究了创新搜索广度和深度与创新绩效之间的关系，发现创新搜索的广度和深度可以提高创新绩效，但如果创新搜索超出企业的承受范围也会降低企业的创新绩效。陈劲和吴波（2012）等学者的实证研究表明，国内企业特别是科技型企业开放度与创新绩效的关系呈现倒"U"形。也就是说，企业不能无限制开放，需要一个合理的程度。上述研究对本书具有借鉴意义，企业面向研发设计的信息交互同样需要一个合理的程度，企业面向研发与设计的信息交互能力也不是越强越好，需要和其他方面的信息交互能力协同，需要保持在合理的程度。

6.6.3 价值共创与竞争优势的关系

价值共创对竞争优势的正向影响已经被很多学者证明了，本书的研究更加丰富了这一领域的研究。通过阶层回归分析表明，价值共创对竞争优势具有显著的正向影响（标准化回归系数为 0.809，p<0.001）。这与国外学者 Polo Peña、Frías Jamilena 和 Rodríguez Molina（2014），Grissemann 和 Stokburger-Sauer（2012），Hoyer、Chandy 和 Dorotic 等（2010），Karpen、Bove 和 Lukas 等（2015）的研究结果是一致的。也就是说，价值共创不仅对美国企业，特别是 B2C 型电子商务企业的竞争优势具有正向影响，对处在新一代信息技术环境下的中国企业的竞争优势同样具有正向影响。

并且更进一步地，本书通过结构方程模型分析的结果表明，价值共创对活得好（标准化路径系数为 0.915，p<0.001）和活得久（标准化路径系数为 0.926，p<0.001）同时具有显著的正向影响。这一实证研究的结果验证了 Prahalad 和 Ramaswamy（2004）的观点：价值共创活动能够使企业获取短期竞争优势和持续性竞争优势，即价值共创不仅能够使企业活得好，也能够使企业活得久。

价值共创基本要素包括对话、获取、风险评估和透明性。企业通过与用户围绕体验展开深入的对话，能够理解用户体验背后的情感、社会和文化背景，从而了解用户偏好，有利于高效解决双方的沟通问题，实现知识共享，从而提升企业的创新绩效；与传统企业关注价值链、向消费者转移产品所有权不同，价值共创型企业关注的焦点是若让用户获取用户想要的体验。通过在多个交互点上的体验获取和积累，企业可以实现增加销售收入、提升利润率、完成更优质的交付和提升效率，从而使企业活得很好；价值共创的目的是要实现企业、用户和合作伙伴的价值共创，用户是积极的价值共创者，同时也是风险共担者，企业通过提前向用户披露未来的风险，并提供风险管理方案，有力地提升用户的忠诚度，并降低企业风险，让企业在未来可以活得更久，使企业获取持续性竞争优势；新一代信息技术环境下，任何想要凭借信息不对称、不透明性获利的企业，都不可能活得长久。因为，用户可以越来越容易地获取他们想要的一切信息。价值共创型企业不仅在企业内部保持透明性，并始终坚持在用户、合作伙伴和企业之间创造更高的透明性，通过在员工、用户、合作伙伴之间形成信任，能够提升员工、用户和合作伙伴的满意度，而且还有利于提升新产品研发效率，从而使企业获取持续性竞争优势。

6.6.4 价值共创的中介作用

本书重要理论贡献之一是基于价值共创理论视角，分析信息交互能力及其对竞争优势的影响。通过探索性案例分析和基于大规模问卷调查的实证研究表明，将价值共创构念引入基于信息交互能力的企业竞争优势理论分析框架，有利于诠释信息交互能力对竞争优势的影响机制，同时，丰富了价值共创理论体系。本书的实证研究支持了前文有关价值共创在各种信息交互能力与竞争优势之间起到中介作用的部分研究假设。

价值共创在信息交互能力与竞争优势之间的关系中起显著的中介作用。这与 Polo Peña、Frías Jamilena 和 Rodríguez Molina（2014）的研究结论是一致的。Polo Peña 等学者认为，价值共创在 ICT 与用户忠诚度、用户感知价值之间的关系中具有中介作用。本书认为，信息交互能力对竞争优势的影响受到价值共创理论的作用，具体表现为：只有以共同创造用户体验为目标的信息交互才是有意义的信息交互，才是能够获取竞争优势的信息交互；只有以价值共创为导向的信息交互，才能够获取用户偏好和用户需求的相关知识和信息，而在用户为王的市场环境下，掌握了有关用户的有价值的资源，才可能获取竞争优势。

另外，本书认为新一代信息技术与传统 IT 最大的区别在于其对人与人、人与物、物与物之间信息交互方式的深刻改变。新一代信息技术成了全新意义上的信息交互技术和手段。随着移动互联网、物联网、Web2.0/Web3.0、云计算、大数据等新一代信息技术的迅猛发展，企业核心能力、价值创造方式和竞争优势来源都发生着颠覆性变化。为了适应环境的变化，获取持续性竞争优势，企业要充分利用新一代信息技术，培养信息交互能力，才能够共同创造体验，从而获取竞争优势。而本书的实证研究也证明了这一研究假设，价值共创在信息交互能力获取竞争优势的关系中有着重要的促进作用。这与 Ramaswamy（2005）所论述的观点"企业应尽快把传统 IT 能力转变为能够共同创造用户体验的战略能力，通过共同创造体验，从而获取竞争优势"颇为一致。

为了进一步了解不同类型的信息交互能力对竞争优势的影响机制，本书采用结构方程模型对价值共创的中介作用进行了分析，结果显示：

（1）价值共创在面向营销管理的信息交互能力与活得好之间的关系中具有显著的中介作用

结构方程建模的分析结果表明，在"信息交互能力—竞争优势"结构方程模型中，"活得好<-->面向营销管理的信息交互能力"标准化路径系数为 0.911（p<0.001）；在"信息交互能力—价值共创"结构方程模型中，"价值共创<-->面向营销管理的信息交互能力"标准化路径系数为 0.362（p<0.001）；在"信息交互能力—价值共创—竞争优势"结构方程模型中，"活得好<-->面向营销管理的信息交互能力"标准化路径系数为 0.734（p<0.001）。因此，本书实证研究表明，面向营销管理的信息交互能力对短期竞争优势的促进作用部分通过价值共创产生。这是因为以下两点原因：①面向营销管理的信息交互能力虽然可以直接对竞争优势获取产生影响，但是通过价值共创的中介作用，会强化这种影响，这说明企业管理实践中，要将价值共创作为信息交互能力的目标导向，将价值共创作为执行效果的直接衡量目标和标准。②面向营销管理的信息交互对竞争优势

的影响以短期为主，这更加需要注意它的长期性或负面性，否则可能会出现短期是好的、长期却是不好的影响，因此也需要加强价值共创作为直接目标的中介导向作用。

（2）价值共创在演变中的信息交互能力与活得久之间的关系中中介作用明显

结构方程建模的分析结果表明，在"信息交互能力—竞争优势"结构方程模型中，"活得久<-->演变中的信息交互能力"标准化路径系数为0.755（p<0.001）；在"信息交互能力—价值共创"结构方程模型中，"价值共创<-->演变中的信息交互能力"标准化路径系数为0.360（p<0.001）；在"信息交互能力—价值共创—竞争优势"结构方程模型中，"活得久<-->演变中的信息交互能力"标准化路径系数为0.604（p<0.001）。因此，本书实证研究表明，演变中的信息交互能力对持续性竞争优势的促进作用部分通过价值共创产生。这是因为演变中的信息交互对竞争优势的影响以长期为主，这更加需要注意它的短期性或负面性，否则可能会出现长期是好的、短期却是不好的影响，不利于企业的生存。因此，也需要加强价值共创作为直接目标的中介导向作用。

总之，竞争优势的获取和实现是一种多目标多因素的权衡，企业在追求长期竞争优势的过程中，有可能会损害到短期竞争优势的实现。同时，在获取短期竞争优势的过程中，有可能会损害到长期竞争优势获取。这就需要企业设定一些中介导向目标，比如价值共创能兼顾短期优势和长期优势，这样企业才能不仅当前活得很好，而且未来前景也好，从而实现从成功走向成功，最终走上既活得好也活得久的合理道路。

6.6.5 实践启示

管理学本质是实践的科学，管理研究是从实践中来到实践中去，最终目的是服务于实践。通过信息交互能力对价值共创以及竞争优势的影响机制的实证研究，本书发现，其实践启示可以概括为四点：

第一，在新的互联网时代，企业的核心能力发生了变化，企业需要重视并构建IICs，这是具有战略性和全局性的核心能力，是企业构建新商业模式、转型升级、获取持续竞争优势的根源。同时，IICs是一种系统能力，包括多个方面多个层次。企业构建IICs，要注重三种信息交互资源的协同，通过配置、应用和整合自身资源，形成具有自身特色的IICs能力。

第二，企业的本质和宗旨是为用户创造价值。在新的互联网时代，企业创造价值的方式发生了根本变化，由过去的单独创造转变为共同创造，与用户、合作伙伴、利益相关者等进行价值共同创造，这是新时代下企业的共同特征，也是企业获取并保持竞争优势的关键。

第三，传统的竞争优势更多强调当下活得好，强调短期竞争优势获取。本书认为，企业竞争优势的获取不仅要顾及当前更要着眼长远，在活得好与活得久之间取得平衡。IICs 的构建不仅有利于企业短期竞争优势，也有利于长期竞争优势的获取，更重要的是实现两者的平衡，走上活得好与活得久兼顾的健康长寿的发展道路。

第四，以价值观为核心的企业无形资源是构建 IICs 最重要的三大资源之一，对企业长期竞争优势的保持尤为重要。可以看到，伴随新兴互联网企业的迅速崛起的不仅有市场份额、销售收入、公司市值等经济指标，更有用户参与、用户体验、用户口碑等无形资源。这些稀缺的无形资源（以价值观为核心，包括企业文化、企业家精神、新商业文明等），对于当下的中国企业，尤其是传统企业显得弥足珍贵、不可或缺。

总之，中国经济已经进入新常态，"互联网+""工业 4.0"、DT 等新技术、新概念不断涌现，企业可以利用的内外资源、价值创造方式和核心能力正在发生根本改变。IICs 是企业实现转型升级的重要方法和途径，通过构筑 IICs，企业不仅可以充分利用新一代信息技术的有利条件，发挥外部资源效益，更可以实现价值创造方式的转变，由传统的价值单独创造转变为价值共同创造，由简单的信息交换转变为深度的信息交互，由传统的物质投入为主转变为物质与信息并重，完成企业转型升级。当信息交互能力与传统产业结合起来，将会极大地推进中国企业转型升级，增强企业竞争力，最终引领经济新常态。

6.7 本章小结

本章主要对信息交互能力、价值共创和竞争优势三者之间的关系，以及价值共创的中介效应进行了验证。首先，采用相关分析，初步证明变量之间存在关系。其次，采用阶层回归分析法分别对信息交互能力与竞争优势、信息交互能力与价值共创、价值共创与竞争优势以及价值共创的中介效应进行了分析。结果表明，信息交互能力对竞争优势和价值共创都有正向影响，并且价值共创在信息交互能力与竞争优势之间的关系中的中介效应显著，起到部分中介的作用。最后，通过结构方程建模的方法验证四种不同类型信息交互能力分别对价值共创及竞争优势的影响机制，打开信息交互能力影响竞争优势的"黑箱"。分析结果表明，面向研发设计的信息交互能力对企业活得久有正向影响，面向营销管理的信息交互能力对活得好有正向影响，演变中的信息交互能力对活得久有正向影响，面向营销管理的信息交互能力对价值共创有正向影响，面向供应链管理的信息交互能力对价值共创有正向影响，演变中的信息交互能力对价值共创有正向影响，价值共创对活得好有正向影响，价值共创对活得久有正向影响，价值共创在面向营销管理的信息交互能力与活得好之间的关系中起部分中介作用，价值共创在演变中的信息交互能力与活得久之间的关系中起部分中介作用。

7 结 论

在互联网经济时代，如何构建和培育信息交互能力（以下简称 IICs）已经成为企业能否获取并保持竞争优势的核心议题。本书整合资源基础理论、价值共创理论、信息交互理论，综合利用文献研究法、逻辑推理法、规范分析法、探索性案例分析法和二手数据分析法，提出信息交互能力并构建信息交互能力对价值共创及竞争优势影响机制的理论模型，并提出 26 个研究假设。接下来，采用探索性因子分析、验证性因子分析、阶层回归分析和结构方程模型等统计方法，借助 SPSS 22.0 和 Amos 20.0 两种统计分析软件，基于 220 家中国企业的样本数据对上述概念模型和研究假设进行了实证检验，并对实证结果进行了深入分析和讨论。本书的主要结论和创新点总结如下：

第一，基于文献分析和企业实践问题导向，首次提出 IICs 概念体系，包括概念内涵、构成要素、目标和特征。IICs 是以信息交互技术为基础，基于新一代信息技术环境，企业通过配置、应用和整合各种信息交互资源，实现以用户为核心，企业、用户或用户社区、价值网络成员相互之间价值共同创造，从而获取竞争优势的组织能力。IICs 是一项新型企业核心能力，由信息交互基础设施、信息交互人力资源和信息交互无形资源三种要素构成的系统能力。IICs 在继承 Lavie、Dyer 和 Singh 关于网络资源观理论中资源外部性的基础上，进一步提出企业外部的活跃用户是构建企业核心能力的关键资源。有价值的资源不再是以企业为中心，也不只是组织间关系资源，用户也成为企业构建核心能力必须考虑的核心资源。

第二，从价值链和多主体视角，提出 IICs 的分类体系，编制 IICs 量表。本书从要素层、核心层、展现层和网络层四个层次九个方面构建 IICs 的能力体系。接下来，为了使 IICs 分类符合中国企业实践，通过调研访谈，提炼出四种类型 IICs，分别是面向研发设计的 IICs、面向营销管理的 IICs、面向供应链管理的 IICs 和演变中的 IICs。最后，采用规范的量表开发流程和方法，编制 IICs 量表，并验证 IICs 量表是合理且有效的。传统 RBT 理论关于核心能力的研究都是以企业为核心，突出企业自身的重要性。而 IICs 是以企业和用户为核心，突出企业与用户信息交互的重要性，强调企业存在的宗旨是为用户创造价值，而 IICs 是企业与用户及价值网络成员价值共创的能力基础，是企业新的核心能力。

第三，通过理论分析和实证研究，构建 IICs 对价值共创及竞争优势影响机制的理论模型。首先，通过研究表明，具有强 IICs 的企业能实现用户、合作伙伴、员工和企业整体价值最大化，实现短期竞争优势和长期竞争优势相统一，既活得好也活得久。其次，IICs 能够显著增强价值共创的基本要素和高质量的用户体验，从而促进价值共创的实现。再次，价值共创在 IICs 与竞争优势之间起到部分中介作用，IICs 通过正向作用于价值共创，进而提升企业的竞争优势。Barney 和 Hesterly 提出具有价值性、稀缺性、难以模仿性以及组织利用性的资源或能力是企业竞争优势的来源（VRIO 框架）。最后，在继承 VRIO 框架的同时，本书从两方面发展了 VRIO 框架。一方面，不同于 VRIO 框架提出的价值主要是企业单独或协同合作伙伴创造，IICs 认为价值是企业与用户以及价值网络成员共同创造，离开用户参与的价值创造都是难以持久的；另一方面，基于 IICs 的价值共创还能带来独特的用户体验，具有稀缺性、难以模仿性和组织利用性，因此，基于 IICs 实现价值共创是获取竞争优势的新来源。

由于条件所限，本书还存在一定的局限性。具体说明如下：

第一，行业局限性。目前具有强 IICs 的企业以互联网企业为主，但是 IICs 不是专属于互联网企业的核心能力。具体到各个行业，用户或合作伙伴参与研发设计、营销、供应链的流程和机制是什么？效果如何？这些都是需要进一步讨论的。因此，未来需要验证在不同行业中 IICs 的影响因素和机制机理。

第二，案例局限性。案例研究可以涉及单个案例或者多个案例，本书在探索性案例分析中采用了单个案例，这是大部分学者通常采用的做法。本书原本计划采用多案例研究，比如华为、腾讯和阿里等企业都是候选案例研究对象。但是，囿于笔者资源和时间都比较有限，多案例研究的数据收集和分析等环节的操作难度比较大，因此，多案例研究将在未来研究中继续展开。

第三，样本收集局限性。本书通过多种渠道和途径发放问卷，数据收集工作相对困难，尽管最终满足了实证研究所要求的数据样本，但仍然存在一些问题。由于调查对象主要集中在深圳、广州、东莞等沿海发达地区，因而难以排除地域特征的影响，这可能会在一定程度上影响实证研究结果的普适性。另外，行业主要集中在 IT、通信、电子、互联网行业，高新技术企业占主导，代表性和覆盖度不足。因此，本书的研究结论需要在更广泛的地域和行业中进行验证，希望在未来的研究中，能从更广的范围对中国企业进行调研，为中国企业管理实践提供更有价值的研究成果。

参考文献

［1］中国互联网络信息中心．第35次中国互联网络发展状况统计报告［R］．北京：中国互联网络信息中心，2015.

［2］Qureshi S. Theory to Inform Practice to Build Theory：Are Emerging Economies in a Cyclical Relationship with their Information and Communication Technologies？［J］. Information Technology for Development，2014，20（4）：293-295.

［3］俞立平．大数据与大数据经济学［J］.中国软科学，2013（7）：177-183.

［4］Prahalad C. K.，Ramaswamy V. 消费者王朝——与顾客共创价值［M］.王永贵译．北京：机械工业出版社，2005.

［5］Prahalad C. K.，Ramaswamy V. Co-Creation Experiences：The Next Practice in Value Creation［J］. Journal of Interactive Marketing，2004，18（3）：5-14.

［6］Ramaswamy V. Experience Co-Creation：The New Frontier of IT［J］. Leading Edge Forum Journal，2005（6）：41-53.

［7］Wernerfelt B. A Resource-Based View of the Firm［J］. Strategic Management Journal，1984（5）：171-180.

［8］Barney J. Firm Resources and Sustained Competitive Advantage［J］. Journal of Management，1991，17（1）：99-120.

［9］Barney J. Is the Resource-Based "View" a Useful Perspective for Strategic Management Research？［J］. Academy of Management Review，2001，26（1）：41-56.

［10］Grant R. M. The Resource-Based Theory of Competitive Advantage：Implications for Strategy［J］. Califomia Management Review，1991，33（1）：114-135.

［11］Amit R.，Schoemaker P. J. H. Strategic Assets and Organizational Rent［J］. Strategic Management Journal，1993，14（1）：33-46.

［12］ Bharadwaj A. S. A Resource-Based Perspective on Information Technology Capability and Firm Performance：An Empirical Investigation［J］. MIS Quarterly，2000，24（1）：169-196.

［13］ 格兰特·R. M. 公司战略管理［M］.胡挺，张海峰译. 北京：光明日报出版社，2004.

［14］ Ngo L. V.，O'Cass A. Creating Value Offerings Via Operant Resource-Based Capabilities［J］. Industrial Marketing Management，2009，38（1）：45-59.

［15］ Berghman L.，Matthyssens P.，Vandenbempt K. Building Competences for New Customer Value Creation：An Exploratory Study［J］. Industrial Marketing Management，2006，35（8）：961-973.

［16］ 张欣，杨志勇，王永贵. 顾客互动前沿研究——内涵、维度、测量与理论演进脉络述评［J］.国际商务（对外经济贸易大学学报），2014（4）：86-94.

［17］ Ramani G. Interaction Orientation：The New Measure of Marketing Capabilities［D］. JonasStolz：University of Connecticut，2006.

［18］ Payne A. F.，Storbacka K.，Frow P. Managing the Co-Creation of Value［J］. Journal of the Academy of Marketing Science，2008，36（1）：83-96.

［19］ Ramani G.，Kumar V. Interaction Orientation and Firm Performance［J］. Journal of Marketing，2008，72（1）：27-45.

［20］ 庄贵军，廖狄武，张绪兵等. 企业的交互能力与交互策略基于网络交互技术的一个研究框架［J］.营销科学学报，2012，8（4）：59-70.

［21］ 周华. 面向共创价值的企业互动能力研究［D］.华中科技大学博士学位论文，2013.

［22］ 王琳，魏江，周丹. 顾企交互对 KIBS 企业服务创新绩效的作用机制研究［J］.研究与发展管理，2015，27（3）：126-136.

［23］ Bolton R.，Saxena-Iyer S. Interactive Services：A Framework，Synthesis and Research Directions［J］. Journal of Interactive Marketing，2009，23（1）：91-104.

［24］ Ramirez R. Value Co-Production：Intellectual Origins and Implications for Practice and Research［J］. Strategic Management Journal，1999，20（1）：49-65.

［25］武文珍, 陈启杰. 价值共创理论形成路径探析与未来研究展望 ［J］. 外国经济与管理, 2012 (6): 66-73.

［26］Vargo S. L., Lusch R. F. Evolving to a New Dominant Logic for Marketing ［J］. Journal of Marketing, 2004, 68 (1): 1-17.

［27］Ballantyne D., Varey R. J. Creating Value - in - Use through Marketing Interaction: The Exchange Logic of Relating, Communicating and Knowing ［J］. Marketing Theory, 2006, 6 (3): 335-348.

［28］Neghina C., Caniels M. C., Bloemer J. M. et al. Value Cocreation in Service Interactions: Dimensions and Antecedents ［J］. Marketing Theory, 2014 (10): 1-22.

［29］Karpen I. O., Bove L. L., Lukas B. A. Linking Service-Dominant Logic and Strategic Business Practice: A Conceptual Model of a Service-Dominant Orientation ［J］. Journal of Service Research, 2012, 15 (1): 21-38.

［30］简兆权, 肖霄. 网络环境下的服务创新与价值共创: 携程案例研究［J］. 管理工程学报, 2015 (1): 20-29.

［31］San-Martín H., Herrero Á. Influence of the User's Psychological Factors On the Online Purchase Intention in Rural Tourism: Integrating Innovativeness to the UTAUT Framework ［J］. Tourism Management, 2012, 33 (2): 341-350.

［32］Polo Peña A. I., Frías Jamilena D. M., Rodríguez Molina M. Á. Value Co-creation Via Information and Communications Technology ［J］. The Service Industries Journal, 2014, 34 (13): 1043-1059.

［33］Smedlund A. Value Cocreation in Service Platform Business Models ［J］. Service Science, 2012, 4 (1): 79-88.

［34］Grover V., Kohli R. Cocreating IT Value: New Capabilities and Metrics for Multifirm Environments ［J］. MIS Quarterly, 2012, 36 (1): 225-232.

［35］Kohli R., Grover V. Business Value of IT: An Essay On Expanding Research Directions to Keep Up with the Times ［J］. Journal of the Association for Information Systems, 2008, 9 (1): 23-39.

［36］Han K., Oh W., Kun S. I., et al. Value Cocreation and Wealth Spillover in Open Innovation Alliances ［J］. MIS Quarterly, 2012, 36 (1): 291-325.

［37］ Cova B. , Salle R. Marketing Solutions in Accordance with the SD Logic：Co-Creating Value with Customer Network Actors［J］. Industrial Marketing Management，2008，37（3）：270-277.

［38］ Grönroos C. Adopting a Service Logic for Marketing［J］. Marketing Theory，2006，6（3）：317-333.

［39］ Gummesson E. Exit Services Marketing-Enter Service Marketing［J］. Journal of Customer Behaviour，2007，6（2）：113-141.

［40］ Leonard-Barton D. Core Capabilities and Core Rigidities：A Paradox in Managing New Product Development［J］. Strategic Management Journal，1992，13（S1）：111-125.

［41］ 郑杨硕. 信息交互设计方式的历史演进研究［D］.武汉理工大学博士学位论文，2013.

［42］ 刘艳彬，袁平. 互动导向与企业绩效关系的实证研究［J］.科研管理，2012，33（8）：25-34.

［43］ 杜运周，张玉利. 互动导向与新企业绩效：组织合法性中介作用［J］.管理科学，2012（4）：22-30.

［44］ 吴兆春，于洪彦. 互动导向、顾客关系与公司绩效——基于中国大陆的实证研究［J］.经济管理，2013（5）：88-95.

［45］ 许政. 互动导向、创新和企业绩效的关系研究［D］.吉林大学博士学位论文，2013.

［46］ 涂剑波，张明立. 虚拟社区中的互动对共创价值影响的实证研究［J］.湖南大学学报（自然科学版），2013（11）：114-119.

［47］ 卫海英，骆紫薇. 中国的服务企业如何与顾客建立长期关系？——企业互动导向、变革型领导和员工互动响应对中国式顾客关系的双驱动模型［J］.管理世界，2014（1）：105-119.

［48］ Martinez M. G. Co-Creation of Value by Open Innovation：Unlocking New Sources of Competitive Advantage［J］. Agribusiness，2014，30（2）：132-147.

［49］ Alonso-Almeida M. M. , Llach J. Adoption and Use of Technology in Small Business Environments［J］. The Service Industries Journal，2013，33（15-16）：1456-1472.

［50］ Kowalkowski C. , Kindström D. , Gebauer H. ICT as a Catalyst for Service Business Orientation［J］. Journal of Business & Industrial Marketing，

2013, 28 (6): 506-513.

[51] Poulis E., Poulis K., Dooley L. "Information Communication Technology" Innovation in a Non-High Technology Sector: Achieving Competitive Advantage in the Shipping Industry [J]. The Service Industries Journal, 2013, 33 (6): 594-608.

[52] Karpen I. O., Bove L. L., Lukas B. A., et al. Service-Dominant Orientation: Measurement and Impact On Performance Outcomes [J]. Journal of Retailing, 2015, 91 (1): 89-108.

[53] 项贞霆. 基于 RFID 的物流信息交互系统数据规范设计与实现 [D]. 上海交通大学硕士学位论文, 2011.

[54] 涂婉丽, 徐轶群, 钟舜聪. Web 环境下工业自动化信息交互平台 [J]. 机电工程, 2014, 31 (11): 1447-1452.

[55] 胡永利, 孙艳丰, 尹宝才. 物联网信息感知与交互技术 [J]. 计算机学报, 2012, 35 (6): 1147-1163.

[56] 张发明. 基于交互密度算子的交互式群体评价信息集结方法及其应用 [J]. 中国管理科学, 2014, 22 (12): 142-149.

[57] Parsons P., Sedig K. Adjustable Properties of Visual Representations: Improving the Quality of Human - Information Interaction [J]. Journal of the Association for Information Science and Technology, 2014, 65 (3): 455-482.

[58] Sun Y., Yuan Y., Wang G. An On-Line Sequential Learning Method in Social Networks for Node Classification [J]. Neurocomputing, 2015, 149 (PartA 3): 207-214.

[59] Chirico A., Lucidi F., De Laurentiis M., et al. Virtual Reality in Health System: Beyond Entertainment. A Mini-Review on the Efficacy of VR During Cancer Treatment [J]. Journal of Cellular Physiology, 2016, 232 (2): 275-287.

[60] Dincturk M. E., Jourdan G. V., Bochmann G. V., et al. A Model-Based Approach for Crawling Rich Internet Applications [J]. ACM Transactions On the Web, 2014, 8 (3): 19-39.

[61] Varadarajan R., Srinivasan R., Vadakkepatt G. G., et al. Interactive Technologies and Retailing Strategy: A Review, Conceptual Framework and Future Research Directions [J]. Journal of Interactive Marketing, 2010, 24 (2): 96-110.

［62］Riquelme I. P., Roman S. The Influence of Consumers' Cognitive and Psychographic Traits on Perceived Deception：A Comparison Between Online and Offline Retailing Contexts［J］. Journal of Business Ethics，2014，119（3）：405-422.

［63］Berry L. L., Bolton R. N., Bridges C. H. et al. Opportunities for Innovation in the Delivery of Retail Interactive Services［J］. Journal of Interactive Marketing，2010，24（2）：155-167.

［64］Huang T., Liao S. A Model of Acceptance of Augmented-Reality Interactive Technology：The Moderating Role of Cognitive Innovativeness［J］. Electronic Commerce Research，2015，15（2）：269-295.

［65］Cao L. L. Business Model Transformation in Moving to a Cross-Channel Retail Strategy：A Case Study［J］. International Journal of Electronic Commerce，2014，18（4）：69-95.

［66］Cooper A., Reimann R., Cronin D. About Face 3 交互设计精髓 ［M］. 刘松涛译. 北京：电子工业出版社，2008.

［67］Cooper A. 交互设计之路：让高科技产品回归人性［M］. 丁全钢译. 第 2 版. 北京：电子工业出版社，2006.

［68］Gruber M., De Leon N., George G. et al. Managing by Design ［J］. Academy of Management Journal，2015，58（1）：1-7.

［69］Eom S. Empirical Research On Effects of Interaction On Elearning Satisfaction and Outcome：A Review and Future Research Direction［C］. Poland：2014 International Conference on Education Technologies and Computers（ICETC），2014：98-102.

［70］Motlagh M. N., Fehresti S., Talebi Z. et al. The Study of the Teacher's Role and Student Interaction in E-Learning Process［C］. Shiraz：4th International Conference on E-Learning and E-Teaching（ICELET），2013：130-134.

［71］Galvagno M., Dalli D. Theory of Value Co-Creation：A Systematic Literature Review［J］. Managing Service Quality，2014，24（6）：643-683.

［72］Zhang X., Chen R. Examining the Mechanism of the Value Co-Creation with Customers［J］. International Journal of Production Economics，2008，116（2）：242-250.

［73］张祥，陈荣秋. 竞争优势的新来源：与顾客共创价值［J］. 管理

工程学报，2009（4）：14-19.

[74] Gouillart F. J. The Race to Implement Co-Creation of Value with Stakeholders: Five Approaches to Competitive Advantage [J]. Strategy & Leadership, 2014, 42 (1): 2-8.

[75] 任际范，徐进，梁新弘. 基于 DART 模型的企业间价值共创量表开发[J]. 暨南学报（哲学社会科学版），2014（4）：93-103.

[76] Chakraborty S., Bhattacharya S., Dobrzykowski D. D. Impact of Supply Chain Collaboration on Value Co-Creation and Firm Performance: A Healthcare Service Sector Perspective [J]. Procedia Economics and Finance, 2014 (11): 676-694.

[77] Grissemann U. S., Stokburger-Sauer N. E. Customer Co-Creation of Travel Services: The Role of Company Support and Customer Satisfaction with the Co-Creation Performance [J]. Tourism Management, 2012, 33 (6): 1483-1492.

[78] 夏清华. 从资源到能力——竞争优势战略综述[J]. 管理世界，2002（4）：109-114.

[79] Rumelt R. P. Diversification Strategy and Profitability [J]. Strategic Management Journal, 1982, 3 (4): 359-369.

[80] Barney J. B., Hesterly W. S. Strategic Management and Competitive Advantage: Concepts and Cases [M]. New Jersey: Pearson, 2012.

[81] Barney J. B., Clark D. Resource-Based Theory: Creating and Sustaining Competitive Advantage [M]. New York: Oxford University Press, 2007.

[82] Kozlenkova I. V., Samaha S. A., Palmatier R. W. Resource-Based Theory in Marketing [J]. Journal of the Academy of Marketing Science, 2014, 42 (1): 1-21.

[83] Prahalad C. K., Hamel G. The Core Competence of the Corporation [J]. Harvard Business Review, 1990, 68 (3): 79-90.

[84] Teece D. J., Pisano G., Shuen A. Dynamic Capabilities and Strategic Management [J]. Strategic Management Journal, 1997, 18 (7): 509-533.

[85] Dyer J. H., Singh H. The Relational View: Cooperative Strategy and Sources of Interorganizational Competitive Advantage [J]. The Academy of Management Review, 1998, 23 (4): 660-679.

[86] Lavie D. The Competitive Advantage of Interconnected Firms: An

Extension of the Resource-Based View [J]. The Academy of Management Review, 2006, 31 (3): 638-658.

［87］董保宝，李全喜．竞争优势研究脉络梳理与整合研究框架构建——基于资源与能力视角[J]．外国经济与管理，2013，35（3）：2-11．

［88］Vargo S. L., Lusch R. F. Service-Dominant Logic: Continuing the Evolution[J]. Journal of the Academy of Marketing Science, 2008, 36 (1): 1-10.

［89］Yi Y., Gong T. Customer Value Co-Creation Behavior: Scale Development and Validation [J]. Journal of Business Research, 2013, 66 (9): 1279-1284.

［90］Day G. S. The Capabilities of Market-Driven Organizations [J]. The Journal of Marketing, 1994 (10): 37-52.

［91］Eisenhardt K. M. Building Theories From Case Study Research [J]. Academy of Management Review, 1989, 14 (4): 532-550.

［92］Yin R. K. Case Study Research: Design and Methods [M]. Thousand Oaks: Sage publications, 2013.

［93］维纳．控制论：或关于在动物和机器中控制和通信的科学[M]．郝季仁译．北京：北京大学出版社，2007．

［94］梁靓．开放式创新中合作伙伴异质性对创新绩效的影响机制研究[D]．浙江大学博士学位论文，2014．

［95］Chae H., Koh C., Prybutok V. Information Technology Capability and Firm Performance: Contradictory Findings and their Possible Causes [J]. MIS Quarterly, 2014, 38 (1): 305-326.

［96］波特．竞争优势[M]．郭武军，刘亮译．华夏出版社，2012．

［97］Normann R., Ramirez R. Designing Interactive Strategy: From Value Chain to Value Constellation [M]. Chichester: Wiley, 1994.

［98］Robinson J. The Economics of Imperfect Competition [M]. London: MacMillan Press, 1933.

［99］Chamberlin E. H. Monopolistic Or Imperfect Competition [J]. Quarterly Journal of Economics, 1937, 51 (4): 557-580.

［100］Penrose E. The Theory of the Growth of the Firm [M]. London: Basil Blackwell, 1959.

［101］Rumelt R. P., Lamb R. Competitive Strategic Management [M].

NJ Englewood Cliffs：Prentice-Hall，1984.

［102］Dierickx I.，Cool K. Asset Stock Accumulation and Sustainability of Competitive Advantage［J］. Management Science，1989，35（12）：1504-1511.

［103］Peteraf M. A. The Cornerstones of Competitive Advantage：A Resource-Based View［J］. Strategic Management Journal，1993，14（3）：179-191.

［104］Eisenhardt K. M.，Martin J. A. Dynamic Capabilities：What are they?［J］. Strategic Management Journal，2000，21（1）：1105-1121.

［105］Rothaermel F. T.，Alexandre M. T. Ambidexterity in Technology Sourcing：The Moderating Role of Absorptive Capacity［J］. Organization Science，2009，20（4）：759-780.

［106］陈彦亮，高闯. 基于组织双元能力的惯例复制机制研究［J］. 中国工业经济，2014（10）：147-159.

［107］Wikström S. Value Creation by Company - Consumer Interaction ［J］. Journal of Marketing Management，1996，12（5）：359-374.

［108］Grönroos C. Service Logic Revisited：Who Creates Value? And Who Co-Creates?［J］. European Business Review，2008，20（4）：298-314.

［109］马双. 顾客参与价值共创研究的理论探讨与实证研究［D］. 对外经济贸易大学博士学位论文，2014.

［110］Jaakkola E.，Alexander M. The Role of Customer Engagement Behavior in Value Co-Creation a Service System Perspective［J］. Journal of Service Research，2014（4）：1-15.

［111］张明立，涂剑波，王崇彩. 广义虚拟经济视角下的顾客体验质量对共创价值的影响研究［J］. 广义虚拟经济研究，2013（3）：45-54.

［112］Nudurupati S.，Bhattacharya A.，Lascelles D.，et al. Strategic Sourcing with Multi-Stakeholders through Value Co-Creation：An Evidence From Global Health Care Company［J］. International Journal of Production Economics，2015（1）：1-10.

［113］Alexander. Value Co-Creation：Exploring the Effects of Collaborating with a Proactive Generation of Customers［D］. Glasgow，UK：University of Strathclyde，2012.

［114］Grönroos C.，Gummerus J. The Service Revolution and its Marketing

Implications：Service Logic Vs Service‐Dominant Logic［J］. Managing Service Quality，2014，24（3）：206-229.

［115］陈豫. 面向信息服务的信息技术［M］.北京：国防工业出版社，2013.

［116］Miklas Andrew G.，Gollu Kiran K.，Chan Kelvin K. W.，et al. Exploiting Social Interactions in Mobile Systems［C］. Innsbruck，AUSTRIA：9Th International Conference On Ubiquitous Computing，2007：409-428.

［117］杨文彩，易树平，丁婧等. 制造业信息化环境下人—信息系统交互效率影响因素的因子分析［J］.科研管理，2007，28（6）：159-166.

［118］张晓兰.移动环境下的大规模定制供应链研究［D］.复旦大学硕士学位论文，2009.

［119］易树平，王毅，张力等. 汽车供应链主动式信息交互系统研究与应用［J］.北京理工大学学报，2009，29（8）：667-672.

［120］Kludas J.，Bruno E.，Marchand－Maillet S. Can Feature Information Interaction Help for Information Fusion in Multimedia Problems？［J］. Multimedia Tools and Applications，2009，42（1）：57-71.

［121］Toms E. G. Information Interaction：Providing a Framework for Information Architecture［J］. Journal of the American Society for Information Science and Technology，2002，53（10）：855-862.

［122］Barrett M.，Davidson E.，Prabhu J.，et al. Service Innovation in the Digital Age：Key Contributions and Future Directions［J］. MIS Quarterly，2015，39（1）：135-154.

［123］Liao S. H.，Kuo F. I. The Study of Relationships Between the Collaboration for Supply Chain，Supply Chain Capabilities and Firm Performance：A Case of the Taiwan's TFT-LCD Industry［J］. International Journal of Production Economics，2014（156）：295-304.

［124］Payne A.，Storbacka K.，Frow P.，et al. Co－Creating Brands：Diagnosing and Designing the Relationship Experience［J］. Journal of Business Research，2009，62（3）：379-389.

［125］Hoyer W. D.，Chandy R.，Dorotic M.，et al. Consumer Cocreation in New Product Development［J］. Journal of Service Research，2010，13（3）：283-296.

［126］Pan S. L.，Tan B. Demystifying Case Research：A Structured －

Pragmatic – Situational (SPS) Approach to Conducting Case Studies [J]. Information and Organization, 2011, 21 (3): 161-176.

[127] 赵斌, 栾虹, 李新建等. 科技人员主动创新行为: 概念界定与量表开发[J]. 科学学研究, 2014, 32 (1): 148-157.

[128] 弗里克. 质性研究导引[M]. 孙进译. 重庆: 重庆大学出版社, 2011.

[129] 吴明隆. 问卷统计分析实务——SPSS 操作与应用[M]. 第 2 版. 重庆: 重庆大学出版社, 2010.

[130] 罗胜强, 姜嬿. 管理学问卷调查研究方法[M]. 重庆: 重庆大学出版社, 2014.

[131] Diamantopoulos A., Winklhofer H. M. Index Con–Struction with Formative Indicators: An Alternative to Scale Development [J]. Journal of Marketing Research, 2001, 38 (2): 269-277.

[132] Hair J. F., Anderson R. E., Tatham R. L., et al. Multivariate Analysis [M]. Englewood: Prentice Hall International, 1998.

[133] Ahire S. L., Golhar D. Y., Waller M. A. Development and Validation of TQM Implementation Constructs [J]. Decision Sciences, 1996, 27 (1): 23-56.

[134] Anderson J. C., Gerbing D. W. Structural Equation Modeling in Practice: A Review and Recommended Two-Step Approach [J]. Psychological Bulletin, 1988, 103 (3): 411-423.

[135] 侯杰泰, 温忠麟, 成子娟. 结构方程模型及其应用[M]. 北京: 教育科学出版社, 2004.

[136] Von Hippel E. Lead Users: A Source of Novel Product Concepts [J]. Management Science, 1986, 32 (7): 791-805.

[137] Durmuşoğlu S. S., Barczak G. The Use of Information Technology Tools in New Product Development Phases: Analysis of Effects On New Product Innovativeness, Quality, and Market Performance [J]. Industrial Marketing Management, 2011, 40 (2): 321-330.

[138] Guthrie J. The Management, Measurement and the Reporting of Intellectual Capital [J]. Journal of Intellectual Capital, 2001, 2 (1): 27-41.

[139] Zhou K. Z., Yim C. K., Tse D. K. The Effects of Strategic Orientations On Technology – And Market – Based Breakthrough Innovations [J].

Journal of Marketing, 2005, 69（2）: 42-60.

［140］Franke N., Von Hippel E. Satisfying Heterogeneous User Needs Via Innovation Toolkits: The Case of Apache Security Software［J］. Research Policy, 2003, 32（7）: 1199-1215.

［141］Berger C., Piller F. Customers as Co-Designers［J］. Manufacturing Engineer London, 2003, 82（4）: 42-45.

［142］Chesbrough H., Prencipe A. Networks of Innovation and Modularity: A Dynamic Perspective［J］. International Journal of Technology Management, 2008, 42（4）: 414-425.

［143］何郁冰. 国内外开放式创新研究动态与展望［J］. 科学学与科学技术管理, 2015, 36（3）: 1-12.

［144］蔡俊亚, 党兴华, 冯泰文. 客户参与和供应商参与对企业绩效的影响研究［J］. 研究与发展管理, 2013（3）: 53-63.

［145］Feng T., Sun L., Zhang Y. The Effects of Customer and Supplier Involvement On Competitive Advantage: An Empirical Study in China［J］. Industrial Marketing Management, 2010, 39（8）: 1384-1394.

［146］Melián Alzola L., Padrón Robaina V. The Impact of Pre-Sale and Post-Sale Factors On Online Purchasing Satisfaction: A Survey［J］. International Journal of Quality & Reliability Management, 2010, 27（2）: 121-137.

［147］Lee J. N., Pi S. M., Ron C. K., et al. The Contribution of Commitment Value in Internet Commerce: An Empirical Investigation［J］. Journal of the Association for Information Systems, 2003, 4（1）: 39-64.

［148］Lowson B., King R., Hunter A. Quick Response: Managing the Supply Chain to Meet Consumer Demand［M］. Hoboken: John Wiley & Sons, 1999.

［149］Noorderhaven N., Harzing A. Knowledge-Sharing and Social Interaction within MNEs［J］. Journal of International Business Studies, 2009（40）: 719-741.

［150］Kothandaraman P., Wilson D. T. Implementing Relationship Strategy［J］. Industrial Marketing Management, 2000, 29（4）: 339-349.

［151］Berger S., Kurz C., Sturgeon T., et al. Globalization, Production Networks, and National Models of Capitalism-On the Possibilities of New Productive Systems and Institutional Diversity in an Enlarging Europe [J]. SOFI-Mitteilungen, 2001 (29): 59-72.

[152] Kelley S. W., Donnelly J. H., Skinner S. J. Customer Participation in Service Production and Delivery [J]. Journal of Retailing, 1990, 66 (3): 315-335.

[153] Alam I., Perry C. A Customer-Oriented New Service Development Proeess [J]. Journal of Service Marketing, 2002, 16 (6): 515-534.

[154] 彭程. 用户参与协同创新绩效影响因素研究[D]. 哈尔滨工业大学硕士学位论文, 2014.

[155] Nalebuff B. J., Brandenburger A., Maulana A. Co-Opetition [M]. UK: Harper Collins Business, 1996.

[156] Auh S., Bell S. J., Mcleod C. S., et al. Co-Production and Customer Loyalty in Financial Services [J]. Journal of Retailing, 2007, 83 (3): 359-370.

[157] Cova B., Pace S. Brand Community of Convenience Products: New Forms of Customer Empowerment-The Case "My Nutella the Community" [J]. European Journal of Marketing, 2006, 40 (9/10): 1087-1105.

[158] 李朝辉. 基于顾客参与视角的虚拟品牌社区价值共创研究 [D]. 北京邮电大学博士学位论文, 2013.

[159] 简兆权, 李雷, 柳仪. 服务供应链整合及其对服务创新影响研究述评与展望[J]. 外国经济与管理, 2013 (1): 37-46.

[160] Croson R., Donohue K. Behavioral Causes of the Bullwhip Effect and the Observed Value of Inventory Information [J]. Management Science, 2006, 52 (3): 323-336.

[161] Vargo S. L., Lusch R. F. It's All B2B... and Beyond: Toward a Systems Perspective of the Market [J]. Industrial Marketing Management, 2011, 40 (2): 181-187.

[162] Maas S., Herb S., Hartmann E. Supply Chain Services From a Service-Dominant Perspective: A Content Analysis [J]. International Journal of Physical Distribution & Logistics Management, 2014, 44 (1/2): 58-79.

[163] Pagell M. Understanding the Factors that Enable and Inhibit the Integration of Operations, Purchasing and Logistics [J]. Journal of Operations Management, 2004, 22 (5): 459-487.

［164］ Chiarini A. Strategies for Developing an Environmentally Sustainable Supply Chain: Differences Between Manufacturing and Service Sectors ［J］. Business Strategy and the Environment, 2014, 23 (7): 493-504.

［165］ Gambetti R. C. , Giovanardi M. Re-Visiting the Supply Chain: A Communication Perspective ［J］. Corporate Communications: An International Journal, 2013, 18 (4): 390-416.

［166］ Chakraborty S. , Dobrzykowski D. D. Examining Value Co-Creation in Healthcare Purchasing: A Supply Chain View ［J］. Business: Theory and Practice, 2014, 15 (2): 179-190.

［167］ Datta P. P. , Christopher M. G. Information Sharing and Coordination Mechanisms for Managing Uncertainty in Supply Chains: A Simulation Study ［J］. International Journal of Production Research, 2011, 49 (3): 765-803.

［168］ Sezen B. Relative Effects of Design, Integration and Information Sharing On Supply Chain Performance ［J］. Supply Chain Management: An International Journal, 2008, 13 (3): 233-240.

［169］ Holweg M. , Disney S. , Holmström J. , et al. Supply Chain Collaboration: Making Sense of the Strategy Continuum ［J］. European Management Journal, 2005, 23 (2): 170-181.

［170］ Su H. Y. , Fang S. C. , Young C. S. Influences of Relationship Transparency From Intellectual Capital Reporting On Supply Chain Partnerships with Suppliers: A Field Experiment ［J］. Supply Chain Management: An International Journal, 2013, 18 (2): 178-193.

［171］ Normann R. , Ramirez R. Designing Interactive Strategy ［J］. Harvard Business Review, 1993, 71 (4): 65-77.

［172］ Vanvactor J. D. A Case Study of Collaborative Communications within Healthcare Logistics ［J］. Leadership in Health Services, 2011, 24 (1): 51-63.

［173］ Jaakkola E. , Helkkula A. , Aarikka - Stenroos L. Service Experience Co-Creation: Conceptualization, Implications, and Future Research Directions ［J］. Journal of Service Management, 2015, 26 (2): 182-205.

［174］ Tax S. S. , Mccutcheon D. , Wilkinson I. F. The Service Delivery Network (SDN) a Customer-Centric Perspective of the Customer Journey ［J］. Journal of Service Research, 2013, 16 (4): 454-470.

[175] Polo Peña A. I. , Frías Jamilena D. M. , Rodríguez Molina M. Á. The Perceived Value of the Rural Tourism Stay and its Effect On Rural Tourist Behaviour [J]. Journal of Sustainable Tourism, 2012, 20 (8): 1045-1065.

[176] Gallarza M. G. , Saura I. G. Value Dimensions, Perceived Value, Satisfaction and Loyalty: An Investigation of University Students' Travel Behaviour [J]. Tourism Management, 2006, 27 (3): 437-452.

[177] Churchill Jr G. A. A Paradigm for Developing Better Measures of Marketing Constructs [J]. Journal of Marketing Research, 1979, 16 (1): 64-73.

[178] Morgan R. E. , Berthon P. Market Orientation, Generative Learning, Innovation Strategy and Business Performance Inter - Relationships in Bioscience Firms [J]. Journal of Management Studies, 2008, 45 (8): 1329-1353.

[179] 赵立龙. 制造企业服务创新战略对竞争优势的影响机制研究 [D]. 浙江大学博士学位论文, 2012.

[180] Leonidou L. C. , Fotiadis T. A. , Christodoulides P. , et al. Environmentally Friendly Export Business Strategy: Its Determinants and Effects On Competitive Advantage and Performance [J]. International Business Review, 2015 (1): 1-14.

[181] Schulte M. The Effect of International Corporate Strategies and Information and Communication Technologies On Competitive Advantage and Firm Performance: An Exploratory Study of the International Engineering, Procurement and Construction Industry [D]. Washington: George Washington University, 1999.

[182] 李玉芳. 企业内外部人力资本对创新绩效的作用机理 [D]. 浙江大学博士学位论文, 2014.

[183] 李文丽. 企业专利能力及其对竞争优势作用机理的研究 [D]. 吉林大学博士学位论文, 2011.

[184] 杨慧, 宋华明, 俞安平. 服务型制造模式的竞争优势分析与实证研究——基于江苏 200 家制造企业数据 [J]. 管理评论, 2014, 26 (3): 89-99.

[185] Oh L. B. , Teo H. H. Consumer Value Co-Creation in a Hybrid Commerce Service - Delivery System [J]. International Journal of Electronic Commerce, 2010, 14 (3): 35-62.

[186] Nambisan S. , Baron R. A. Virtual Customer Environments: Testing

a Model of Voluntary Participation in Value Co‐Creation Activities [J]. Journal of Product Innovation Management, 2009, 26 (4): 388-406.

[187] Walter A, Ritter T, Gemünden H G. Value Creation in Buyer‐Seller Relationships: Theoretical Considerations and Empirical Results From a Supplier's Perspective [J]. Industrial Marketing Management, 2001, 30 (4): 365-377.

[188] Möller K. Role of Competences in Creating Customer Value: A Value‐Creation Logic Approach [J]. Industrial Marketing Management, 2006, 35 (8): 913-924.

[189] 郭国庆, 姚亚男. 服务主导逻辑下价值共创过程及测量——基于生产率视角的初步分析[J]. 财贸经济, 2013 (5): 131-137.

[190] 吴航. 企业国际化、动态能力与创新绩效关系研究[D]. 浙江大学博士学位论文, 2014.

[191] 吴明隆. 结构方程模型——Amos 的操作与应用[M]. 重庆: 重庆大学出版社, 2010.

[192] Baron R. M., Kenny D. A. The Moderator Mediator Variable Distinction in Social Psychological Research: Conceptual, Strategic, and Statistical Considerations [J]. Journal of Personality and Social Psychology, 1986, 51 (6): 1173-1182.

[193] Laursen K., Salter A. Open for Innovation: The Role of Openness in Explaining Innovation Performance Among UK Manufacturing Firms [J]. Strategic Management Journal, 2006, 27 (2): 131-150.

[194] 陈劲, 吴波. 开放式创新下企业开放度与外部关键资源获取[J]. 科研管理, 2012 (9): 10-21.

附　录

信息交互能力、价值共创与竞争优势研究的调查问卷

尊敬的女士/先生：

　　您好！

　　进入 21 世纪以来，新一轮科技革命与产业变革正在孕育兴起，以移动互联网、物联网、云计算、大数据等为代表的新一代信息技术正在颠覆性地改变着企业核心能力、价值创造方式和竞争优势来源。与传统信息技术相比，新一代信息技术最大的不同是信息交互能力：企业可以更高效、更便捷、更低成本地与用户、与合作伙伴等价值网络成员进行信息交互，实现价值共创，从而获取竞争优势。对企业而言，信息交互能力是一项新的核心能力，是竞争优势的新来源，是引领经济新常态的战略选择。

　　为了对信息交互能力、价值共创与竞争优势进行深入研究，我们组织了本次调查，希望得到您的支持。

　　本次调查由哈尔滨工业大学深圳研究生院应用经济与金融研究中心主导，所有问卷信息仅用作学术研究，将严格保密；研究结果只展现汇总统计信息，绝不涉及任何个体信息。

　　真诚感谢您的参与！

　　祝您：身体健康、工作顺利、阖家幸福！

　　　　　　哈尔滨工业大学深圳研究生院应用经济与金融研究中心

第一部分　企业基本信息

1. 企业名称＿＿＿＿＿＿＿＿＿＿＿＿＿＿＿＿＿＿＿

企业成立时间＿＿＿＿＿＿＿＿＿员工人数＿＿＿＿＿＿＿＿＿

2. 企业所有权性质：①上市公司　②国有　③合资　④外资　⑤私有　⑥民营　⑦其他＿＿＿＿＿

3. 企业主营业务所属行业：①IT｜通信｜电子｜互联网　②金融业　③房地产｜建筑业　④商业服务｜专业服务｜咨询　⑤贸易｜批发｜零售｜租赁业　⑥生产｜加工｜制造　⑦交通｜运输｜物流｜仓储　⑧能源｜矿产｜环保⑨酒店｜餐饮｜旅游｜度假　⑩医药｜生物工程｜医疗设备｜器械　⑪其他＿＿＿＿＿

第二部分　信息交互能力

对比同行企业或主要竞争对手，您认为贵企业更符合以下哪种描述？	非常差 1	差 2	有点差 3	普通 4	有点好 5	好 6	非常好 7
1. 用户参与研发设计的 IT 基础设施，例如用户社区论坛、开放平台等	1	2	3	4	5	6	7
2. 用户参与研发设计的流程，例如用户体验设计模式、不断试错及快速迭代设计等	1	2	3	4	5	6	7
3. 用户参与研发设计的效果，包括用户参与人数、参与频率以及黏性等	1	2	3	4	5	6	7
4. 合作伙伴参与研发设计的 IT 基础设施，例如社区、开放研发平台等	1	2	3	4	5	6	7
5. 合作伙伴参与研发设计的流程或机制，例如开放创新联盟等	1	2	3	4	5	6	7
6. 合作伙伴参与研发设计的效果，包括合作伙伴参与的数量、频率、力度等	1	2	3	4	5	6	7
7. 用户参与营销的 IT 基础设施，例如论坛、自媒体、社交平台、APP、微信等	1	2	3	4	5	6	7

续表

对比同行企业或主要竞争对手，您认为贵企业更符合以下哪种描述？	非常差 1	差 2	有点差 3	普通 4	有点好 5	好 6	非常好 7
8. 用户参与营销的流程，例如网络口碑营销等	1	2	3	4	5	6	7
9. 用户参与营销的效果，包括用户参与人数、参与频率以及黏性等	1	2	3	4	5	6	7
10. 合作伙伴参与营销的 IT 基础设施，例如合作营销平台	1	2	3	4	5	6	7
11. 合作伙伴参与营销的流程或机制，例如联盟合作营销	1	2	3	4	5	6	7
12. 合作伙伴参与营销的效果，包括合作伙伴参与的数量、频率、力度等	1	2	3	4	5	6	7
13. 用户参与供应链的 IT 基础设施，例如电商平台、物流信息追踪等	1	2	3	4	5	6	7
14. 用户参与供应链的流程，例如柔性供应链模式等	1	2	3	4	5	6	7
15. 用户参与供应链的效果，例如实时共享数据、能快速响应需求等	1	2	3	4	5	6	7
16. 合作伙伴参与供应链的 IT 基础设施，例如物流信息共享平台等	1	2	3	4	5	6	7
17. 合作伙伴参与供应链的流程，例如柔性物流/供应链系统等	1	2	3	4	5	6	7
18. 合作伙伴参与供应链的效果，例如能快速资源配置和应对需求变化、"零库存"等	1	2	3	4	5	6	7
19. 员工之间的信息交互效果，包括频率、反馈速度、信息管理效率、信息积累程度等	1	2	3	4	5	6	7
20. 应用新一代信息技术的创新意识和能力	1	2	3	4	5	6	7
21. 基于信息交互的企业文化，例如互联网思维、用户思维、交互导向等	1	2	3	4	5	6	7

续表

对比同行企业或主要竞争对手,您认为贵企业更符合以下哪种描述?	非常差 1	差 2	有点差 3	普通 4	有点好 5	好 6	非常好 7
22. 基于信息交互的组织结构,例如扁平化、小团队等	1	2	3	4	5	6	7
23. 基于信息交互的知识资产,例如专利、域名	1	2	3	4	5	6	7

第三部分 价值共创

对比同行企业或主要竞争对手,您认为贵企业更符合以下哪种描述?	完全不同意 1	基本不同意 2	少许不同意 3	基本中立 4	少许同意 5	基本同意 6	完全同意 7
1. 对于感兴趣的问题,企业能够与用户进行持续、反复、深度的对话交流	1	2	3	4	5	6	7
2. 企业能设身处地理解、认识用户体验及其背后的情感、社会和文化背景等	1	2	3	4	5	6	7
3. 为了解决问题,企业与用户能平等的相互沟通和知识分享	1	2	3	4	5	6	7
4. 有关产品或服务的收益和风险,企业会与用户展开积极对话	1	2	3	4	5	6	7
5. 用户很容易访问企业的信息平台(呼叫中心、微信、微博、官方网站等),获取用户想要的产品或服务信息	1	2	3	4	5	6	7
6. 用户能在多种渠道上与企业互动(呼叫中心、微信、微博、官方网站等),可以获取一致良好的体验质量	1	2	3	4	5	6	7
7. 企业时刻关注与用户相关的风险,会根据不同的风险级别,建立赔偿机制	1	2	3	4	5	6	7
8. 企业时刻关注与用户相关的风险,投入各种资源不断为用户降低风险	1	2	3	4	5	6	7

续表

对比同行企业或主要竞争对手,您认为贵企业更符合以下哪种描述?	完全不同意1	基本不同意2	少许不同意3	基本中立4	少许同意5	基本同意6	完全同意7
9. 企业向用户提供全部风险信息包括相关数据、评价方法等	1	2	3	4	5	6	7
10. 企业会邀请用户,与企业共同评估风险并共担风险	1	2	3	4	5	6	7
11. 企业总是努力为用户创造更高水平的透明性	1	2	3	4	5	6	7
12. 企业与用户之间具有信任感	1	2	3	4	5	6	7
13. 企业会把用户视为合作者,坦诚对话	1	2	3	4	5	6	7

第四部分 竞争优势

与行业平均水平或主要竞争对手相比,您认为贵企业更符合以下哪种描述?	完全不同意1	基本不同意2	少许不同意3	基本中立4	少许同意5	基本同意6	完全同意7
1. 贵企业销售额增长更快	1	2	3	4	5	6	7
2. 贵企业的资产收益率更高	1	2	3	4	5	6	7
3. 贵企业的利润率更高	1	2	3	4	5	6	7
4. 贵企业的创新优势更高	1	2	3	4	5	6	7
5. 贵企业的用户满意度更高	1	2	3	4	5	6	7
6. 贵企业的员工满意度更高	1	2	3	4	5	6	7
7. 贵企业利益相关者满意度更高	1	2	3	4	5	6	7

若您需要调查分析的结果,请留下您的联系方式(E-mail):_____

(问卷到此结束,本课题组全体成员向您表示衷心的感谢!)

后 记

读博是一条充满艰辛与困惑的求知之路，尤其对我而言，已过而立之年，工作后辞职再读博；读博也是一条伴随收获与喜悦的成长之路，在这里有治学严谨的老师，有勤奋好学的同门，往来有鸿儒，出入无白丁，每天都能获益良多。

感谢导师李力教授！师者，传道授业解惑也。李老师言传身教，在治学科研和为人处世等多方面让我终身受益。李老师治学严谨，小到字句的修改，大到论文选题，每一步都离不开李老师的谆谆教导；李老师为人勤勉宽厚，有长者之风；李老师处事不偏不倚持中秉正，充满智慧之道。一日为师，终身为师；师恩难忘，山高水长！

感谢孔英教授、袁易明教授、任颋教授、王蒲生教授、王苏生教授、陆强教授、孔英教授、谢秉磊教授和任际范副教授以及管理学院各位专家教授在论文开题、中期、预审核、预答辩和答辩中提出的宝贵意见以及给予的悉心指导，论文的顺利完成离不开你们的指导和帮助。

感谢实验室的各位同学，在无数个伏案写作的日夜，你们的陪伴是对我莫大的鼓励。感谢杨园华博士以及熊炬成、刘全齐、唐登莉、刘学民和洪雪飞等各位师弟和师妹，感谢大家对我的关心和帮助。

感谢参与本书问卷调查的受访者，正是你们的认真参与，才能使我获取一手调研数据，本书才得以顺利完成出版。

感谢父母的养育之恩，特别是母亲放弃本该颐养天年的退休生活，却在为我的生活、学业无私的奉献心血！感谢我的先生，你不仅是我的人生伴侣，更是我人生道路上的良师益友！

能在哈工大深圳求学是幸运的。规格严格，功夫到家；南国工大，受益一生。祝愿哈工大的明天更美好！